Évolution
de l'enseignement
des langues :
5 000 ans d'histoire

DIDACTIQUE DES LANGUES ÉTRANGÈRES

Collection dirigée par Robert GALISSON
Professeur à l'Université de la Sorbonne Nouvelle

Évolution de l'enseignement des langues : 5 000 ans d'histoire

Claude GERMAIN

C L E international

27, rue de la Glacière, 75013 PARIS

© CLE International, 1993, Paris, France.
ISBN : 978-2-19-033353-3

NOTE LIMINAIRE

Le présent manuscrit a été rédigé en vue de combler une importante lacune : l'absence d'une documentation en français traitant des grands courants dans le domaine de la didactique des langues secondes (ou étrangères). On dispose pourtant depuis peu (1986), en anglais, d'au moins deux importants ouvrages sur la question [1].

Larsen-Freeman, outre un chapitre d'introduction, traite des huit méthodes ou approches suivantes : la méthode grammaire-traduction, la méthode directe, la méthode audio-orale, la méthode par le silence [2], la méthode suggestopédique, la méthode communautaire, la méthode par le mouvement ["TPR" [3]] et l'approche communicative. Pour chacune de ces méthodes ou approches, l'auteure [*] répond à dix questions portant sur le rôle du professeur de langue, la nature de l'interaction apprenants/enseignant, etc.

Quant à Richards et Rodgers, ils ne consacrent aucun chapitre entier, ni à la méthode grammaire-traduction, ni à la méthode directe. Ils abordent plus brièvement ces deux courants à l'intérieur de leur chapitre d'introduction, à caractère historique. Par ailleurs, ils présentent deux autres méthodes ou approches : la méthode situationnelle et l'approche naturelle. Chaque méthode ou approche est examinée par eux à l'aide d'une grille ou d'un "modèle" d'analyse à trois volets : "*Approach*" (théorie sur la nature de la langue, et théorie sur la nature de l'apprentissage d'une langue), "*Method*" (objectifs, critères de choix et d'organisation, types d'apprentissage et activités d'apprentissage, rôles des apprenants, rôles de l'enseignant, rôle du matériel didactique), et "*Procedure*" (techniques d'enseignement, pratiques et comportements observés en salle de classe). Leur ouvrage se termine par un chapitre portant sur une façon de comparer et d'évaluer les différentes méthodes ou approches à l'aide de leur grille ou "modèle" d'analyse.

C'est en vue de répondre à un besoin souvent exprimé de la part du public francophone que j'ai entrepris la rédaction du présent ouvrage qui vise à présenter les principales méthodes ou approches qui ont marqué et qui marquent encore dans plusieurs cas la didactique des langues secondes, tout en les situant dans leur contexte social et dans le contexte historique de l'évolution de la didactique des langues.

---

[*] Dans un souci d'authenticité et par respect des diversités linguistiques, nous avons pris l'option de respecter l'orthographe en usage au Québec.

1. Il s'agit de l'ouvrage de Diane Larsen-Freeman intitulé : *Techniques and Principles in Language Teaching* (Oxford : Oxford University Press, 1986) et de l'ouvrage de Jack C. Richards et Theodore S. Rodgers intitulé : *Approaches and Methods in Language Teaching* (Cambridge : Cambridge University Press, 1986).

2. "The Silent Way".

3. TPR : "Total Physical Response".

Une centaine de pages est tout d'abord consacrée aux grandes orientations (non abordées ni dans Larsen-Freeman, ni dans Richards et Rodgers) qui ont précédé la période actuelle, de l'Antiquité aux débuts du 20ᵉ siècle.

Puis, ayant adapté à la didactique des langues secondes le cadre éducatif conçu par Renald Legendre et présenté dans son *Dictionnaire actuel de l'éducation* (1988), j'analyse à l'aide de ce cadre conceptuel les méthodes ou approches qui ont fait leur marque en didactique des langues. Le cadre en question comprend quatre grandes composantes : une conception de la langue/culture, une conception de l'apprentissage, une conception de l'enseignement et une conception de la relation pédagogique : relation d'apprentissage, d'enseignement et didactique. C'est ainsi que j'examine, à la lumière de ces quatre facteurs, chacune des méthodes ou approches retenues (lorsque cela a paru possible).

Dans cette perspective, comme le fait Larsen-Freeman, un chapitre distinct est consacré à la méthode grammaire-traduction et un autre à la méthode directe. De plus, tout un chapitre porte sur la méthode SGAV [4] de souche européenne qui a marqué profondément la didactique des langues, un autre chapitre traite de la méthode de Comenius (17ᵉ siècle), et un autre expose la méthode des séries de Gouin (1880), méthodes dont ni Larsen-Freeman, ni Richards et Rodgers ne traitent.

Dans le cas des méthodes ou approches déjà présentées dans Larsen-Freeman et/ou dans Richards et Rodgers, il m'est arrivé de suivre de près certains de leurs chapitres, en en distribuant toutefois le contenu dans mon propre cadre d'analyse, et en complétant les informations, le cas échéant, à l'aide de sources non utilisées par ces auteurs.

De plus, j'ai cru utile de faire figurer en annexe deux chapitres d'un intérêt particulier même s'il ne s'agit pas à proprement parler de méthodes ou d'approches : l'un sur l'immersion française au Canada, et l'autre sur les classes d'accueil au Québec.

Enfin, je tiens à exprimer ici toute ma reconnaissance à Antje Bettin pour ses précieux conseils sur l'ensemble de l'ouvrage, à Daniel Bonneterre, spécialiste de l'époque sumérienne, et à Jean Caravolas, spécialiste de Comenius, pour leurs judicieuses remarques portant respectivement sur "L'enseignement du sumérien aux Akkadiens" (chapitre 1) et sur "Comenius et les images" (chapitre 6).

Claude GERMAIN
Département de linguistique,
Université du Québec à Montréal.

---

4. SGAV : structuro-globale audio-visuelle.

INTRODUCTION

Les grandes périodes de l'histoire
de la didactique des langues

Subdiviser l'histoire de la didactique des langues secondes (ou étrangères) en grandes périodes n'est pas une tâche aisée. Pourtant, suite à un examen des grands moments qui ont marqué historiquement l'enseignement des langues, il semble raisonnable de subdiviser cette évolution en cinq grandes étapes.

La première étape, unique, se détache nettement des autres tant par sa nature que par son ancienneté : c'est celle des débuts, bien attestés à l'aide des documents retrouvés à ce jour, de l'enseignement scolaire d'une langue seconde, à Sumer (l'actuelle Bagdad, en Irak), il y a 50 siècles. Il s'agit de l'enseignement de la langue sumérienne aux Akkadiens, à partir de l'an 3000 environ avant notre ère. Comme on va le voir plus en détail au cours du premier chapitre, c'est un type d'enseignement centré surtout sur le vocabulaire, à l'aide de lexiques bilingues ; de plus, cet enseignement est du type "immersif" (enseignement des autres matières scolaires dans la langue seconde). Cette première partie est intitulée : "À Sumer, il y a 5 000 ans : le premier enseignement d'une langue vivante" (chapitre 1).

Après Sumer, il y a pour ainsi dire une sorte de cassure : il faut en effet attendre les Égyptiens puis, beaucoup plus tard, les Grecs, pour voir la trace d'un enseignement en milieu scolaire d'une langue seconde. Encore s'agit-il dans les deux cas de l'enseignement d'une langue quasi étrangère, d'une langue archaïque (la langue hiératique dans le cas de l'Égypte, et le grec classique dans le cas de la Grèce). Nous sommes donc quand même assez loin de l'enseignement d'une véritable langue seconde à des fins pratiques, à la manière des Sumériens. C'est pourquoi je me suis senti autorisé à faire de ce type d'enseignement une partie à part — la deuxième partie — intitulée : "L'Égypte et la Grèce : l'enseignement des langues mortes" (chapitre 2).

Puis, arrive l'Empire romain qui voit réapparaître l'enseignement systématique d'une véritable langue étrangère — la langue grecque — à de jeunes Romains. En tant que tel, les Romains n'apportent pratiquement aucune innovation dans l'enseignement. Tout leur système d'éducation est en effet calqué directement sur le système mis au point avant eux par les Grecs. La seule véritable "nouveauté", pour ainsi dire, apportée par les

Romains concerne la langue seconde. C'est que les Grecs n'ont jamais daigné apprendre d'autres langues que la leur, considérée comme la seule digne d'intérêt. Par contre, en reconnaissance de la grandeur de la civilisation grecque, les Romains se sont intéressés à l'apprentissage du grec. C'est pourquoi leur système d'éducation a été, très tôt, un système d'enseignement bilingue, grec-romain. Toutefois, là encore, ils se sont contentés de transposer à la langue seconde le système, emprunté à la Grèce, alors en vigueur pour l'apprentissage de leur langue maternelle, le latin. C'est ce qui explique que toutes les étapes de l'enseignement du latin se retrouvent dans l'enseignement du grec (comme langue seconde ou étrangère). En ce sens, c'est plutôt aux Grecs que, dans les faits, nous sommes redevables de la méthodologie implantée par les Romains en didactique des langues.

De plus, si l'enseignement du grec aux Romains mérite que l'on s'y attarde, c'est à cause de l'énorme influence des Romains tout au long des siècles qui vont suivre, à toutes fins pratiques, jusqu'à la fin du 19ᵉ siècle, voire jusqu'aux débuts du 20ᵉ siècle.

En effet, dès les premiers siècles du Moyen Âge, à peine quelques années après la chute de l'Empire romain d'Occident (au 5ᵉ siècle de notre ère), un enseignement systématique du latin — en tant que langue seconde — est attesté dans certaines régions, comme l'Irlande par exemple ; il faut cependant attendre jusqu'aux environs du 9ᵉ siècle pour que le latin atteigne en France le statut de langue étrangère. Mais, ce qu'il y a de remarquable dans cet événement, c'est que le type d'enseignement qui a cours n'est que le prolongement du type d'enseignement qui avait cours dans l'Empire romain. Il y a donc une très grande filiation entre l'enseignement chez les Romains et l'enseignement du latin, en tant que langue seconde, au cours du Moyen Âge. C'est cependant à l'époque de la Renaissance que s'effectue une certaine rupture avec le modèle (gréco-latin). C'est pourquoi cette période — la troisième partie — est intitulée : "De l'Antiquité romaine à la Renaissance : l'enseignement des langues vivantes" (chapitres 3 et 4). Le sous-titre vise à marquer la rupture entre l'enseignement des Égyptiens et des Grecs, consacré à des états de langue anciens (des langues mortes, non parlées à l'époque où elles sont enseignées), et le début de l'enseignement du grec aux Romains, en tant que langue parlée vivante.

Quant à la quatrième partie, intitulée : "Du 16ᵉ au 19ᵉ siècle : du latin, langue morte, aux langues vivantes", elle vise à montrer qu'à partir de la Renaissance, le recul du latin face à l'avènement des langues nationales va graduellement entraîner d'importantes conséquences didactiques. En effet, en changeant de statut social, c'est-à-dire en passant de l'état de langue vivante à celui de langue morte, le latin va provoquer une réorientation dans les objectifs de son enseignement. Il ne saurait évidemment être question d'enseigner à des fins pratiques une langue qui n'est plus parlée. Le latin ne peut désormais être enseigné qu'en tant que "gymnastique intellectuelle".

Cette transformation dans les objectifs scolaires du latin a son importance puisque les langues nationales naissantes commencent elles-mêmes à être enseignées en tant que langues secondes. Il était donc normal que, là encore, le modèle adopté soit celui avec lequel les gens sont le plus familier. Il y a un parallélisme assez étroit entre la façon dont l'enseignement du latin est conçu et la façon dont l'enseignement des langues vivantes est conçu. Par exemple, vers la fin du Moyen Âge, à l'époque où le latin est encore enseigné comme une langue vivante, en recourant notamment à des "colloques" (ou "dialogues" de la vie quotidienne), les premiers manuels de langues vivantes, autres que le latin, sont également des "manuels bilingues" — appelés "manuels doubles" — calqués sur le modèle des premiers manuels gréco-latins.

Par contre, à partir du moment où le latin, acquérant de plus en plus fermement son statut de langue morte, est enseigné en recourant à la méthode grammaire-traduction (ou, plus précisément, grammaire-thème), l'enseignement des langues vivantes s'inspirera de ce modèle. C'est ce qui donnera naissance à la méthode grammaire-traduction dans l'enseignement des langues vivantes, méthode qui connaîtra son apogée au cours du 19e siècle (voir chapitre 7). C'est ce genre de parallélisme que veut marquer le titre de la quatrième partie : "Du 16e au 19e siècle : du latin, langue morte, aux langues vivantes".

Bien sûr, l'évolution de la didactique des langues n'est pas aussi simpliste. Qu'il suffise de mentionner par exemple l'importance, au cours de la période en question, du préceptorat comme mode d'enseignement privilégié des langues secondes : Roger Ascham s'y consacrera au 16e siècle, et les philosophes Michel de Montaigne et John Locke, aux 16e et 17e siècles respectivement (voir chapitre 5). On songe également ici aux vues particulières d'un auteur du 17e siècle tel que Jan Amos Komensky, dit Comenius, qui serait le premier à avoir eu recours à l'image dans l'enseignement des langues (voir chapitre 6).

Quoi qu'il en soit, c'est au cours du 19e siècle qu'apparaîtront différentes tentatives de réforme, toutes érigées contre les insuffisances de la méthode grammaire-traduction. Surgiront alors quelques individus, vraisemblablement marqués par le contexte de "scientificité" de leur époque : l'évolutionnisme de Charles Darwin date du milieu du 19e siècle, suivi de quelques années par la publication de Claude Bernard sur la méthode expérimentale [5]. Des auteurs comme François Gouin, ou encore Henry Sweet, Otto Jespersen et Harold Palmer — pour ne mentionner ici que les figures les plus marquantes — vont désormais tout mettre en œuvre pour tenter de donner des fondements véritablement scientifiques à la didactique des langues (voir chapitre 10). Pour ce faire, ils s'inspireront largement des données de la psychologie scientifique, alors naissante, ainsi que de la linguistique et, dans certains cas, de la phonétique (Henry Sweet notamment). Toutefois, compte tenu de ce qu'allait devenir par la suite la

---

5. *De l'origine des espèces par voie de sélection naturelle,* de Darwin, date de 1859 ; l'*Introduction à l'étude de la médecine expérimentale,* de Bernard, date de 1865.

didactique des langues, on ne peut considérer ces auteurs que comme des précurseurs de "l'ère scientifique" qui paraît bien caractériser le 20e siècle.

La cinquième et dernière partie, intitulée d'ailleurs "Le 20e siècle : l'ère scientifique", consistera à présenter une douzaine de méthodes ou approches qui ont cours à l'heure actuelle dans l'enseignement des langues.

Le modèle éducatif de Legendre

Sur le plan de la présentation, il a paru opportun de recourir à un instrument d'analyse susceptible de faciliter la comparaison entre les diverses méthodes ou approches. À cette fin, c'est le modèle éducatif de Renald Legendre (1983 et 1988) qui a été retenu.

Dans le *Dictionnaire actuel de l'éducation* de Legendre (1988), à l'article "Situation pédagogique" apparaissent une définition et un schéma qui méritent d'être repris intégralement ici. Une "situation pédagogique" est définie comme "l'ensemble des composantes interreliées sujet-objet-agent dans un milieu donné" (p. 514). C'est ainsi que les quatre composantes considérées par Legendre comme constitutives de toute situation pédagogique sont les suivantes (Legendre, 1983, pp. 270-276) :
— le sujet (S) : l'être humain mis en situation d'apprentissage ;
— l'objet (O) : les objectifs à atteindre ;
— le milieu (M) : l'environnement éducatif humain (enseignant, orienteurs, appariteurs, conseillers pédagogiques...), les opérations (inscription, évaluation...) et les moyens (locaux, équipement, matériel didactique, temps, finances) ;
— l'agent (A) : les "ressources d'assistance" telles les personnes (enseignant, autres élèves), les moyens (volumes, appareils, films, micro-ordinateurs, etc.) et les processus (travail individuel ou collectif, cours magistral, etc.).

Dans une perspective systémique, pareille conception est illustrée à l'aide du schéma suivant :

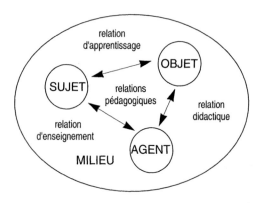

Fig. 1. — Le modèle SOMA de la situation pédagogique, selon Legendre (1988, p. 515)

Le modèle verbal correspondant à ce schéma s'énonce comme suit : "L'apprentissage APP. est fonction des caractéristiques personnelles du sujet apprenant S, de la nature et du contenu des objectifs O, de la qualité d'assistance de l'agent A et des influences du milieu éducationnel M" (p. 514).

Formellement, le modèle mathématique correspondant à ce modèle systémique est le suivant (p. 514) :

$$APP. = f(S,O,M,A)$$

La RELATION PÉDAGOGIQUE, qui se trouve au centre de la situation pédagogique, se définit comme "l'ensemble des relations d'apprentissage, d'enseignement et didactique dans une situation pédagogique" (p. 491).

Les relations d'apprentissage, d'enseignement et didactique, qui constituent l'ensemble des relations pédagogiques, sont à leur tour ainsi définies, verbalement et formellement :

RELATION D'APPRENTISSAGE : "Relation biunivoque entre l'objet et le sujet dans une situation pédagogique" (p. 490) :

$S = f(O)$: le développement du Sujet est fonction de l'Objet ;

$O = f(S)$: l'Objet doit être fonction du niveau de développement du Sujet.

RELATION D'ENSEIGNEMENT : "Relation biunivoque entre le sujet et l'agent dans une situation pédagogique" (p. 490) :

$S = f(A)$: le développement du Sujet est fonction des relations d'aide fournies par l'Agent ;

$A = f(S)$: la nature de l'assistance apportée par l'Agent doit être fonction du niveau de développement du Sujet.

RELATION DIDACTIQUE : "Relation biunivoque entre l'objet et l'agent dans une situation pédagogique" (pp. 490-491) :

$O = f(A)$: la nature de l'Objet d'apprentissage est tributaire des ressources disponibles dans l'Agent ;

$A = f(O)$: la nature des ressources de l'Agent se définit par rapport à l'identité de l'objet préconisé.

11

Il semble que pour être de quelque valeur heuristique, un modèle éducatif doive effectivement prendre en compte non seulement les éléments de la situation pédagogique, mais également les relations entre ces éléments. Un des grands intérêts du modèle de Legendre est précisément qu'il accorde autant d'importance aux relations entre les composantes du système qu'aux composantes elles-mêmes : son modèle inclut, comme on l'a vu ci-dessus, trois types de relations pédagogiques, à savoir, la relation d'apprentissage, la relation d'enseignement, et la relation didactique.

C'est ainsi que dans toute situation pédagogique on trouve trois grands types de variables : des variables humaines, les variables de la discipline et les variables de l'environnement. Tel est donc, dans ses grandes lignes, le cadre conceptuel relatif à l'éducation proposé par Legendre.

Application du modèle de Legendre à l'étude des grands courants en didactique des langues

Afin de mieux saisir la portée du modèle de Legendre pour la didactique des langues secondes ou étrangères, il importe maintenant de le situer à l'aide de distinctions empruntées à Henri Besse (1985). Selon ce dernier, l'adoption d'un point de vue méthodologique dans l'étude des pratiques d'enseignement des langues implique la distinction de trois niveaux d'analyse :

— le niveau des HYPOTHÈSES mises en jeu (d'ordre linguistique, psychologique, sociologique, technologique ou autre) ;

— le niveau des manuels ou des ENSEMBLES PÉDAGOGIQUES servant à "exemplifier" et à recommander ces pratiques ;

— le niveau des PRATIQUES DE CLASSE, par un enseignant, pour des élèves ou étudiants donnés (p. 13).

Les aspects du modèle de Legendre qui ont été présentés jusqu'ici concernent, de fait, le niveau des hypothèses. Cela revient à concevoir le niveau des hypothèses comme étant constitué de quatre composantes majeures : l'apprentissage (par un SUJET apprenant), la langue et la culture (OBJETS de l'apprentissage), le MILIEU et l'enseignement (par un ou des AGENTS).

Il est également constitué de trois types de relations pédagogiques : une relation d'apprentissage, une relation d'enseignement, et une relation didactique (le milieu étant partout présent). Le cadre général de Legendre peut dès lors être représenté ainsi pour illustrer le niveau des hypothèses dans le domaine de la didactique des langues secondes ou étrangères (voir fig. 2).

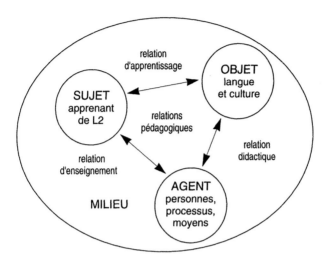

Fig. 2 — Situation pédagogique en didactique des langues, au niveau des hypothèses

Pareille conception peut également prendre la forme suivante (fig. 3) :

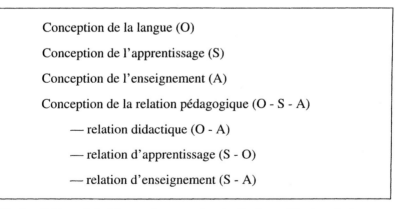

Fig. 3 — Tableau général des grandes conceptions impliquées en didactique des langues

Un cadre conceptuel de cette nature n'est certes pas dénué d'intérêt. Toutefois, afin d'en vérifier le caractère véritablement opératoire pour l'analyse des méthodes ou approches dans le domaine de la didactique des langues (les termes *méthode* et *approche* étant utilisés comme des synonymes), il convient d'essayer de caractériser chacune des parties de l'ensemble. Voici comment cela pourrait être conçu, au moins provisoirement, compte tenu de l'état embryonnaire dans lequel se trouve à l'heure actuelle la didactique des langues (voir fig. 4).

Conception de la langue (O)
— nature de la langue
— nature de la culture

Conception de l'apprentissage (S)
— nature de l'apprentissage
— rôle de l'apprenant

Conception de l'enseignement (A)
— rôle de l'enseignant
— rôle du matériel didactique

Conception de la relation pédagogique (O - S - A)
— relation didactique (O - A)
    a) sélection du contenu
    b) organisation du contenu
    c) présentation du contenu

— relation d'apprentissage (S - O)
    a) rôle de L1
    b) activités pédagogiques

— relation d'enseignement (S - A)
    a) interaction enseignant-apprenants
    b) traitement de l'erreur

Fig. 4 — Tableau détaillé des conceptions impliquées en didactique des langues

C'est ainsi que le modèle général de Legendre, précisé en vue d'une application au domaine de la didactique des langues au niveau des hypothèses, permet d'en arriver à un cadre d'analyse opératoire des grands courants dans l'enseignement des langues secondes, applicable à l'une ou l'autre des méthodes ou approches qui ont cours dans le domaine de la didactique des langues.

Quelques définitions

Par MÉTHODE (comme dans "méthode directe") ou APPPROCHE (comme dans "approche communicative"), il faut comprendre "un ensemble raisonné de propositions et de procédés (...) destinés à organiser et à favoriser l'enseignement et l'apprentissage d'une langue seconde" (Besse, p. 14). Il est à noter que ce niveau comprend aussi bien les conceptions ou théories sur la nature de la langue et de l'apprentissage que sur la nature de l'enseignement proprement dit et sur la nature de la relation pédagogique.

Le niveau du manuel ou de l'ENSEMBLE PÉDAGOGIQUE (livre du maître, livre de l'élève, cahiers d'exercices, matériel audiovisuel, etc.) a trait à l'actualisation, sous la forme de matériel pédagogique, des principes, propositions ou procédés constituant la méthode ou approche à un autre niveau (Besse, pp. 13-15). Par exemple, il sera question du manuel, du cours ou de l'ensemble pédagogique *Voix et Images de France* (matériel parfois désigné improprement comme la "méthode" *Voix et Images de France* ou *VIF*).

Le matériel didactique (ou manuel, ou cours) mis à la disposition de l'enseignant, consiste donc en une application particulière de telle ou telle méthode ou approche, c'est-à-dire de tel ou tel ensemble de principes, propositions ou procédés. C'est ce qui fait qu'à une même méthode peuvent correspondre différents ensembles pédagogiques, conçus alors comme les variantes d'une même méthode (comme par exemple les ensembles pédagogiques *Voix et Images de France* et *Dialogue-Canada*).

Le niveau des PRATIQUES DE CLASSE se rapporte à tout ce qui se déroule effectivement dans une salle de classe où l'on apprend une langue seconde. C'est le niveau où est testé, pour ainsi dire, le matériel didactique mis à la disposition de l'enseignant, avec tous les problèmes d'adéquation ou d'inadéquation que cela peut poser avec les autres niveaux. Comme plusieurs interprétations, modifications ou adaptations du matériel pédagogique sont possibles, voire souhaitables, il s'ensuit que les applications d'un même ensemble pédagogique varient nécessairement d'une salle de classe à une autre.

Le niveau des "ensembles pédagogiques" et celui des "pratiques de classe" — suivant la distinction de Besse — ne seront abordés que de façon épisodique, lorsque cela paraîtra pertinent. C'est qu'il s'agit ici de s'attarder avant tout sur les options théoriques ou fondamentales que les manuels et les pratiques de classe présupposent.

Un grand COURANT, tel qu'entendu ici, se rapporte à un ensemble de principes communs à plusieurs méthodes ou approches. On se rappellera que ces deux derniers termes sont considérés ici, suivant l'usage courant, comme des synonymes. C'est ainsi que, dans le présent ouvrage, trois grands courants sont distingués :

— *le courant intégré* regroupant les méthodes ou approches inspirées d'une conception de la nature de la langue **et** d'une conception centrée sur l'apprentissage (processus et/ou conditions) :
- la méthode audio-orale,
- la méthode SGAV,
- les approches intégrées ;

— le *courant linguistique* regroupant les méthodes inspirées de principes concernant la nature de la langue :
- la méthode situationnelle,
- l'approche communicative ;

— le *courant psychologique* regroupant les méthodes ou approches inspirées de théories psychologiques de l'apprentissage. Deux cas peuvent alors se présenter (Richards et Rodgers, 1986, pp. 16-19). D'une part, il y a les méthodes qui sont centrées sur les conditions d'apprentissage :
- la méthode communautaire (Curran),
- la méthode par le silence (Gattegno).

D'autre part, il y a les méthodes centrées sur les processus **et** sur les conditions d'apprentissage :
- l'approche naturelle (Krashen-Terrell),
- la méthode par le mouvement (Asher),
- la méthode suggestopédique (Lozanov),
- l'approche axée sur la compréhension.

Il ne semble pas y avoir de méthode centrée exclusivement sur les processus d'apprentissage, sans lien avec les conditions visant à faciliter l'acquisition.

En résumé, les quatre niveaux [6] peuvent se définir ainsi :

• COURANT : ensemble de principes généraux communs à deux ou plusieurs méthodes ou approches.

• MÉTHODE ou APPROCHE : ensemble de principes, propositions ou procédés organisés en vue de faciliter l'apprentissage.

• ENSEMBLE PÉDAGOGIQUE (ou manuel) : MATÉRIEL DIDACTIQUE comprenant le contenu d'apprentissage ainsi que les procédures d'enseignement visant à en faciliter l'acquisition.

• PRATIQUES DE CLASSE : niveau où se déroule l'enseignement proprement dit en vue de faciliter l'acquisition d'une langue seconde.

---

6. Il est à noter que Besse ne mentionne pas l'idée de regrouper dans un quatrième niveau — celui des grands COURANTS — les principes, propositions ou procédés communs à plusieurs méthodes ou approches, comme je le suggère ici.

Bibliographie

Voix et Images de France, RIVENC, Paul, et GUBERINA, Petar, 1ᵉ édition 1958, Didier éd.

BESSE, Henri
   1985 *Méthodes et Pratiques des manuels de langues*, Paris : Crédif - Didier.

GERMAIN, Claude
   1989 "Un cadre conceptuel pour la didactique des langues", *Études de linguistique appliquée*, 75.

HOWATT, A.P.R.
   1984 *A History of English Language Teaching*, Oxford : Oxford University Press.

KELLY, Louis G.
   1969 *25 Centuries of Language Teaching : 500 BC — 1969*, Rowley, Mass. : Newbury House.

LARSEN-FREEMAN, Diane
   1986 *Techniques and Principles in Language Teaching*, Oxford : Oxford University Press.

LEGENDRE, Renald
   1983 *L'Éducation totale*, Montréal : Éditions Ville-Marie, et Paris : Nathan.

   1988 *Dictionnaire actuel de l'éducation*, Paris-Montréal : Larousse.

MACKEY, William F.
   1972 *Principes de didactique analytique*, traduction de *Language Teaching Analysis*, 1965, par Lorne Laforge, Paris : Didier.

RICHARDS, Jack C. et RODGERS, Theodore S.
   1986 *Approaches and Methods in Language Teaching*, Cambridge : Cambridge University Press.

TITONE, Renzo
   1968 *Teaching Foreign Languages — An Historical Sketch*, Washington : Georgetown University Press.

Première partie

À Sumer, il y a 5 000 ans :
le premier enseignement
d'une langue vivante

Chapitre premier

L'enseignement du sumérien aux Akkadiens

Les nécessités de communiquer avec l'étranger ne datent pas d'hier. Qu'il s'agisse de raisons économiques, diplomatiques, sociales, commerciales, ou militaires, le besoin d'entrer en contact avec des gens parlant une langue étrangère remonte à la nuit des temps. C'est pourquoi on peut supposer que les premiers apprentissages d'une langue étrangère ont été faits par contacts directs avec l'étranger.

Par ailleurs, parallèlement à ces acquisitions en milieu naturel, certains peuples anciens se sont préoccupés de faire apprendre systématiquement à certaines personnes des langues étrangères. Mais ce n'est qu'avec l'utilisation de l'écriture — les débuts de l'écriture datent de l'an 3300 environ, avant notre ère — qu'il est possible de recourir à des témoignages attestant de l'existence d'écoles et en particulier d'un enseignement, le cas échéant, d'une langue seconde ou étrangère. C'est pourquoi il convient de s'intéresser d'abord et avant tout aux Sumériens (Titone, 1968, p. 5).

L'écriture cunéiforme

La première civilisation du monde connue à ce jour, la civilisation sumérienne, s'est développée il y a au-delà de 5000 ans dans la région située au sud de l'actuelle Bagdad (en Irak), près du golfe Persique. Ce sont les Sumériens qui seraient les premiers à utiliser une langue écrite. Il s'agit de l'écriture dite cunéiforme, c'est-à-dire en forme de coins, ou plus exactement de clous. La forme anguleuse des signes provient de la marque, un peu plus large que le reste du trait, laissée par le stylet — un roseau taillé en forme de biseau — lorsque ce dernier s'enfonce dans les tablettes d'argile crue, séchées par la suite au soleil ou au four (d'où leur longue conservation).

Les tablettes d'argile mises au jour jusqu'à maintenant renferment plusieurs données concernant non seulement l'économie, le mode de gouvernement, la justice, la médecine, la religion, l'agriculture, la science et l'administration mais aussi l'éducation. En effet, dans les précieux documents conservés à ce jour, on trouve plusieurs travaux d'écoliers s'exerçant à tracer sur les tablettes d'argile les signes de l'écriture sumérienne.

L'école sumérienne

À cette époque, le but de l'enseignement donné par les scribes consiste d'abord et avant tout à former des scribes, c'est-à-dire à leur apprendre à écrire, à tracer les caractères cunéiformes. Plus tard, l'étudiant avancé consacre une partie de son temps à étudier des lois et à recopier les textes des inscriptions commémoratives, ainsi que des textes dits littéraires comme des textes juridiques (codes légaux et jugements), des mythes, des épopées, des poèmes, des fables, des proverbes, etc. Il faut préciser que les pères des élèves scribes étaient "des gouverneurs, des 'pères de la cité', des ambassadeurs, des administrateurs de temples, des officiers, des capitaines de vaisseaux, de hauts fonctionnaires des contributions, des prêtres de différentes catégories, des régisseurs, des surveillants, des contremaîtres, des scribes, des archivistes et des comptables" (Kramer, 1957, p. 44).

L'école est désignée comme la "maison des tablettes". Le "professeur" a le titre de "père de l'école" (ou "de la maison des tablettes") et les élèves sont appelés "fils de l'école" [7] (ou "de la maison des tablettes"). Le professeur est secondé par un assistant désigné comme le "grand frère" dont le rôle consiste avant tout à calligraphier les tablettes destinées à être recopiées par les élèves, à examiner les tablettes recopiées, et à faire réciter ce qui a été appris par cœur (voir le document 1, à la fin du chapitre).

Afin de faciliter leur enseignement, les professeurs (des scribes) établissent et compilent non seulement des tables de mathématiques mais encore des répertoires de mots et d'expressions. Il est à noter que même s'il ne s'agit que de listes de mots et d'expressions, leur apprentissage est extrêmement long. Il faut en effet au moins une dizaine d'années pour commencer à maîtriser au bas mot quelque 600 signes, comparativement à une vingtaine de lettres dans notre alphabet. Ces listes de mots sont organisées en catégories sémantiques : noms d'arbres et de roseaux, d'animaux de toutes sortes (comprenant les insectes et les oiseaux), de pays et de villages, de pierres et de minéraux, etc. Pour l'élève, il s'agit essentiellement de mémoriser ces longues listes de mots et de groupes de mots — des milliers — puis de les transcrire sur des tablettes d'argile.

Toutefois, même si les Sumériens pouvaient classer, il semble qu'ils n'ont jamais été en mesure (comme ce sera plus tard le cas avec les Grecs) de s'élever du particulier au général, ni en sciences naturelles, ni en mathématiques, ni dans le domaine grammatical : *"Nous savons, par exemple,* écrit le grand sumérologue Samuel N. Kramer, *que les fouilles ont livré quantité de tablettes portant des listes de formes grammaticales. Mais si,*

---

7. Sur une liste de 500 scribes, on ne trouve qu'un seul nom de femme (vraisemblablement pour la tenue de la comptabilité du harem), ce qui laisse croire que l'école sumérienne est essentiellement une école de garçons (Kramer, 1963, pp. 231-232).

en fait, de tels catalogues dénotent une profonde connaissance des classi-fications de la grammaire, nulle part on n'a retrouvé trace d'une seule définition, d'une seule règle grammaticale" (Kramer, 1957, p. 73). Il serait donc abusif de parler d'un enseignement "grammatical", même si les répertoires de mots font parfois la distinction entre certains types d'unités grammaticales.

Les débuts de l'enseignement d'une langue seconde

Mais dans la perspective d'une étude des langues secondes, les deux questions d'importance qui se posent à propos de l'enseignement chez les Sumériens sont celles-ci : 1) à quand remonte le premier enseignement attesté d'une langue seconde ou étrangère ? 2) de quel type d'enseigne-ment s'agit-il ?

1. L'enseignement du sumérien aux Akkadiens

De fait, les premières attestations de l'enseignement d'une langue seconde remontent à la conquête graduelle (de l'an 3000 environ jusque vers l'an 2350) de Sumer par les Akkadiens, population d'origine sémi-tique, venue surtout de l'ouest et du nord. Les Akkadiens adoptent alors dès le début le système d'écriture des Sumériens. Vraisemblablement en reconnaissance de la grande valeur de la civilisation sumérienne, ils se mettent à apprendre la langue de leurs sujets conquis [8]. C'est que la connaissance du sumérien constitue l'instrument par excellence de pro-motion sociale, en donnant accès à la religion et à la culture de l'époque.

Pour cela, les professeurs scribes préparent ce qui constitue les plus anciens dictionnaires connus à ce jour. Au tout début, les scribes dressent toutes sortes de listes de mots, se présentant sous la forme d'idéogrammes en colonne. Vers 3000, il apparaît assez clairement que ces listes de signes cunéiformes sont destinées à l'usage de l'enseignement du sumé-rien en tant que langue écrite "sacrée", puisque le sumérien a disparu très tôt en tant que langue parlée, et que les élèves à qui est destiné cet ensei-gnement sont des "akkadophones" (d'après Bonneterre, 1990). Pour ces élèves akkadiens, il s'agit donc d'apprendre une langue, essentiellement écrite (le sumérien), qui ne correspond pas à la langue parlée qu'ils utili-sent dans leur pratique quotidienne. C'est en ce sens que l'on peut dire qu'il s'agit véritablement de l'enseignement d'une langue étrangère.

Pour les besoins de la cause, à ces listes d'idéogrammes en colonne unique, les scribes ont ajouté une seconde colonne parallèle, composée de signes phonétiques indiquant la prononciation en langue sumérienne, puis une troisième colonne correspondant à la prononciation en langue akka-dienne. Il s'agit parfois même de vocabulaires polyglottes car à une cer-

---

8. Ce qui est contraire à la coutume d'aujourd'hui, suivant laquelle ce sont plutôt les sujets conquis qui apprennent la langue du conquérant.

taine époque l'akkadien est en quelque sorte en compétition avec d'autres langues. Mais c'est l'akkadien qui va finir par s'imposer et dominer (d'après Bonneterre, 1990).

Mais tout n'est pas toujours aussi simple. En effet, en vue de faciliter la lecture de certains mots ambigus, les scribes ajoutent parfois, aux colonnes de prononciation, des déterminatifs qui jouent le rôle de moyens mnémotechniques. C'est ainsi que l'on peut dire que ces procédés forment de véritables répertoires ou vocabulaires bilingues, des dictionnaires de traduction, dans lesquels les mots et expressions sumériens sont en quelque sorte traduits en langue akkadienne, la langue de leurs conquérants. Il ne s'agit cependant pas de traduction littérale : l'accent est plutôt mis sur la signification et sur la prononciation.

Peu à peu les longues listes de mots et d'expressions en viennent à constituer des "manuels" plus ou moins stéréotypés, en usage dans les écoles de Sumer (Titone, p. 5). C'est que tout l'enseignement de la langue, à cette époque, est centré sur le vocabulaire (mots et expressions). La mémoire paraît jouer un très grand rôle dans ce type d'apprentissage.

Toutefois, même si l'on a longtemps cru que toute l'éducation de la société de Mésopotamie s'est donnée en sumérien, les spécialistes de la question croient maintenant, à mesure que les preuves s'accumulent, que la langue maternelle des scribes était l'akkadien et que les scribes bilingues étaient nombreux (d'après Bonneterre, 1990).

Il est particulièrement intéressant de noter ici que même si le but premier de l'école est d'apprendre au scribe à écrire et à manier la langue sumérienne, c'est non seulement la langue en tant que telle qui est enseignée aux Akkadiens, mais également d'autres sujets tels la théologie, la botanique, la zoologie, la minéralogie, la géographie, et les mathématiques (Kramer, 1963, p. 231). En ce sens, il semble que l'on soit autorisé à prétendre que le premier enseignement des langues connu à ce jour était semblable, jusqu'à un certain point cependant, à ce que l'on appelle de nos jours "l'immersion", conçue comme l'enseignement de matières scolaires dans la langue seconde des élèves. Il faut toutefois préciser qu'il y a environ 5 000 ans, le type d'immersion en vigueur ne comporte apparemment aucun enseignement explicite de la langue maternelle des élèves, en l'occurrence, l'akkadien. L'immersion en sumérien ne peut donc être rapprochée que de la forme d'immersion dite totale ne comportant pas d'enseignement de la langue maternelle des élèves.

2. Deux témoignages sumériens

Voici deux passages relevés dans l'ouvrage de Kramer (1963) qui, en plus de l'existence des lexiques polyglottes ou bilingues, incitent à croire qu'à la maison ou dans leurs activités quotidiennes, certains élèves des écoles sumériennes communiquaient entre eux à l'aide d'une autre langue que la langue sumérienne.

Un de ces passages consiste en une transcription d'un texte concernant le souvenir d'un ancien écolier. Il y est question de discipline : à l'époque, le moindre écart de conduite était puni de coups. Dès qu'un élève parlait ou se levait sans permission, il recevait des coups de bâton [9]. Dans ses souvenirs, l'élève rapporte avoir été frappé pour n'avoir pas parlé en langue sumérienne : "Pourquoi n'as-tu pas parlé en sumérien ?" lui demande son professeur, en le frappant ("Why didn't you speak Sumerian?" — Kramer, 1963, p. 239). Pareille phrase laisse croire qu'entre eux certains écoliers sumériens recouraient à une autre langue que le sumérien, et que l'usage de cette langue était même interdit à l'école.

Le second passage concerne une dispute verbale entre deux élèves rivaux : "Toi, espèce de sot, de nigaud, d'élève casse-pieds, toi illettré, toi qui ignore le sumérien, ton écriture est affreuse. Tu ne sais même pas tenir correctement le stylet ; tu n'es pas fait pour apprendre à écrire et tu ne peux pas écrire ce que l'on te dicte. Et tu te prétends scribe comme moi !..." Plus loin, la dispute continue ainsi : "Moi, j'ai été élevé dans la langue sumérienne, je suis fils de scribe. Mais toi, tu es maladroit et tu parles pour ne rien dire. Quand tu essayes d'écrire sur une tablette d'argile, tu ne sais même pas l'assouplir. Quand tu essayes d'écrire une ligne, ta main ne peut pas tenir la tablette... Toi, imbécile-ingénieux, couvre-toi les oreilles, couvre-toi les oreilles ! Et tu prétends néanmoins connaître le sumérien comme moi !" (Kramer, 1963, pp. 241-242, traduction de C. Germain).

Les deux passages qui précèdent illustrent le fait que la langue sumérienne a le statut de langue "savante", réservée à la classe des gens lettrés, à la classe des scribes. Mais son apprentissage n'est pas réservé seulement aux fils de scribes. L'enseignement systématique (scolaire) du sumérien peut s'adresser vraisemblablement soit à des élèves d'une autre classe sociale, soit à des élèves n'ayant pas le sumérien comme langue maternelle.

Au début du IIe millénaire avant notre ère, le peuple sumérien cesse d'exister. Leur langue écrite reste cependant en usage jusqu'à une centaine d'années avant l'ère chrétienne, pour la religion et la science (tout comme ce fut le cas pour le latin au cours du Moyen Âge), alors que l'akkadien sert à la vie matérielle, pour les armées, pour les commerçants, et dans les communications quotidiennes.

Ainsi, tout porte à croire, documents à l'appui, qu'il y a effectivement eu enseignement dans une langue seconde vraisemblablement à partir de l'an 3000 avant notre ère, un enseignement du type immersif. À cet égard, il n'est peut-être pas sans intérêt de signaler qu'il n'est nullement question des Sumériens ou des Akkadiens, ni dans l'ouvrage de William

---

9. Dans un autre passage, il est même question d'un élève indiscipliné qui est menacé d'être enchaîné aux pieds et d'être ainsi enfermé dans l'école pendant deux mois (Kramer, 1963, pp. 242- 243).

F. Mackey (1972) qui consacre pourtant un important chapitre à "l'évolution de l'enseignement des langues", ni dans l'imposante étude historique de Louis G. Kelly intitulée : *25 Centuries of Language Teaching: 500 BC — 1969* (1969). Assez étrangement, Kelly écrit dans son introduction : "Bien qu'il y ait eu apprentissage d'autres langues que le grec et le latin avant le treizième siècle, ces langues n'étaient pas enseignées formellement ; c'est pourquoi il n'en est pas question dans le présent ouvrage" (Kelly, 1969, p. 2, traduction de C. Germain). Les ouvrages importants de Kramer, qui ne figurent ni dans la bibliographie de Mackey, ni dans celle de Kelly, datent pourtant de 1957 et de 1963. Ce n'est donc pas de seulement 25 siècles que daterait l'enseignement formel des langues secondes, mais bien de 50 siècles...

Document 1

L'ÉCOLE SUMÉRIENNE

Le matin, à son arrivée en classe, l'élève étudiait naturellement la tablette qu'il avait préparée la veille. Puis le "grand frère", c'est-à-dire le professeur adjoint, préparait une nouvelle tablette, que l'étudiant se mettait à copier et à étudier. Le "grand frère" aussi bien que le "père de l'école" examinaient probablement les copies pour vérifier si elles étaient correctes. Il n'est pas douteux que la mémoire jouait un très grand rôle dans le travail des étudiants. Les professeurs et leurs adjoints devaient accompagner de longs commentaires l'énoncé en lui-même trop sec des listes, des tables et des textes littéraires que l'étudiant copiait et apprenait. Mais ces "cours"... ne furent très probablement jamais rédigés et sont par conséquent perdus pour nous à jamais.

Un fait est certain : la pédagogie sumérienne n'avait en rien le caractère de ce que nous appellerions un "enseignement progressif [10]". En ce qui concerne la discipline, les verges [11] n'étaient pas épargnées. Il est probable que tout en encourageant leurs élèves à faire du bon travail, les maîtres comptaient avant tout sur le fouet pour corriger leurs fautes et leurs insuffisances. L'étudiant n'avait pas la vie très agréable. Il fréquentait l'école chaque jour, de l'aube au coucher du soleil. Si, comme il est possible, il avait quelques vacances au cours de l'année scolaire, nous n'avons aucune information à leur sujet. Il consacrait de nombreuses années aux études, depuis sa prime jeunesse jusqu'à la fin de l'adolescence. Il serait intéressant de savoir si, et quand, et dans quelle mesure il était prévu que les étudiants pouvaient faire le choix d'une spécialité quelconque. Mais sur ce point-là, ainsi que sur bien d'autres en ce domaine, nos sources restent muettes.

(Kramer, 1957, pp. 47-48.)

10. *Progressive education* : système éducatif dans lequel la plus grande part est laissée à l'initiative de l'enfant. (Note du traducteur.)

11. Instrument de punition corporelle formé d'une baguette flexible ou d'une poignée de brindilles.

Document 2

UNE JOURNÉE À L'ÉCOLE SUMÉRIENNE

(Il s'agit d'un extrait du dialogue entre un père et son fils.)

— « *Où es-tu allé ?* »
— « *Je suis allé nulle part.* »
— « *Si tu es allé nulle part, pourquoi as-tu flâné dans les rues ? Va à l'école, mets-toi devant ton "père de l'école"* [professeur], *récite ta leçon, ouvre ton sac d'école, écris sur ta tablette, et laisse ton "grand frère" te préparer une nouvelle tablette. Après avoir terminé ton exercice d'écriture et l'avoir montré à l'assistant, reviens à la maison, et ne traîne pas dans les rues. Allons ! qu'est-ce que je viens de dire ?* »
— « *Je sais, je vais te le dire.* »
— « *Allons ! répète-le-moi !* »
— « *Je vais te le répéter.* »
— « *Allons, dis-le-moi !* »
— « *Tu m'as dit d'aller à l'école, de réciter ma leçon, d'ouvrir mon sac d'école, d'écrire sur ma tablette pendant que mon "grand frère" me prépare une nouvelle tablette d'exercices. Quand ces tâches seront accomplies, je devrai faire mon exercice d'écriture, le montrer à l'assistant, et revenir ici. Voilà ce que tu m'as dit.* »
— « *Allons ! Sois un homme ! Ne flâne pas dans le parc public ou dans la rue. Quand tu marches dans la rue, ne regarde pas tout partout. Sois humble et respecte l'assistant. Si tu montres que tu es craintif, cela va plaire à l'assistant...* »

(Kramer, 1963, p. 244, traduction de C. Germain.)

Bibliographie

BONNETERRE, Daniel
   1990   Communication personnelle.

COOPER, J.
   1973   "Sumerian and Akkadian in Sumer and Akkad", *Orientalia,* 42.

JEAN, G.
   1987   *L'Écriture mémoire des hommes,* Paris, Gallimard.

KELLY, Louis G.
   1969   *op. cit.* (p. 17)

KRAMER, Samuel N.
   1957   *L'Histoire commence à Sumer,* traduction de *History Begins at Sumer,*
                 1956, Paris, Arthaud.

   1963   *The Sumerians — Their History, Culture, and Character*, Chicago, The
                 University of Chicago Press.

MACKEY, William F.
   1972   *op. cit.* (p. 17)

TITONE, Renzo
   1968   *op. cit.* (p. 17)

Deuxième partie

L'Égypte et la Grèce :
l'enseignement des langues mortes

Chapitre 2

L'enseignement d'une langue archaïque,
chez les Égyptiens et les Grecs

On ne saurait traiter d'histoire de l'enseignement des langues sans examiner, même de façon schématique, la situation dans les deux grandes civilisations de l'Antiquité que sont l'Égypte pharaonique et la Grèce. Dans ces deux civilisations, il ne s'agit pas, à proprement parler, d'enseignement de langues étrangères. Mais dans la mesure où un état de langue archaïque peut être considéré comme une langue quasi étrangère (l'écriture hiératique et le grec classique), il est permis de parler, à propos de l'Égypte et de la Grèce, d'enseignement des langues secondes ou étrangères.

Les Égyptiens et l'enseignement du Ma'at

Par certains côtés, le cas des Égyptiens est apparenté à celui des Akkadiens. Tout comme les conquérants akkadiens, ce sont les Égyptiens, qui étaient pourtant les conquérants, qui se sont mis à l'apprentissage des langues parlées par leurs sujets conquis, vraisemblablement pour des raisons de sécurité. Etant donné les nombreuses activités diplomatiques égyptiennes, on peut imaginer la présence de traducteurs et d'interprètes. De fait, dès l'Ancien Empire (de 3000 à 2100 environ), le titre de "chefs-interprètes" est donné à certains hauts fonctionnaires, et ce titre est transmis de père en fils (Mounin, 1967, p. 38). On possède également un traité bilingue égypto-hittite datant de l'an 1278 avant notre ère. Quelques autres documents permettent d'attester d'une curiosité certaine pour les langues étrangères.

De plus, à ce qu'il semble, sous le Nouvel Empire (de la 17e à la 20e dynastie, soit de 1600 à 1080 environ), les Égyptiens maîtrisaient des langues étrangères, comme l'attestent les tablettes multilingues conservées dans des archives. Ce sont aussi les citations d'expressions et de mots étrangers contenues dans les lettres des scribes égyptiens qui attestent de cette connaissance des langues étrangères (Titone, 1968, p. 6).

Or, on sait que dès les débuts de l'époque des pharaons, l'administration de l'Égypte est très solidement organisée autour d'une caste de fonctionnaires, les scribes : "La formation de ceux-ci [les scribes] postule un enseignement, des écoles ; et nous en avons des témoignages. Les noms mêmes de l'école dénotent son importance dans le monde pharaonique : c'est 'la place de l'enseignement des livres', 'la maison de vie'. À ce propos, *Les maximes du scribe Ani* évoquent ainsi la mère de celui-ci : 'Elle t'a conduit à l'école lorsque tu apprenais l'écriture et chaque jour elle se tenait là, avec du pain et de la bière de sa maison'. " (Mounin, p. 38).

Il convient de faire remarquer que l'Égypte a connu trois formes d'écriture. L'écriture hiéroglyphique est sans aucun doute la forme la plus connue : "hiéroglyphe" signifie "écriture des dieux", du grec *hieros,* "sacré" et *gluphein,* "graver" (Jean, 1987, p. 27). Il s'agit de signes gravés dans la pierre ou dessinés et peints, voués à l'expression non seulement de la religion mais également de l'histoire (listes des souverains, événements importants, mariages royaux, batailles, etc.), de la comptabilité (règles juridiques, contrats de vente, contrats de mariage, etc.) et de la littérature ("maximes de morale, hymnes aux dieux et aux rois, contes historiques et romans d'aventures, chants d'amour, poésies épiques et fables"), (Jean, p. 31). Les premières inscriptions hiéroglyphiques remontent au 3e millénaire avant notre ère, quelques années seulement après l'apparition de l'écriture sumérienne [12].

Mais comme l'écriture hiéroglyphique est très fignolée, l'exécution des dessins demande beaucoup de minutie et de temps. C'est une forme d'écriture peu adaptée aux nécessités de la vie courante. C'est ce qui fait que, à peu près à la même époque, naît une autre forme d'écriture, beaucoup plus rapide, dite cursive, c'est-à-dire "qui court" sur le papyrus. Il s'agit de l'écriture appelée "hiératique", écriture "sacrée" ou "sacerdotale" utilisée dès l'origine par les prêtres. Ce type d'écriture possède les mêmes caractères que l'écriture hiéroglyphique (idéogrammes, phonogrammes et déterminatifs) mais ces caractères sont liés entre eux, ce qui contribue à l'éloigner graduellement des hiéroglyphes des monuments (Jean, p. 42).

Vers l'an 650 avant notre ère, apparaît parallèlement une troisième forme d'écriture, plus claire, rapide et ligaturée, l'écriture "démotique" (ou "populaire"), appelée à devenir l'écriture courante de l'Égypte, qui ressemble peu, de fait, aux hiéroglyphes originels [13].

1. La doctrine du Ma'at

Quoi qu'il en soit, la question qui se pose est celle de savoir s'il y a eu enseignement systématique de langues étrangères dans l'Égypte ancienne. Si on examine le type d'enseignement donné, on se rend compte que,

---

12. Selon la thèse de I. J. Gelb, supportée par quelques égyptologues, ce serait sous l'impulsion de l'écriture sumérienne (de l'an 3100 environ avant notre ère) que serait apparue l'écriture égyptienne une centaine d'années plus tard, vers l'an 3000 (Gelb, 1973, p. 73 et pp. 242-243).

13. On se rappellera que sur la fameuse "pierre de Rosette" (du nom du village situé dans le delta du Nil) figure un même texte écrit à la fois en hiéroglyphes, en démotique puis en grec. C'est à partir de cette pierre que l'Anglais Thomas Young et surtout le Français Jean-François Champollion ont réussi à déchiffrer la signification des signes hiéroglyphiques au début du 19e siècle.

pour les Égyptiens, le principal devoir de tout éducateur est d'inculquer aux enfants le respect du Ma'at, c'est-à-dire les principes de la vérité et de l'ordre. Le Ma'at est la doctrine se présentant sous la forme d'une série de sentences ou maximes que l'écolier doit mémoriser (par exemple : "Il vaut mieux être estimé pour sa philanthropie que d'avoir de l'or dans son coffre."). C'est cette doctrine qui allait être appelée à devenir la base de toute matière scolaire.

Or, ce qu'il importe ici de remarquer est le fait que ces maximes, anciennes, étaient rédigées dans une forme archaïque de langage, les caractères hiératiques, dérivés de l'écriture hiéroglyphique. C'est ce qui fait qu'à une époque donnée, sous le Nouvel Empire, les élèves ne peuvent plus comprendre ce type de langue ancienne, très éloigné de la langue de leur temps. Il semble donc que l'on puisse considérer l'apprentissage des rudiments de l'écriture, chez les Égyptiens du Nouvel Empire, comme l'apprentissage d'une langue étrangère. Pour mieux comprendre de quoi il s'agit, il suffit de s'imaginer ce que serait de nos jours l'apprentissage de l'écrit pour des francophones, s'il fallait déchiffrer des textes en ancien ou en moyen français. Il y a certainement là un type d'enseignement apparenté à celui d'une langue seconde ou étrangère.

2. L'enseignement du Ma'at

Comment, donc, se faisait cet enseignement à certaines époques de l'Égypte pharaonique ? L'école vise avant tout à enseigner la technique de l'écriture. Pour cela, les maîtres ne recourent pas à des signes isolés (comme ce sera le cas plus tard à Rome, comme on le verra plus loin), mais bien à des phrases complètes : "même à l'intention des élèves débutants, on ne prenait pas la peine de découper les phrases en mots, encore moins en signes isolés" (Mialaret et Vial, 1981, p. 72). Cela provient du fait qu'il s'agit d'une part, de maximes à mémoriser et d'autre part, d'un type d'écriture — l'écriture hiératique — dont les signes ne sont pas eux-mêmes séparés les uns des autres. Il semble bien que le maître dicte les sentences que l'élève doit écrire puis mémoriser, dans un certain ordre d'ailleurs.

Quant aux exercices de grammaire, il y en a mais ils occupent une place peu importante. Ils consistent en exercices du type : "Formez vingt phrases sur le mode optatif" (par exemple : "Que j'apprenne tout sur la situation", "Qu'on laboure les terres du roi", etc.) (Mialaret et Vial, p. 74). Quelques exercices simples de conjugaison verbale ont même été retrouvés. Toutefois, tout porte à croire qu'il s'agit, dans ces cas, d'étudier la langue courante (et non une langue étrangère ou une forme archaïque de l'égyptien).

Par ailleurs, ce cas d'apprentissage de l'écriture hiératique mis à part, les documents trouvés jusqu'à ce jour nous permettent de croire qu'il n'y avait aucun enseignement proprement dit de langues étrangères dans les écoles égyptiennes de l'Antiquité. Tout ce que nous possédons, ce sont des témoignages "du fait que, en dehors des écoles, c'est-à-dire en privé et dans les lieux administratifs, on enseignait le kananéen, l'accadien et le crétois" (Mialaret et Vial, p. 77). Cela se comprend puisque les fonction-naires impériaux chargés de l'administration des pays étrangers se devaient de communiquer dans la langue de ces pays tout en écrivant, pour leurs supérieurs administratifs, au moins les noms de lieux et les noms propres en caractères égyptiens. Mais on ne sait toujours pas com-ment ces rudiments de langue étrangère étaient enseignés.

Les Grecs et l'enseignement des poèmes homériques

Les institutions scolaires grecques nous sont surtout connues à travers celles des deux cités qui ont successivement servi de modèle au monde grec : Sparte (dont l'âge d'or se situe vers la fin du 7e siècle avant notre ère), puis Athènes (à partir du 6e et du 5e siècles surtout). Toutefois, même si la Grèce a connu dans ses principales cités des institutions scolaires bien organisées et structurées à l'époque hellénistique (de la fin du 4e siècle à la conquête romaine, au 2e siècle avant notre ère), il n'en reste pas moins qu'il s'agit toujours d'un enseignement unilingue, donné en langue grecque seulement. C'est que pour les Grecs, les autres langues sont des langues "barbares" et ne méritent pas d'être enseignées. C'est ce qui fait que la Grèce n'a pas connu d'enseignement bilingue en tant que tel comme ce fut le cas pour les Akkadiens et comme ce sera le cas chez les Romains.

1. L'enseignement des poèmes homériques

Pourtant, à y regarder d'un peu plus près, on se rend compte qu'il existe, dans la Grèce classique, une certaine forme d'enseignement d'une langue quasi étrangère. On sait en effet que l'étude des auteurs classiques constitue le pilier de l'enseignement grec. L'auteur classique de prédilec-tion est Homère, dont *l'Iliade* et *l'Odyssée* servaient de texte de base. Or, la composition de l'épopée homérique remonte aux alentours des années 850-750. Vers le 5e siècle avant notre ère, soit plusieurs centaines d'années plus tard, le grec parlé en Grèce, la koiné, est devenu passable-ment différent du grec classique, langue dans laquelle sont rédigées *l'Iliade* et *l'Odyssée*.

C'est ce qui explique d'ailleurs en partie la façon dont se déroule "l'explication de texte" des auteurs classiques, dont Homère en particu-lier. Tout d'abord, des résumés de l'épopée (ou des pièces de théâtre ou des discours, selon le cas) sont proposés aux élèves dans la langue de leur époque. Le maître se sert également de tableaux muraux et de bas-reliefs afin de mieux faire saisir les épisodes principaux, identifier les person-nages, et ainsi de suite (Marrou, 1960, p. 229). Suit alors la lecture expressive à haute voix, lecture d'autant plus difficile puisqu'à cette époque les mots ne sont pas séparés et la ponctuation est absente. Mais, pour l'explication proprement dite, il fallait tout d'abord s'assurer de la compréhension du sens même du texte.

Dans le cas d'Homère, la difficulté est double. D'une part, le grec recourt à un vocabulaire particulier pour la poésie et d'autre part, il s'agit d'une langue archaïque. C'est ce qui fait que les écoliers doivent procéder à l'étude du "mot à mot d'Homère". Pour cela, l'exercice est disposé sur deux colonnes : les mots homériques à gauche (en grec classique), et l'interprétation à droite (en grec de l'époque). L'élève cherche non seulement à préciser les constructions et la valeur des cas mais à transcrire les formes poétiques et — ce qui importe dans la perspective présente — à traduire "les mots difficiles dans la langue commune de son temps". Il peut même recourir à des lexiques alphabétiques rédigés à cette fin. Après avoir maîtrisé le vocabulaire spécial aux poètes, l'écolier se livre à une véritable étude philologique, en tentant de reconstituer les formes linguistiques de la Grèce antique, par comparaison avec les formes de la langue courante (Marrou, p. 232).

Ce qu'il importe ici de retenir est cette idée que pareille explication de texte s'apparente, par beaucoup de côtés, aux techniques utilisées pour accéder au sens des textes rédigés dans une langue étrangère. L'épopée homérique, vue sous cet angle, fait figure de langue quasi étrangère, un peu à la manière du Ma'at de l'Égypte pharaonique. Comme le Ma'at, les passages homériques étudiés étaient appris par cœur et récités à voix haute.

2. Les Grecs et le latin

Ce cas mis à part, il reste qu'on ne trouve aucune trace, dans les écoles de la Grèce classique, d'un enseignement d'une langue étrangère. Même après n'être devenue qu'une province romaine, au 2ᵉ siècle avant notre ère, la Grèce ne voit en Rome qu'une conquérante, qu'une "barbare" qui ne mérite pas que l'on s'attarde à l'étude de sa langue, le latin. Bien sûr, cela n'empêche pas certains individus d'origine grecque d'apprendre la langue des Romains, mais il ne s'agit que de quelques cas isolés. Ce sont, par exemple, ceux qui appartiennent à la petite élite des familles aristocratiques et qui sont admis au Sénat, ceux qui désirent servir dans l'armée (car l'armée entière, tant dans ses cadres que dans sa langue, est latine), ou qui aspirent à une carrière administrative. En règle générale, il est plutôt rare que des Grecs lettrés des provinces orientales de l'Empire romain s'intéressent à la littérature romaine : l'étude du latin n'a jamais été intégrée au programme de l'éducation libérale grecque, sauf dans le cas de l'étude du droit, discipline proprement latine (Marrou, pp. 348-349). En somme, peu de Grecs apprennent le latin et, lorsqu'ils le font, c'est surtout à Rome qu'ils doivent se rendre.

Document 3

L'ÉDUCATION EN ANCIENNE ÉGYPTE

Les enfants égyptiens devaient savoir par cœur ces sentences que contenaient les doctrines... même s'ils ne les comprenaient pas. Le langage lui-même, archaïque, était déjà loin de faciliter la compréhension des textes. Il faut tenir compte du fait que la langue égyptienne avait tant changé depuis l'émission de la doctrine qu'elle n'était plus compréhensible sans le secours d'études linguistiques particulières... Ce qui est certain, c'est que la plupart des élèves ne comprenaient pas le discours des enseignants, à cause de la langue ou de l'hermétisme des sentences. Quoi qu'il en soit, ils étaient obligés de tout apprendre par cœur...

L'enseignant dictait le texte, puis l'élève apprenait par cœur ce qu'il avait écrit pour le réécrire de mémoire, en se servant quelquefois de l'envers de la tablette dont l'endroit portait la dictée. À la fin, il lui était possible de comparer les résultats...

La dictée et la récitation par cœur des textes représentent les piliers de l'enseignement égyptien. Les exercices de grammaire occupent une place bien moins importante ; mais ils existaient...

Il est certain que l'apprentissage de l'écriture commençait par la familiarisation avec les caractères hiératiques et non avec les hiéroglyphes... et que, sous le Nouvel Empire, il débutait par le déchiffrage d'un texte de langue ancienne aux signes archaïques, très certainement incompréhensible pour la plupart des débutants qui, eux, parlaient la langue de leur temps...

Les langues, elles, ne faisaient pas partie du programme courant d'une école, exception faite, à la rigueur, pour l'initiation aux rudiments de l'égyptien moyen. Or, sous l'Empire, ne fût-ce que dans la mesure où ils étaient chargés de l'administration de pays étrangers, les fonctionnaires étaient obligés de parler la langue de ces pays et même de l'écrire en caractères égyptiens... Nous possédons des témoignages du fait que, en dehors des écoles, c'est-à-dire en privé et dans les lieux administratifs, on enseignait le kananéen, l'accadien et le crétois...

(Mialaret et Vial, 1981, pp. 72, 73, 74, 76 et 77.)

Document 4

LE GREC CLASSIQUE

Platon admet, dans son Cratyle, *la possibilité de l'origine étrangère d'une partie du vocabulaire grec ; nous connaissons aussi l'existence de locuteurs bilingues et d'interprètes professionnels. Mais rien ne témoigne, chez les Grecs, d'un intérêt sérieux pour les langues étrangères elles-mêmes ; et leur emploi du mot barbaroi... ("qui parlent de façon inintelligible") — d'où notre mot "barbares" —, pour désigner les sujets parlant des langues étrangères, est sans doute révélateur...*

*En dehors des dialectes parlés, les Grecs instruits savaient que la langue des poèmes homériques, l'*Iliade *et l'*Odyssée, *ne s'identifiait à aucun des dialectes vivants de l'époque. Ces poèmes tenaient une place spéciale dans l'éducation ; récités en public, ils étaient considérés et donnés comme sources de préceptes moraux. "L'érudition homérique" — établissement des textes des poèmes et leurs commentaires — avait commencé à Athènes durant le VIᵉ siècle...*

L'école stoïcienne fut fondée à l'époque dite hellénistique... Du point de vue de la langue, cette période, plus que les siècles précédents fut marquée par des contacts de plus en plus étroits entre les Grecs et les étrangers... ; elle se caractérisa également par la divergence du grec parlé, la koiné, d'avec la langue des auteurs classiques athéniens qui, avec celle d'Homère, constituait la norme littéraire de tous les Grecs instruits...

Mais, à partir de cette époque, une autre motivation se fit sentir dans la linguistique ancienne, l'étude du style littéraire ; tout d'abord, on se soucia de prononciation et de grammaire "correctes", et des changements provoqués par l'apprentissage du grec par un grand nombre de locuteurs non natifs ; ensuite, dans l'étude très répandue de la littérature classique et des œuvres homériques, c'est-à-dire du grec classique en tant qu'opposé à la koiné courante, de nombreux lecteurs provenant du monde nouvellement hellénisé réclamèrent des commentaires sur la langue et sur le contenu. Plusieurs glossaires de divers dialectes non attiques ont été rédigés à cette époque, attestant que les différences entre les variétés de grec qui possédaient un système de représentation écrite étaient systématiquement étudiées...

(Robins, © 1967-1976, pp. 14, 15, 19 et 20.)

Bibliographie

GELB, I. J.
1973 *Pour une théorie de l'écriture,* traduit de l'anglais, 1952, Paris, Flammarion.

JEAN, G.
1987 *op. cit.* (p. 29)

KELLY, Louis G.
1969 *op. cit.* (p. 17)

MACKEY, William F.
1972 *op. cit.* (p. 17)

MARROU, Henri-Irénée
1960 *Histoire de l'éducation dans l'Antiquité,* 5ᵉ édition, revue et augmentée, Paris, Éd. du Seuil. Nouvelle édition : coll. "Points Histoire", 1981.

MIALARET, Gaston et VIAL, Jean
1981 *Histoire mondiale de l'éducation,* tome I : "Des origines à 1515", Paris, P.U.F.

MOUNIN, Georges
1967 *Histoire de la linguistique, des origines au XXᵉ siècle,* Paris, P.U.F.

ROBINS, Robert Henry
© **1967-1976** *Brève histoire de la linguistique — De Platon à Chomsky,* coll. "Travaux linguistiques", Paris, Éd. du Seuil.

TITONE, Renzo
1968 *op. cit.* (p. 17)

Troisième partie

DE L'ANTIQUITÉ ROMAINE
À LA RENAISSANCE :
L'ENSEIGNEMENT DES LANGUES VIVANTES

Chapitre 3

L'enseignement du grec
aux Romains

Tout comme les Akkadiens et les Égyptiens, ce sont les conquérants romains qui, dès le 3e siècle avant notre ère, se mettent à l'apprentissage de la langue parlée par leurs sujets conquis, en l'occurrence, le grec. Ainsi, même avant le début de leur empire, les Romains apprennent le grec comme langue seconde, sans aucun doute à cause du prestige de la civilisation grecque car l'administration romaine a toujours ignoré les langues "barbares" comme le celtique, le germanique, etc. Pourtant, elle reconnaît officiellement l'existence du grec : les actes officiels et édits destinés aux provinces orientales (de langue grecque, donc) sont traduits et affichés en grec. Dans les procès qui ont lieu dans les territoires de langue grecque, les débats ont lieu en grec mais la sentence est rédigée en latin. De plus, la chancellerie de l'empire possède pour la correspondance deux directions parallèles, l'une en latin pour les provinces occidentales (dont Rome est la capitale), et l'autre en grec pour les provinces orientales (ayant Constantinople comme capitale). Le grec n'est cependant jamais vu comme étant l'égal du latin : seul le latin est considéré comme la langue nationale (Marrou, pp. 346-348).

1. Des manuels bilingues

Au 2e siècle avant notre ère est institué à Rome (et vraisemblablement dans quelques autres centres urbains d'importance — car l'école est alors un phénomène urbain) un système d'éducation bilingue. À cette époque, toute personne cultivée doit avant tout savoir le grec. Un peu plus tard, vers l'an 100 avant notre ère, tout Romain cultivé parle aussi bien le grec que le latin. Il y en a même, semble-t-il, qui affectent de mépriser leur langue nationale, le latin. Les lettrés romains qui se veulent à la mode écrivent autant en grec qu'en latin. Tel est le cas, par exemple, de Cicéron (106 - 43 avant notre ère) qui traduit en latin des auteurs et des orateurs grecs, qui rédige en grec une partie de sa correspondance, et dont les lettres latines sont remplies de citations et de mots grecs (Marrou, pp. 350-351).

Mais, après l'époque de Cicéron, la connaissance du grec se met à décroître à Rome, la langue latine lui faisant en quelque sorte concurrence. Être cultivé signifie connaître surtout les grands auteurs latins (comme Virgile et Cicéron). Toutefois, l'école romaine continue toujours d'enseigner le grec. Même au 2ᵉ siècle de notre ère, l'enseignement est encore bilingue. Mais au 3ᵉ siècle, il semble que l'évolution se précipite de sorte qu'au siècle suivant, on peut dire que le latin supplante le grec à peu près partout dans l'Empire romain d'Occident (pendant que le grec domine dans l'Empire d'Orient). L'Église chrétienne d'Occident adopte définitivement le latin plutôt que le grec comme langue liturgique. Chez les Latins qui savent encore le grec, c'est-à-dire les grandes familles aristocratiques de la ville de Rome, il s'agira de plus en plus d'un grec scolaire, livresque (Marrou, pp. 351-354).

C'est que, malgré tout, l'enseignement scolaire du grec continue dans certaines écoles privilégiées. Au début du 3ᵉ siècle de notre ère, apparaissent des manuels bilingues (appelés *Hermeneumata*), qui ont connu jusqu'à six éditions. Ils ressemblent à des manuels pratiques de vocabulaire ou de conversation. Il est possible qu'ils aient été tout d'abord rédigés pour des élèves d'origine grecque, mais ils ont surtout été utilisés par des Latins apprenant le grec. Ces manuels commencent par un vocabulaire grec-latin classé par ordre alphabétique, puis selon le sens sous la forme de chapitres (*capitula*) consacrés aux noms de dieux et de déesses, de légumes, de poissons, d'oiseaux, au vocabulaire maritime, médical, etc. Suivent des séries de petits textes simples de narration ou de conversation, présentés sur deux colonnes : les phrases (ou parties de phrases) latines d'un côté, et les équivalents grecs en regard. C'est ainsi que sont présentés les fables d'Ésope, un petit traité juridique, un manuel élémentaire de mythologie, et un résumé de la guerre de Troie. Suit alors le manuel de conversation courante (*quotidiana conversatio*), sous la forme de dialogues faciles et agréables (Marrou, pp. 356-357).

Voici l'exemple d'un dialogue écrit en latin et en grec, tiré d'un manuel de conversation (mais rapporté en anglais dans Titone, 1968, p. 7 ; traduction de C. Germain) :

"Le père s'avance vers son ami et lui dit :
— Bonjour, Caïus !
*   et il l'embrasse. Ce dernier le salue à son tour et dit :*
— Content de te voir. Aimerais-tu venir avec moi ?
— Où ?
— Chez notre ami Lucius. Allons lui rendre visite.
— Qu'est-ce qu'il a ?
— Il est malade.
— Depuis combien de temps ?
— Depuis quelques jours.
— Où habite-t-il ?
— Pas très loin d'ici. Si tu veux, nous pouvons y aller."

Malheureusement, faute de documents appropriés, nous ne connaissons pas très bien l'usage que les petits Romains faisaient de ce type de manuels dans leur étude de la langue grecque, mais on sait qu'ils s'exerçaient à traduire mot à mot les fables et les textes des auteurs classiques, du grec en latin (la version) et du latin en grec (le thème) (Marrou, pp. 345-346 et p. 357). Il faut préciser que la présentation d'écrits sous une forme dialoguée n'est pas nouvelle : même la plupart des écrits philosophiques de Platon (5e - 4e siècle avant notre ère) se présentent sous la forme de dialogues — une trentaine.

2. Un enseignement bilingue

À l'origine donc, dans les familles aristocratiques l'éducation est réellement bilingue. L'enfant romain est confié à une servante ou à un esclave grecs, en présence desquels il apprend tout d'abord à parler en grec, avant même le latin. Parvenu à l'âge scolaire, il apprend à lire [14] et à écrire dans les deux langues, en commençant par le grec (Marrou, p. 355). Plus tard, il suit parallèlement les cours du *grammaticus Graecus* (ou grammairien grec) et ceux de son confrère latin (le grammairien latin), puis ceux d'un *orator Graecus* (rhéteur grec) et d'un *orator Latinus* (orateur latin). C'est qu'il y a trois types d'écoles à Rome (comme c'était le cas en Grèce), s'adressant aussi bien aux filles qu'aux garçons : l'école primaire (de 7 à 11-12 ans), l'école du *grammaticus* (de 11-12 à 15 ans), et l'école du rhéteur ou orateur (de 15 à 20 ans environ).

Il est à noter que les élèves sont répartis en plusieurs divisions suivant leur force, et qu'il existe une sorte d'enseignement "mutuel" (les plus grands montrant aux petits les lettres et les syllabes). Le tableau — inconnu à l'époque hellénistique — fait son apparition.

• L'enseignement primaire

À l'école primaire, le maître procède de la partie au tout. Il s'agit de montrer à lire et à écrire, en commençant par les lettres de l'alphabet, dans l'ordre (de A à X — car Y et Z ne servent qu'à transcrire des mots grecs) puis à l'envers (de X à A), puis par couples (AX, BV, etc.), et en ordre varié. Suit l'apprentissage des syllabes et de leurs diverses combinaisons. Des mots isolés peuvent alors être appris. On passe donc successivement des *abecedarii* aux *syllabarii* et aux *nominarii*. Ensuite, les écoliers lisent des petites phrases d'un ou deux vers, des maximes morales (du type "Bien apprendre ses lettres est le commencement de la sagesse") et, enfin, des textes suivis. À la lecture est associée la récitation : les textes lus sont appris par cœur (en chantonnant, semble-t-il). L'écriture est enseignée parallèlement à la lecture en suivant le même ordre, du simple au complexe : les lettres isolées, les syllabes, les mots, les courtes phrases puis les textes lus sont écrits par l'écolier sur sa tablette de cire ou à l'encre (Marrou, pp. 364-365 — voir Document 6). À cela, il faut ajouter l'apprentissage du calcul, c'est-à-dire du vocabulaire de la numération, à l'aide de jetons et de la mimique des doigts. Tout cela, comme on vient

---

14. Il est à noter qu'il s'agit vraisemblablement d'une lecture à voix haute puisque l'habitude de la lecture à voix basse, sans remuer les lèvres, ne date que de la Renaissance.

de le voir, se fait tout d'abord dans la langue grecque, puis dans la langue latine.

• L'enseignement secondaire

L'enseignement du niveau secondaire, beaucoup moins répandu que l'instruction primaire, est dirigé par le *grammaticus*. Celui-ci enseigne la grammaire grecque et la grammaire latine, cette dernière étant d'ailleurs calquée sur le modèle grec. Il explique aussi les poètes classiques et fait faire des exercices de style. La grammaire comprend les lettres, les syllabes et les mots ou "parties du discours", puis — tardivement, avec le grammairien Priscien à la fin du 5e siècle — la syntaxe latine. Les "noms communs", par exemple, comptent 27 catégories : corporels, incorporels, primitifs, dérivés, diminutifs, etc. L'élève fait aussi des exercices de déclinaison et de conjugaison. On pourchasse les "fautes de langues" chez les auteurs, beaucoup plus que chez les écoliers. Il s'agit moins d'enseigner une langue d'usage quotidien que de maîtriser la langue des grands écrivains classiques. De fait, l'essentiel de l'enseignement du *grammaticus* reste l'explication des auteurs classiques (des poètes comme Virgile, par exemple). L'enseignement des mathématiques, de la géométrie et de la musique n'est destiné qu'à une minorité d'élèves (Marrou, pp. 369-379).

De fait, la formation dans les deux langues implique l'intervention de deux grammairiens, l'un pour le grec, l'autre pour le latin. Cela se produit effectivement dans les grands centre urbains mais, à ce qu'il semble, dans les petites villes et dans les provinces lointaines la tâche est confiée au grammairien latin qui doit, seul, assurer l'enseignement dans les deux langues. Il y a là un facteur qui a certes contribué à faire du grec une langue scolaire, livresque, participant ainsi au recul graduel du grec face au latin (Mialaret et Vial, 1981, p. 196).

• L'enseignement supérieur

Quant à l'enseignement de niveau supérieur, il consiste surtout à faire maîtriser l'art oratoire, à l'aide des règles de l'éloquence, antérieurement mises au point par les Grecs. D'après Marrou, "il paraît certain que dès le temps d'Auguste [en l'an 24], un enseignement latin de la rhétorique double normalement, pour les Romains, celui du rhéteur grec" (p. 343). Il convient cependant de signaler que l'enseignement du droit, en tant que tel, est une originalité de l'école romaine par rapport aux écoles de l'époque hellénistique. De fait, les études philosophiques, scientifiques et médicales ne se donnent qu'en langue grecque (Marrou, pp. 343-344, et pp. 380-389).

Il ne faudrait cependant pas perdre de vue que l'enseignement dont il est ici question est le propre de quelques grands centres urbains, Rome notamment. Ce n'est qu'exceptionnellement que ce type d'enseignement bilingue se produit ailleurs dans l'Empire romain. De plus, l'enseignement est réservé à une minorité de citoyens, généralement la classe aisée : à Rome comme partout dans l'Antiquité, la culture est un privilège des classes dirigeantes. Enfin, même si un enseignement scolaire de type bilingue peut être attesté du 2e siècle avant notre ère jusqu'à l'effondrement de l'Empire romain d'Occident (en l'an 476 de notre ère), soit pour une durée d'environ sept siècles, on peut dire que le recul du grec devant le latin s'est fait graduellement, notamment à partir du début de notre ère. En effet, la connaissance du grec comme langue seconde atteint son apogée avec Cicéron, puis connaît un recul continu devant le latin jusqu'au 5e siècle où ne subsiste plus en Occident que le latin, alors renforcé par le christianisme.

Ainsi, avec l'école romaine apparaît la traduction, autant sous la forme du thème que de la version, de phrases complètes, voire de textes entiers, et non plus seulement de mots comme c'était le cas chez les Akkadiens apprenant le sumérien. Le vocabulaire est également présenté, comme c'était le cas en suméro-akkadien, sous la forme de listes bilingues en deux colonnes (en grec et en latin).

Par ailleurs, on note trois éléments importants de continuité : la mémorisation de listes de mots dans la langue étrangère, l'imitation dans le cas de l'écriture, et le recours à des dialogues. On peut également parler, jusqu'à un certain point, d'un enseignement par immersion puisque le calcul, les mathématiques, la géométrie et la musique paraissent être enseignés dans les deux langues. Toutefois, au niveau avancé, le droit n'est enseigné qu'en latin, alors que la philosophie, les sciences naturelles et la médecine ne sont données que dans la langue grecque.

Document 5

UNE JOURNÉE À L'ÉCOLE ROMAINE

Il s'agit ici du témoignage, dans les années 200-210 de notre ère, d'un jeune écolier romain qui raconte sa journée. Ce texte est tiré d'un manuel de conversation gréco-latin.

Au point du jour, je m'éveille, j'appelle l'esclave, je lui fais ouvrir la fenêtre, il l'ouvre aussitôt. Je me dresse, m'assieds sur le bord du lit ; je demande chaussons et souliers parce qu'il fait froid.

Une fois chaussé, je prends une serviette : on m'en apporte une bien propre. On m'apporte de l'eau pour la toilette, dans un pot : je m'en verse sur les mains, le visage, dans la bouche ; je frotte dents et gencives ; je crache, me mouche et m'essuie comme il convient à un enfant bien élevé.

J'ôte ma chemise de nuit, je prends une tunique de corps, mets une ceinture ; je me parfume la tête et me peigne ; j'enroule un foulard autour du cou ; j'enfile par-dessus ma pèlerine blanche. Je sors de la chambre avec mon pédagogue [15] et ma nourrice pour aller saluer papa et maman. Je les salue tous deux et les embrasse.

Je cherche mon écritoire et mon cahier et les donne à l'esclave. Ainsi tout est prêt et je me mets en route, suivi de mon pédagogue, par le portique qui mène à l'école.

Mes camarades viennent à ma rencontre : je les salue et ils me rendent mon salut. J'arrive devant l'escalier ; je monte les marches bien tranquillement comme il se doit. Dans le vestibule, je dépose mon manteau ; un coup de peigne, j'entre et je dis : "Salut, maître." Lui m'embrasse et me rend mon salut. L'esclave me tend tablettes, écritoire et règle.

"Salut, camarades. Donnez-moi ma place (mon banc, mon tabouret). Serre-toi un peu. — Venez ici. — C'est ma place ! — Je l'ai prise avant toi !" Je m'assieds et me mets au travail...

J'ai fini d'apprendre ma leçon. Je demande au maître qu'il me laisse aller déjeuner à la maison ; il me laisse partir ; je lui dis : "Porte-toi bien", et il me rend mon salut. Je rentre à la maison, je me change. Je prends du pain blanc, des olives, du fromage, des figues sèches et des noix ; je bois de l'eau fraîche. Ayant déjeuné, je repars pour l'école. Je trouve le maître en train de lire ; il nous dit : "Au travail !"...

Il faut aller se baigner ! — Oui, c'est l'heure. J'y vais, je fais prendre des serviettes et je suis mon serviteur. Je cours à la rencontre de ceux qui vont au bain et je leur dis, à tous et à chacun : "Ça va ? Bon bain ! Bon souper !"

(Marrou, 1960, pp. 363-364.)

---

15. À cause des dangers de la rue et de l'école, les Romains avaient adopté l'usage grec de l'esclave qui accompagne l'enfant dans ses trajets, porte son cartable ainsi qu'une lanterne quand il fait nuit. Il est désigné comme le *paedagogus* (le "pédagogue"), qui peut jouer le rôle de répétiteur privé et s'occuper de la formation morale de l'enfant.

Document 6

L'APPRENTISSAGE DE L'ÉCRITURE
CHEZ LES ROMAINS

Voici le témoignage d'un autre élève, racontant comment il apprend à écrire. Ce texte est également tiré d'un manuel de conversation gréco-latin.

Je copie le modèle ; quand j'ai écrit, je montre au maître qui me corrige en calligraphiant... Je ne sais pas copier : copie pour moi, toi qui sais si bien ! — J'efface : la cire est dure, elle devrait être molle.
Fais bien les pleins et les déliés. Mets un peu d'eau dans ton encre : tu vois, ça va bien maintenant ! — Fais voir ta plume, ton canif (pour tailler la plume de roseau). — Fais voir : comment as-tu écrit ? Ce n'est pas mal... Ou bien : Tu mérites le fouet ! Allons, je te pardonne...

(Marrou, 1960, pp. 365-366.)

------------------------------ **Bibliographie** ------------------------------

JEAN, G.
1987   *op. cit.* (p. 29)

KELLY, Louis G.
1969   *op. cit.* (p. 17)

MACKEY, William F.
1972   *op. cit.* (p. 17)

MARROU, Henri-Irénée
1960   *op. cit.* (p. 40)

MIALARET, Gaston et VIAL, Jean
1981   *op. cit.* (p. 40)

MOUNIN, Georges
1967   *op. cit.* (p. 40)

ROBINS, Robert Henry
© **1967-1976** *op. cit.* (p. 40)

TITONE, Renzo
1968   *op. cit.* (p. 40)

Chapitre 4

L'enseignement du latin

L'expansion de la langue latine a suivi le développement de l'Empire romain [16]. Par exemple, de – 120 à – 50 environ, le sud de la Gaule est colonisé par les Romains : des établissements commerciaux sont créés, des villes sont fondées, etc. Grâce à la multiplicité des contacts militaires et commerciaux, le latin en vient peu à peu à se répandre dans tout l'Empire romain, aidé en cela par le christianisme dont la langue de propagande est aussi le latin. Cet Empire couvre la majeure partie de l'Espagne, de la Gaule, une partie de l'Afrique du Nord, et les régions au Nord des Balkans. C'est ainsi que la plupart des nations en viennent peu à peu à apprendre la langue latine, qui finit par s'imposer et devenir, dans les premiers siècles de notre ère, la langue internationale de la culture, de la religion, de la philosophie, du droit, du gouvernement et des communications du monde occidental : textes juridiques et récits sont rédigés en latin, et les transactions commerciales se déroulent également dans cette langue.

Latin classique et latin populaire

Mais, avec les grandes invasions germaniques, à la fin du 5e siècle de notre ère, c'est le début du morcellement de l'Empire romain d'Occident. Cette dislocation s'accompagne d'une différenciation linguistique : le latin familier se morcelle dans les diverses langues romanes naissantes (français, italien, espagnol, etc.) qui, à leur tour, vont aussi devenir rapidement des langues littéraires (Cohen, 1973, pp. 35-54). À cet égard, pour bien comprendre la situation linguistique de l'époque, il importe de faire la distinction entre le latin classique (la langue "savante") et le latin populaire (la langue du parler quotidien des petites gens — très souvent appelé latin "vulgaire"). Le latin classique est celui non seulement de l'Église mais de la littérature latine, dont l'auteur type est Cicéron. Mais, ce n'est pas ce type de latin, écrit, qui se répand le plus dans les provinces de l'Empire par les petites gens, les fonctionnaires, les soldats, les colporteurs. C'est plutôt le latin parlé, le latin populaire ou familier. À cette époque, le latin est encore une langue vivante.

---

16. Le Moyen Âge est la période historique qui s'étend de la chute de l'Empire romain (au 5e siècle) jusqu'au 15e siècle environ. La Renaissance est la période de transition, aux 15e et 16e siècles, entre le Moyen Âge et le début des temps modernes (c'est-à-dire le 17e siècle).

Avec les invasions barbares, d'importants bouleversements sociaux se sont produits dans l'Empire romain, notamment du 5ᵉ au 8ᵉ siècle. D'après les documents conservés, il semble bien que le niveau des études a considérablement baissé, que les écoles civiles ont été à peu près totalement ruinées. Même le clergé est devenu de plus en plus ignorant. Mais, ce qu'il importe ici de noter, c'est que le latin continue d'être partout utilisé dans tous les écrits : chroniques, documents juridiques, etc. Il s'agit cependant d'un latin de plus en plus différent du latin du temps de l'Empire romain. On assiste aux premières tentatives pour expliquer par écrit, en latin plus courant ou en langue parlée populaire, certains mots du latin classique, provenant de la Bible surtout : les premiers recueils de "gloses" (ou commentaires explicatifs) datent des 7ᵉ et 8ᵉ siècles.

Le latin, langue d'enseignement

Au cours de cette période troublée qui va de la fin de la société antique jusqu'au 9ᵉ siècle environ, c'est-à-dire jusqu'aux débuts de l'établissement du régime féodal (le seigneur et ses vassaux), l'histoire culturelle est dominée par l'activité des clercs et des moines, qui détiennent le monopole de l'enseignement, donné en latin. Au début du 6ᵉ siècle, naissent en effet les écoles épiscopales et presbytérales, aux côtés des écoles monastiques.

Qu'en est-il de l'enseignement chez les laïcs ? Dans le sud de la Gaule, suite à la disparition des écoles publiques, ce sont les parents (ou un précepteur) qui se chargent d'apprendre à lire et à écrire à leurs enfants, en recourant aux livres hérités des ancêtres. Dans la Gaule du Nord, les aristocrates francs se familiarisent avec les coutumes juridiques romaines : ils apprennent à parler et à écrire en latin.

La base de cet "enseignement" reste la grammaire. Le livre de base de tout lettré est en effet la grammaire latine de Donat (grammairien latin du 4ᵉ siècle), qui permet aux lettrés d'écrire un latin littéraire, de plus en plus différent de la langue parlée. Quant à la culture générale, elle s'acquiert en lisant et en apprenant par cœur les classiques latins déjà en vogue au 4ᵉ et au début du 5ᵉ siècle : Horace, Ovide, Cicéron, Virgile, et quelques autres (Riché, 1979, p. 25).

Ce qu'il importe ici de noter, c'est qu'au début du Moyen Âge la langue parlée quotidiennement et la langue d'enseignement, en dépit d'un écart qui ira grandissant, reste la même : le latin. En ce sens, on ne saurait donc parler d'un enseignement d'une langue seconde ou étrangère. Il s'agit, tout au plus, de ce que l'on appellerait de nos jours, deux variétés d'une même langue. Bien sûr, cela n'a pas empêché quelques lettrés d'apprendre une ou des langues étrangères (autres que le latin) mais rien ne nous autorise pour le moment à croire qu'il y ait eu enseignement formel (en milieu scolaire), et non simplement apprentissage individuel d'une langue seconde au cours de la période qui a suivi immédiatement l'effondrement de l'Empire romain.

Le latin en tant que langue seconde

Dans pareil contexte historico-social, qu'en est-il de l'enseignement et, en particulier, de l'enseignement des langues secondes ou étrangères ? Pour qu'il soit question d'enseignement d'une langue seconde, il faudrait en arriver à déterminer avec précision à partir de quel moment les élèves ont appris à l'école une langue différente de leur langue maternelle.

1. Le cas de l'Irlande

Le cas des langues irlandaise et germanique doit ici être distingué du cas de la langue française. En effet, comme l'irlandais (le gaélique) et l'allemand (le germanique) ne sont pas des langues romanes issues du latin, l'accès à la culture latine se fait par le biais d'un enseignement qui prend très tôt le caractère d'une langue seconde. Les premiers écrits littéraires et la première grammaire irlandaise datent du 7e siècle (Riché, p. 57). Dans ce monde celte, la culture monastique est religieuse et "les moines doivent étudier le latin qui est pour eux une langue étrangère et dont ils ont besoin pour célébrer la liturgie et lire la Bible. L'étude du latin se fait à partir des textes sacrés, des livres des Pères, qui sont parvenus en Grande-Bretagne avant les invasions ou pendant le 5e siècle, mais aussi à partir des grammairiens, des manuels de Donat, arrivés au 5e siècle en Irlande, et mis à jour pour un public monastique. À la fin du siècle, les Celtes deviennent peu à peu de bons latinistes" (Riché, p. 41).

Ainsi, en dépit du morcellement de l'Empire romain, il n'y a pratiquement pas eu interruption de l'enseignement d'une langue seconde, en l'occurrence, le latin. Sous l'Empire romain, ce sont les Romains qui apprennent le grec comme langue seconde (voir chapitre 2). C'est maintenant au tour d'une classe privilégiée d'Irlandais d'apprendre le latin comme langue seconde, comme ce sera peu à peu le cas dans tous les pays d'Europe.

2. La situation en France

Dans le cas de la Gaule, nul ne saurait dire avec certitude à partir de quel moment "l'ancien français", issu du latin populaire, peut être considéré comme véritablement distinct du latin classique enseigné dans les écoles. Mais il semble bien qu'aux environs du 9e siècle, le latin enseigné dans les écoles a le statut d'une langue étrangère (la langue savante) par rapport au français (la langue populaire). C'est en effet à cette époque que se constitue un grand État sous Charlemagne (couronné empereur en l'an 800), en partie germanique, en partie roman. Sur le plan linguistique, ce sont les *Serments de Strasbourg* (lus à la fois en langue romane et en langue germanique — mais non en latin), en l'an 842, qui sont généralement considérés comme l'acte de naissance du français qui supplante alors définitivement la langue celtique gauloise.

C'est le 9e siècle qui sera considéré ici comme l'époque de différenciation du français et du latin. C'est donc dire qu'en France, l'enseignement du latin en tant que langue seconde distincte du parler populaire (lui-même issu du latin) est venu plus tardivement qu'en Irlande. Quant à la période qui va du 11e au 13e siècle, elle est généralement vue comme celle de la consolidation de l'ancien français, qui va finir par donner naissance au français moderne.

C'est que les marchands vont être amenés petit à petit, à partir du 12e siècle mais surtout au 14e siècle, à créer leurs propres écoles, laïques et urbaines — donc, indépendamment de l'Église — afin de mieux répondre aux besoins de leur profession, c'est-à-dire former de futurs marchands. C'est ce qui va entraîner graduellement le recours dans ces écoles aux langues dites vulgaires (ou populaires), alors en plein développement : le français, l'espagnol, l'italien, etc. C'est ainsi que les écoles monastiques vont être amenées à se fermer sur elles-mêmes, et à orienter davantage leur enseignement dans un but exclusivement chrétien et religieux.

Les premières études portant sur la langue française, des traités anglo-français rédigés par les Anglais, et des lexiques latin-français, datent du 13e siècle. Au siècle suivant, paraissent les premières traductions françaises d'auteurs anciens, comme Tite-Live et Aristote, ce qui atteste des gains de l'usage du français sur celui du latin chez les gens instruits. De façon générale cependant, à l'époque féodale, aucun français écrit n'est enseigné, aucun français officiel n'est imposé par une administration (Cohen, 1973, p. 82).

L'enseignement du latin comme langue seconde

Quoi qu'il en soit de l'évolution des langues nationales, il semble bien que le type d'enseignement du latin enseigné en Irlande, en Angleterre, en Allemagne ou en France, varie peu (Riché, p. 187). D'après Pierre Riché [17], un des plus grands spécialistes de la question, il semble bien que les conditions de l'enseignement n'ont guère changé entre le 7e et le 11e siècle. Il convient maintenant d'aborder cet aspect de la question.

1. La lecture

Pour l'enseignement de la lecture, les maîtres du Moyen Âge recourent toujours à la méthode des écoles romaines : de la lettre aux syllabes, puis des syllabes aux mots et aux phrases. Par ailleurs, le manuel de base n'est plus le même : il ne s'agit plus de mots ou de phrases tirés d'écrivains classiques, mais bien du psautier latin [18] : "Les psautiers sont recopiés à

---

17. Pierre Riché est l'auteur, entre autres ouvrages, de *Les Écoles et l'Enseignement dans l'Occident chrétien, de la fin du Ve siècle au milieu du XIe siècle* (Paris : Aubier Montaigne, 1979), et de *Instruction et Vie religieuse dans le Haut Moyen Âge* (Londres : Variorum Reprints, 1981).

18. Le psautier est un recueil de psaumes, c'est-à-dire de poèmes religieux, récités ou chantés, qui composent l'un des livres de la Bible.

des milliers d'exemplaires [à l'époque, l'imprimerie n'est pas encore inventée] et sont utilisés et pour l'office, et pour l'école" (Riché, 1979, p. 223). Les élèves apprennent par cœur les psaumes : "À cette époque, savoir par cœur, c'est savoir" (p. 218). Ils les récitent et les chantent, tout en balançant leur corps (à la manière des Juifs et des Musulmans qui apprennent la Thora ou le Coran). C'est que tous les enfants doivent aussi apprendre à chanter. De plus, pour mieux retenir les psaumes, certains élèves peuvent les écrire, mais cela n'est pas obligatoire. Après la lecture, l'écriture et le chant, vient le calcul qui consiste alors en l'étude du calendrier (le "comput" ou détermination de la date des fêtes liturgiques).

2. Le latin oral et les "colloques" (ou dialogues)

Suit alors l'enseignement du latin proprement dit : "En fait, l'écolier a très tôt une première connaissance de cette langue, étrangère, puisqu'il apprend à lire dans le psautier latin. Il doit s'habituer à parler en latin avec le professeur et même avec ses camarades, ce qu'il ne fait pas de lui-même. 'Que les écoliers parlent entre eux en latin et non en langue vulgaire', recommandent au IXᵉ siècle les statuts de Murbach" (Riché, pp. 227-228). Tout porte à croire qu'à l'école, "les élèves et même les maîtres ne peuvent se passer de la langue nationale et utilisent pour expliquer les textes latins leur propre langue" (Riché, p. 235). Les manuscrits scolaires sont en effet remplis de gloses — ou commentaires — dans la langue d'usage (irlandais, anglo-saxon, germanique et, plus tard, français).

Pour habituer ses élèves à parler latin, le maître leur propose des petits textes ou des proverbes à apprendre par cœur, textes et proverbes tirés d'auteurs latins qui sont cependant "christianisés" en modifiant certains versets. La technique utilisée est celle de la question-réponse, sous forme dialoguée. Il est à noter que, comme c'était la coutume, à peu près tous les manuels sont écrits sous forme dialoguée, du type suivant :

— *Qui est né et mort deux fois ?*	— *Lazare.*
— *Quel est le premier roi d'Israël ?*	— *Saül.*
— *Qui renia le Seigneur ?*	— *Pierre.*

(Riché, p. 229).

Quant aux manuels de conversation, appelés "colloques" – plus ou moins synonyme de "dialogues" ou d'entretiens entre deux ou plusieurs personnes – ils sont inspirés des *Hermeneumata* (du pseudo-Dosithée) qui servaient jadis aux élèves romains à apprendre le grec (voir chapitre 3). Les manuels de conversation gréco-latins antiques, qui étaient connus des Irlandais, commencent en effet à être recopiés au 9ᵉ siècle (Riché, p. 94). Par exemple, le *Liber de raris fabulis*, provenant peut-être du Pays de Galles, commence comme suit, à la manière des textes antiques :

"— *Lève-toi, ami, de ton lit ; c'est le moment !*
— *Je me lève...*
— *Je veux connaître la grammaire, mais je suis à peine dégrossi et encore très petit enfant dans la loi du latin...*"

(Riché, p. 230).

En Angleterre, les colloques du maître anglo-saxon Aelfric visent précisément à exercer les enfants à parler en latin : ses colloques sont à la fois en langue anglaise et en langue latine. Pour obliger ses élèves à utiliser un vocabulaire varié, il leur confie des rôles : l'un est laboureur, l'autre bouvier, l'autre chasseur, etc. (Riché, p. 230). Un des disciples d'Aelfric, Aelfric Bata, a même composé un important colloque qui met en scène un maître et ses élèves, du lever jusqu'au soir [voir Document 8]. Il n'y a pas que les colloques qui sont destinés à l'apprentissage du latin en tant que langue étrangère : "Les textes religieux bilingues, psautiers, Pater, Hymnes et même Règle bénédictine, permettaient également d'apprendre le latin à partir de l'anglo-saxon et de l'allemand" (Riché, p. 230).

3. La grammaire

De plus, l'élève doit s'initier aux livres de grammaire, inspirés de la grammaire de Donat (grammairien du 4e siècle) qui enseignait les parties du discours sous forme catéchétique, c'est-à-dire dialoguée (voir Document 7).

Il faut dire qu'à cette époque, "étudier Donat" est synonyme d' "apprendre la grammaire", du moins jusqu'au 9e siècle, époque où l'on découvre la grammaire de Priscien, grammairien de Constantinople, qui entre alors en concurrence avec celle de Donat (Riché, pp. 246-247). Dans la préface de sa grammaire, Aelfric écrit : "J'ai pris la peine de traduire dans votre propre langue pour vous, petits enfants, ces extraits du petit et grand ouvrage de Priscien, pour que vous puissiez, après avoir parcouru dans cet ouvrage les huit parties du discours de Donat, faire pénétrer dans vos jeunes intelligences les deux langues, l'anglais et le latin, jusqu'à ce que vous atteigniez des études plus complètes" (reproduit dans Riché, p. 236).

Après avoir appris les parties du discours, l'élève apprend les genres "en retenant par cœur la liste des mots *propheta, scriba, collega,* etc.", chantonne un poème pour apprendre les cas latins (nominatif, ablatif, etc.), et apprend les conjugaisons latines et des phrases à répéter (Riché, pp. 231-232).

4. Le vocabulaire

Pour le vocabulaire, l'élève doit apprendre par cœur le plus grand nombre de mots possible, en s'aidant de glossaires, c'est-à-dire de lexiques qui donnent la traduction en latin des mots d'usage courant ou tirés de la Bible. Ces mots sont présentés soit par ordre alphabétique, soit par thèmes (par exemple, le glossaire bilingue d'Arbeo de Freising contient 690 expressions).

L'élève est alors en mesure de se livrer à l'étude de la théorie des pauses et de l'accent en latin, ainsi que de la métrique (syllabes, nombre de pieds, types de vers, etc.). On donne à l'enfant des vers à scander et on lui en fait même écrire.

Malgré tout, il semble bien que ceux qui arrivaient à une bonne connaissance du latin étaient peu nombreux : "Il serait imprudent de dire que tous les clercs et tous les moines savent lire, écrire et connaissent le latin" (Riché, p. 235). Ceux qui savent le latin peuvent cependant continuer en approfondissant l'étude de la grammaire (le second livre de la grammaire de Donat) et en abordant l'explication des auteurs et la rhétorique, un peu à la manière de l'antiquité romaine.

À cela, il faut ajouter l'étude de l'histoire et de la géographie, toujours en latin, et aussi, pour certains étudiants, du droit et de la "dialectique" (c'est-à-dire de la philosophie). Comme tout cela se fait en latin, il paraît légitime, là encore, de parler d'un enseignement par immersion.

Le latin comme modèle d'enseignement des langues vivantes

À mesure que les diverses langues nationales vont supplanter le latin comme langue de communication, elles vont elles-mêmes devenir l'objet d'un apprentissage scolaire. Sur le plan méthodologique, il est significatif de constater que c'est le mode d'enseignement du latin qui a cours tout au long du Moyen Âge — lui-même inspiré directement du mode d'enseignement dans les écoles romaines — qui va servir de modèle pour l'enseignement des langues vivantes (autres que le latin). Pour s'en convaincre, il suffit d'examiner brièvement un cas : la situation du français en Angleterre.

1. Le français en Angleterre

En Angleterre, avec Guillaume le Conquérant (duc de Normandie et roi d'Angleterre, au 11e siècle) c'est le français qui devient la langue officielle du royaume. Mais l'anglais, divisé jusque-là en différents dialectes servant d'idiomes des basses classes, jouit d'une faveur croissante : au milieu du 14e siècle, le sentiment national commence à s'exprimer en anglais. Vers la fin du Moyen Âge (plus précisément, avec l'usurpation du trône de Richard II par la maison de Lancastre en 1399), l'anglais supplante officiellement le français comme langue du royaume. L'ordre de déposition de Richard II n'est lu qu'en anglais et, désormais, la langue de la correspondance de la cour (sous Henri V) est l'anglais plutôt que le français. Jusque-là en effet, avec la dynastie anglo-française des Plantagenêts (à partir du milieu du 12e siècle), le royaume était bilingue anglais-français. Quelques années plus tard, avec l'avènement des Tudors (en 1485), le pays devient effectivement une nation monolingue anglaise. Le français, maintenant prestigieuse langue "étrangère", est vu comme une nécessité pour des raisons culturelles ou pour l'obtention de postes importants, alors que le latin reste la marque d'une personne éduquée (Howatt, 1984, p. 4).

2. Le "manuel double" de Caxton (1483)

À la fin du 14e siècle, apparaissent en Angleterre certains manuels destinés à l'apprentissage du français, écrits dans la tradition des *Manières de langage,* contenant des dialogues reflétant la langue de tous les jours [voir

Document 9]. Pareille technique se comprend, vu l'absence de descriptions grammaticales du français. De plus, le recours au dialogue, comme on l'a vu, est une tradition bien établie dans l'enseignement du latin oral, au cours du Moyen Âge.

Dès la fin du siècle suivant, apparaît ce qui semble être le premier "manuel double" (bilingue), publié à Westminster aux environs de 1483, par William Caxton. Ce manuel porte le sous-titre suivant [la page titre ayant été perdue] : *Tres bonne doctrine pour aprendre briefment fransoys et engloys* ou *Right good lernying for to lerne shortly frenssh and englyssh* (Howatt, p. 6).

Dans sa magistrale étude intitulée *A History of English Language Teaching* (1984), Howatt décrit les grandes lignes du contenu du manuel double de Caxton, qu'il n'est pas sans intérêt de rapporter succinctement ici. Il s'agit d'un ouvrage très pratique, qui vise avant tout à répondre aux besoins commerciaux du public visé. Le manuel débute par une série de salutations d'usage, du type : "Syre, god you kepe !... I have not seen you in longe tyme... Syre, gramercy of your courtoys (*courteous*) wordes and of your good wyll", etc. (Howatt, p. 7). Ensuite, on trouve des textes très simples destinés à présenter le vocabulaire utile pour désigner les objets de la maison, les serviteurs, les relations familiales, etc. Puis, il y a un dialogue sur la manière de faire des achats, contenant des mots ayant trait à la viande, aux oiseaux, aux poissons, aux fruits, aux herbes, etc., suivi d'un dialogue très détaillé sur l'achat et la vente de divers textiles (lainages, peaux, etc.).

La deuxième partie du manuel de Caxton comprend, classés par ordre alphabétique, une série de portraits de commerçants, tels "Agnes our maid", "Colard the goldsmyth", "David the bridel maker", "George the booke sellar", et ainsi de suite (voir Document 10). Suit alors un dialogue sur la façon de trouver un logement pour la nuit et de payer pour l'hébergement. Enfin, le manuel se termine sur une courte note d'espoir que ce manuel puisse illuminer le cœur de ses lecteurs.

La présentation de l'anglais et du français ne se fait cependant pas toujours en deux colonnes. C'est ainsi que l'assistant d'imprimerie de Caxton (Wynken de Worde) produit un autre manuel double quinze ans plus tard, intitulé : *A Lytell treatyse for to lerne Englisshe and Frensshe*. Dans ce manuel, le texte anglais alterne, ligne par ligne, avec le texte français (voir Document 11).

Quant aux premiers manuels destinés spécifiquement à l'enseignement de l'anglais comme langue étrangère, ils n'apparaissent qu'un siècle plus tard, à la fin du 16e siècle : ils coïncident avec la venue en Angleterre de nombreux réfugiés huguenots [c'est-à-dire protestants] français, dans les années 1570 et 1580.

Quoi qu'il en soit, il apparaît assez clairement, à la lumière de l'exemple du manuel bilingue de Caxton, qu'entre l'enseignement du grec chez les Romains, l'enseignement du latin comme langue vivante tout au long du Moyen Âge, et l'enseignement en tant que langues étrangères des langues nationales naissantes, il y a une continuité certaine. La méthodologie de l'enseignement des langues vivantes (autres que le latin) est, à l'époque de la Renaissance, inspirée directement de la méthodologie de l'enseignement du latin conçu jusque-là comme une langue vivante. C'est ce qui explique le recours aux "colloques", ou "manières de langage", compte tenu des buts "pratiques" ou "utilitaires" assignés à l'apprentissage des langues secondes ou étrangères, comme le grec chez les Romains, le latin au cours du Moyen Âge, et le français en Angleterre à l'époque de la Renaissance. L'élaboration de ce type d'ouvrages pratiques va se poursuivre jusqu'au milieu du 17e siècle (Puren, 1988, p. 25).

Le nouveau statut social du latin : une langue morte

Toutefois, les choses n'allaient pas en rester là. En effet, le statut social du latin allait être appelé à changer. Vers la fin du Moyen Âge et le début de la Renaissance, le français supplante peu à peu le latin même dans les écrits. C'est le début des ouvrages portant sur la langue française. Les premières versions françaises de la Bible voient le jour. Aux lexiques réduits succèdent des dictionnaires dans les deux langues (latin-français et français-latin). Paraissent également les premières grammaires françaises, calquées sur la grammaire latine.

C'est que, vers cette époque, deux événements majeurs incitent les auteurs à s'intéresser à la langue française : l'ordonnance de Louis XII qui fait du français la langue des procédures criminelles (en 1510), et l'ordonnance de Villers-Cotterêts qui fait du français la langue de toute l'administration royale y compris l'état civil (en 1539).

Le latin en vient donc à perdre peu à peu la place prédominante qu'il occupait jusque-là : les langues régionales comme le français, l'italien et l'anglais, prennent de plus en plus d'importance. Le latin devient graduellement une langue morte, de moins en moins fréquemment parlée. L'expansion scolaire du français n'est cependant pas totale et soudaine. Les collèges au 16e siècle se répandent dans les hautes classes et même chez les "gens du monde" qui peuvent en payer les frais mais presque tout se déroule encore en latin : le français n'est autorisé "que dans les plus petites classes, pour faire des thèmes et des versions ; mais ensuite on ne devait plus parler que le latin" (Cohen, 1973, p. 161). L'étude des langues anciennes est à l'honneur : par exemple, François Ier fonde et organise, au 16e siècle, le "Collège des trois langues", pour l'étude du latin, du grec et de l'hébreu (Cohen, p. 162).

Il faut attendre jusqu'à la seconde moitié du 17e siècle avant que ne se répande l'enseignement du français en tant que langue maternelle, par le biais de la grammaire et de l'explication des auteurs (Puren, p. 24).

Le livre à bon marché se répand. À cet égard, le fait que les premières plaintes au sujet de la piètre qualité des méthodes d'enseignement du latin n'apparaissent qu'après l'invention de l'imprimerie n'est pas une simple coïncidence (Mackey, 1972, p. 197). C'est que l'imprimerie sert tout d'abord à reproduire les classiques grecs et latins (c'est la Re-naissance de l'Antiquité). Or, comme on l'a vu, la langue de ces auteurs classiques est passablement différente du latin parlé à l'époque en Europe, chez les gens scolarisés.

Mais, peu à peu les humanistes de la Renaissance en viennent à considérer que c'est précisément la langue de ces auteurs classiques qui est le seul vrai latin correct. Ils réclament un retour au latin "pur" d'auteurs de la trempe de Cicéron, ce qui contribue à accentuer le divorce entre le latin comme langue écrite classique et les langues parlées modernes : "C'est à partir de la Renaissance, écrit Christian Puren, qu'intervient la première modification significative dans l'enseignement du latin" (p. 25). C'est désormais le latin classique, langue d'écriture des principaux ouvrages des auteurs latins de l'Antiquité (comme Cicéron, Virgile, Ovide), qui est enseigné. Ce ne sont plus les constructions des grammairiens médiévaux qui servent de base aux grammaires et aux méthodes latines.

Mais à mesure que les grammaires latines deviennent longues et complexes, leur étude va devenir une fin en soi plutôt qu'un moyen en vue d'accéder aux œuvres des auteurs classiques. Le but de l'enseignement du latin, devenu une discipline scolaire comme les autres, ne peut plus être le même. Le latin devient véritablement une langue morte (non parlée). Les manuels consistent en règles de grammaire abstraites, en listes de vocabulaire, et en phrases à traduire. L'accès aux auteurs classiques se fait de plus en plus de façon grammaticale et analytique, à l'aide de règles de grammaire, de déclinaisons, de conjugaisons, de traductions, etc. : "Cette inflation de l'enseignement théorique du latin écrit classique se fait aux dépens de l'apprentissage du latin parlé, comme le montre à l'époque la multiplication des plaintes concernant l'inefficacité pratique de cet enseignement" (Puren, p. 25). On est loin de l'apprentissage du latin oral à des fins communicatives.

Comme on ne peut plus invoquer des buts "communicatifs" pour l'enseignement du latin, on en vient à justifier son apprentissage en termes de développement d'habiletés intellectuelles : le latin est vu comme une sorte de "gymnastique intellectuelle", comme une discipline nécessaire à la formation de l'esprit. Les grammaires deviennent bilingues.

Document 7

QU'EST-CE QUE LA GRAMMAIRE ?

Manuscrit de la Bibliothèque de Berne, datant du 9ᵉ siècle, semble-t-il.

— *Maintenant, parlons de la grammaire. Qu'est-ce que la grammaire ?*
— *La science du bien dire, l'origine et le fondement des arts libéraux.*
— *Peut-on la définir autrement ?*
— *Oui, par ses buts.*
— *Comment ?*
— *La grammaire est la science de l'interprétation des poètes et des rhéteurs, la façon de bien écrire et de bien parler.*
— *Quand est-elle étudiée ?*
— *Aussitôt après les lettres communes, de sorte que celui qui sait déjà ses lettres peut, par elle, apprendre à bien parler.*
— *D'où vient le nom de grammaire ?*
— *De "lettres", car les Grecs appelaient ces dernières "grammata".*
— *Pourquoi est-elle appelée "art" ?*
— *Parce qu'elle consiste en un art des préceptes et des règles.*
— *Pourquoi est-elle appelée discipline ?*
— *Du mot "apprendre" (discere), car personne ne sait s'il n'apprend...*

(Reproduit dans Riché, 1979, p. 231.)

Document 8

COLLOQUE D'AELFRIC POUR APPRENDRE
À PARLER LATIN

Ce "colloque" est donné à la fois en anglais et en latin.

— *Nous, les enfants, nous te demandons, Maître, de nous apprendre à bien parler latin, parce que nous sommes ignorants et nous le parlons mal...*
— *Acceptez-vous d'être battus pour apprendre ?*
— *C'est mieux que de rester ignorants. Mais nous savons que tu ne nous donneras pas de coups, à moins que nous les méritions.*
— *Pense à ce que tu vas me dire. Quelle est ta profession ?*
— *Je suis moine, et je chante sept fois par jour avec mes frères, et j'apprends à lire et à chanter, mais cependant je voulais apprendre à bien parler la langue latine...*
— *Je vous demande donc pourquoi vous apprenez avec tant d'ardeur.*
— *Parce que nous ne voulons pas être comme des animaux qui ne savent rien sinon manger de l'herbe et boire de l'eau.*
— *Et que voulez-vous donc ?*
— *Nous voulons être savants.*

[...]

— *Toi, enfant, qu'as-tu fait aujourd'hui ?*
— *J'ai fait beaucoup de choses ; pendant la nuit, quand j'ai entendu le signal, j'ai surgi de mon lit et je suis allé dehors par nécessité et ensuite, en me hâtant avec me camarades, j'ai gagné l'église, et étant déchaussé, je suis entré et j'ai chanté les Nocturnes avec mes frères ; ensuite, nous avons chanté le Sanctoral et les Matines et les Laudes ; puis Prime et les sept psaumes avec les litanies et la première messe, ensuite nous avons chanté Tierce et nous avons fait la messe du jour. Après cela nous avons chanté Sexte, nous avons déjeuné et bu, nous avons dormi, et de nouveau nous nous sommes levés et nous avons chanté None, et alors seulement nous sommes venus ici devant toi et nous nous sommes préparés à entendre ce que tu allais nous dire.*
— *Quand chanterez-vous Vêpres ou Complie ?*
— *Quand viendra le temps.*
— *As-tu été battu aujourd'hui ?*
— *Je ne l'ai pas été, parce que je me suis tenu tranquille.*
— *Et les autres ?*
— *Pourquoi me le demandes-tu ? Je n'ose pas te découvrir nos secrets ; chacun sait s'il a été battu ou non...*

(Reproduit dans Riché, 1979, pp. 367-368.)

Document 9

"MANIÈRE DE LANGAGE"
(fin du 14e siècle)

Voici un extrait d'une *Manière de langage,* publiée en Angleterre
en 1396, à l'usage des voyageurs français :

ix : *Quant un homme encontrera aucun ou matinee, il luy dira tout
courtoisement ainsi : "Mon signour, Dieux vous donne boun matin
et bonne aventure !" Vel sic : "Sire, Dieux vous doint boun matin et
bonne estraine. — Mon amy, Dieux vous doint bon jour et bonne
encontre." Et a mydy vous parlerez en ceste manière : "Mon sʳ,
Dieux vous donne bon jour et bonnes heures !" Vel sic : "Sire,
Dieux vous beneit et la compaignie !" À pietaille vous direz ainsi :
"Dieux vous gart !" Vel sic : "Sta ben" Vel sic : "Reposez bien".
Et as œuvrers et labourers, vous direz ainsi : "Dieux vous ait ! mon
amy" : Vel sic : "Dieux vous avance, mon compaignon. Bien soiez
venu, biau sire. Dont venez-vous ?" Vel sic : "De quelle part venez-
vous ? — Mon sʳ, je vient de Aurilians. — Que nouvelles là ? Mon
sʳ, il y a grant debat entre les escoliers, car vrayement ils ne cessent
de jour en autre de combatre ensemble."*

(Reproduit dans Brunot, 1966, tome I, p. 393, note 3.)

Document 10

PORTRAIT DE "MARTIN THE GROCER",
tiré du *Manuel double* de Caxton
(1483)

Martin le especier	*Martin the grocer*
Vent plusieurs especes	*Selleth many spyces*
De toutes manieres de pouldre	*Of all maners of poudre*
Pour faire les brouets,	*For to make browettys, (broths)*
Et a moult de boistes pointes	*And hath many boxes paynted*
Plaines de confections,	*Full of confections,*
Et moult de cannes	*And many pottes*
Plaines de beuurages.	*Full of drynkes.*

(Reproduit dans Howatt, 1984, p. 7.)

Document 11

ALTERNANCE DE L'ANGLAIS
ET DU FRANÇAIS

Extrait du manuel de Wynken de Worde, fin du 15ᵉ siècle.

Here is a good boke to lerne to speke Frenshe
Vecy ung bon livre apprendre parler françoys
In the name of the fader and the sone
En nom du pere et du filz
And of the holy goost, I wyll begynne
Et du saint esperit, je vueil commencer
To lerne to speke Frensshe,
A apprendre a parler françoys,
Soo that I maye doo my marchandise
Affin que je puisse faire ma marchandise
In Fraunce & elles where in other londes,
En France et ailieurs en aultre pays,
There as the folk speke Frensshe.
La ou les gens parlent françoys.

(Reproduit dans Howatt, 1984, p. 8.)

Bibliographie

BRUNOT, Ferdinand
1966 *Histoire de la langue française, des origines à nos jours*, tome I, Paris, Colin.

COHEN, Marcel
1973 *Histoire d'une langue : le français,* Paris, Éditions sociales.

HOWATT, A.P.R.
1984 *op. cit.* (p. 17)

JEAN, G.
1987 *op. cit.* (p. 29)

KELLY, Louis G.
1969 *op. cit.* (p. 17)

MACKEY, William F.
1972 *op. cit.* (p. 17)

PUREN, Christian
1988 *Histoire des méthodologies de l'enseignement des langues*, Paris, Nathan - CLE International.

RICHÉ, Pierre
1979 *Écoles et Enseignement dans le Haut Moyen Âge,* Paris, Aubier Montaigne.

1981 *Instruction et Vie religieuse dans le Haut Moyen Âge,* London, Variorum Reprints.

TITONE, Renzo
1968 *op. cit.* (p. 17)

Quatrième partie

DU 16ᵉ AU 19ᵉ SIÈCLE :
DU LATIN, LANGUE MORTE,
AUX LANGUES VIVANTES

Le préceptorat

Un précepteur est une personne engagée par une famille aisée pour assurer, moyennement rétribution, l'instruction ou l'éducation d'un enfant. Le préceptorat est une modalité d'éducation dont l'idée remonte en fait aux Sophistes grecs (5e siècle avant notre ère). Il s'agit cependant, à cette époque de l'Antiquité, d'un préceptorat collectif : les philosophes sophistes, moyennant forfait, réunissent autour d'eux des jeunes gens dont on leur confie la formation complète. Déjà à l'époque hellénistique (à partir du 3e siècle avant notre ère), les familles aisées de la Grèce recourent à des esclaves de confiance, chargés de la formation morale et en partie académique de l'enfant.

Comme on l'a vu au cours du troisième chapitre, c'est cette dernière forme de préceptorat qui a été instaurée par les Romains. C'est d'ailleurs à eux que revient le mérite d'avoir songé, pour la première fois à ce qu'il semble, à recourir à cette modalité d'enseignement pour une langue seconde ou étrangère. Pareille coutume se poursuivra tout au long du Moyen Âge, à cette différence près que le précepteur n'est plus un esclave, mais une personne de haute culture, recrutée spécialement à cette fin.

C'est dans cette longue tradition du recours au préceptorat pour faire apprendre aux enfants une langue étrangère qu'il faut situer les conceptions des trois auteurs retenus.

Chapitre 5

Le préceptorat :
Ascham, Montaigne et Locke
(16ᵉ et 17ᵉ siècles)

Au cours du présent chapitre, nous n'examinerons les conceptions que de trois éducateurs, choisis parmi les représentants les plus marquants du recours au préceptorat dans le domaine de langues secondes ou étrangères : un éducateur humaniste de l'Angleterre du 16ᵉ siècle, Roger Ascham, et deux philosophes connus, Michel de Montaigne (16ᵉ siècle) et John Locke (17ᵉ siècle).

Ascham et la double traduction

Au 16ᵉ siècle, Roger Ascham (1515-1568) représente la tradition humaniste dans le domaine de l'éducation. Il est l'un des grands intellectuels de son époque et l'un des plus grands représentants d'une éducation classique dans l'Angleterre des Tudors. Il est précepteur de la princesse Élizabeth (1548-1550), et est son secrétaire lorsque celle-ci devient reine d'Angleterre (Howatt, pp. 305-306). Ascham est surtout reconnu pour son ouvrage posthume (1570) intitulé *The Schoolmaster (Le Maître d'école),* destiné à l'apprentissage du latin.

The Schoolmaster se compose de deux parties d'égale longueur. Dans la première partie intitulée : "The Bringing Up of Children", Ascham définit les principes d'une éducation classique humaniste et trace les grandes lignes d'un programme d'éducation destiné spécialement au préceptorat des enfants de familles nobles sous le règne d'Élizabeth (plus spécifiquement, son texte énonce les principes d'éducation du jeune Richard Sackville, petit-fils de Lord Buckhurst). Comme Ascham connaît bien les auteurs grecs et latins de l'Antiquité, il accorde une grande importance à la culture, à la sensibilité et à l'éloquence (terme qui réfère plus, à l'époque, au contrôle de l'usage de la langue qu'au parler en public). Dans cette éducation des enfants de la noblesse anglaise, la langue et en particulier le développement d'un "style" langagier propre à la vie de Cour occupent une place prépondérante. L'étude des auteurs grecs et latins est vue comme un moyen privilégié pour parvenir à ces fins.

Dans la deuxième partie de *The Schoolmaster,* intitulée : "The Ready Way to the Latin Tongue", on trouve les vues pédagogiques de Ascham,

mettant en pratique les principes énoncés dans la première partie. Ascham passe en revue six techniques pédagogiques :
— la double traduction,
— la paraphrase ou "reformulation",
— la métaphrase, c'est-à-dire la transformation d'un texte poétique en prose, et vice versa,
— l'épitomé ou "résumé",
— l'imitation,
— la déclamation ou éloquence publique.

Suite à son examen des mérites et des difficultés de chacune, Ascham ne recommande de fait que deux techniques : la double traduction pour des élèves débutants, et l'imitation pour ceux qui maîtrisent déjà assez bien le latin.

Pour pratiquer la double traduction, il faut tout d'abord partir d'un texte latin, tiré de préférence des *Epistolae* (*Épîtres*) de Cicéron. Le texte est expliqué puis traduit oralement (en anglais) par le maître qui répète sa traduction jusqu'à ce que l'élève ait saisi le sens de chaque mot. L'élève tente alors de faire la même traduction, par écrit. Puis, l'élève re-traduit en latin, à partir de sa traduction (anglaise), sans regarder le texte original latin, et compare sa traduction avec la version originale. L'élève est également encouragé à relever dans un cahier personnel les expressions jugées les meilleures, et recueillies au cours de ses lectures.

Il est cependant à noter que même si le nom de Ascham est toujours associé à la technique de la double traduction, celui-ci n'en est pas le créateur : dans l'Antiquité, Pline le Jeune (62 — vers 114 de notre ère) recommandait déjà d'utiliser la double traduction (Titone, p. 11). Par cette technique du recours à la langue maternelle dans l'enseignement du latin, Ascham vise surtout à faire prendre conscience à l'élève des structures et des ressources de sa propre langue.

Une fois acquises par induction les connaissances de base de la grammaire latine, grâce à l'étude de textes authentiques (notamment les lettres de Cicéron, selon le vœu de Ascham), l'élève devrait être en mesure d'aborder le cœur de sa méthode, à savoir, *l'imitation*. Il s'agit pour l'élève de créer des textes personnels latins (et grecs) sur le modèle des grands auteurs de l'Antiquité, en soignant surtout le style et la rhétorique. Ce principe s'applique également à la prononciation.

Comme le fait remarquer Howatt, les principes et les techniques de Ascham mettent nettement l'accent sur le style et la variation stylistique, aux dépens du contenu mais innovent, jusqu'à un certain point, par la technique proposée de la double traduction. La popularité de *The School-master* a incité d'autres auteurs de manuels scolaires de langue étrangère à s'inspirer étroitement du titre de Ascham. C'est ainsi que l'on trouve en 1573 un manuel de C. de Sainliens (alias C. Holyband) intitulé *The French Schoolmaster* et, en 1580, un manuel de Jacques Bellot intitulé *The English Schoolmaster*.

Montaigne, ou le latin sans peine

Dans la littérature française, les *Essais* (de 1580 à 1588) de Michel de Montaigne (1533-1592) sont bien connus. Ce qui l'est moins, c'est sa conception de l'apprentissage des langues, fondée sur sa propre expérience de l'apprentissage du latin. Enfant, Montaigne est confié à un précepteur d'origine allemande assisté, à l'occasion, de deux autres précepteurs, qui sont autorisés à ne lui adresser la parole qu'en latin, tout comme doivent le faire les autres personnes de son entourage, parents et autres domestiques. C'est ainsi, rapporte Montaigne, qu'il en est arrivé, sans effort et sans grammaire, à apprendre à parler la langue latine — qui est ainsi sa langue... première.

À l'âge de six ans, Montaigne est envoyé au Collège de Guyenne, où il restera jusqu'à l'âge de 13 ans. Son apprentissage du latin n'est plus aussi intense qu'à la maison. De fait, alors que les autres élèves doivent faire des thèmes (c'est-à-dire traduire de leur langue maternelle — le français — au latin), il doit mettre "en bon latin" des textes écrits "en mauvais latin". Le latin n'étant plus parlé comme une langue vivante, Montaigne perd vite l'habitude de converser en cette langue. Une quarantaine d'années plus tard, il se plaint d'ailleurs de ne plus savoir parler ou écrire en latin, faute de pratique.

C'est ce qui explique l'insistance de Montaigne à prôner l'apprentissage des langues au moyen d'un contact direct avec des locuteurs natifs de manière à s'initier à la mentalité, aux coutumes et à la culture de ces gens. La meilleure façon d'éduquer un jeune noble, précise aussi Montaigne, est de lui faire rechercher "le commerce des hommes" (c'est-à-dire les relations sociales) par des visites à l'étranger. Ce type de contacts avec l'étranger, et plus particulièrement avec les gens des pays dont la langue est plus "exotique", doit se faire dès le plus jeune âge.

De plus, Montaigne s'est adonné à l'étude de la langue grecque, dont il dit cependant ne rien comprendre. Ce qu'il est intéressant de noter à ce sujet, dans les *Essais,* est la manière d'apprendre le grec : "par forme d'ébat et d'exercice", c'est-à-dire sous la forme de jeux (Livre I, chap. XXVI, p. 174).

Comme le fait remarquer Titone (1968, p. 13), par ses vues Montaigne fait figure de précurseur des études de langue visant à intégrer la connaissance d'une langue étrangère et la connaissance du pays en question. Là-dessus, il semble toutefois que Montaigne ne fasse qu'expliciter les principes qui fondent une pratique courante à son époque, du moins en ce qui concerne l'éducation de la noblesse.

De plus, Montaigne apparaît comme l'un des défenseurs de l'apprentissage précoce des langues étrangères.

Enfin, comme le souligne Howatt (1984, p. 193), ce qu'il y a de plus remarquable dans l'expérience de Montaigne, ce n'est pas tellement le fait qu'il ait appris le latin en bas âge, mais bien qu'il soit devenu l'un des grands écrivains français alors qu'il n'a commencé à apprendre cette langue qu'à l'âge de sept ans environ.

Locke, ou le français et le latin par "la vraie méthode"

Pour apprécier à leur juste valeur les vues du philosophe britannique John Locke (1632-1704), il importe de les replacer dans le contexte historique, social et éducatif de son époque. En effet, au moment où, en 1693, il publie *Some Thoughts Concerning Education (Quelques pensées sur l'éducation),* la langue latine est encore la langue de communication de la plupart des intellectuels de cette fin du 17e siècle, bien que le français et l'anglais gagnent de plus en plus de terrain. Par exemple, les *Philosophiae Naturalis Principia Mathematica* (1687) de Isaac Newton sont rédigés en latin. Locke lui-même a déjà écrit et publié en latin (sa *Lettre sur la tolérance,* en 1689) et consent, en 1701, à une édition en langue latine de son ouvrage philosophique *Essay on Human Understanding (Essai sur l'entendement humain),* paru onze ans plus tôt en anglais. Du côté français, on note que le *Discours de la Méthode* (1637), de René Descartes, est l'un des premiers ouvrages de philosophie à être rédigé en français.

1. Quelques pensées sur l'éducation

Les *Quelques pensées sur l'éducation* sont dédiées à Edward Clarke, Écuyer du roi, membre du Parlement d'Angleterre. Pendant son séjour en Hollande, Clarke lui écrit pour lui demander conseil au sujet de l'éducation de ses enfants. Ce sont ces lettres, datant de 1684, qui seront le canevas de l'ouvrage. En effet, ce n'est que quelques années plus tard, à la demande de ses amis, qu'il se décide de publier ces lettres [19], dont il tire les *Pensées* qu'il considère non pas comme un "traité de l'éducation" mais bien comme un ensemble de réflexions sur l'éducation. Il s'en dégage quand même "un système pédagogique clair", qui mérite considération (note de Chateau, dans Locke, 1693, p. 20).

C'est donc un ouvrage qui s'adresse avant tout à la noblesse et à l'éducation de la noblesse anglaise. En conclusion de son ouvrage, Locke écrit : "[...] je n'ai voulu exposer ici que quelques vues générales, qui se rapportent au but principal de l'éducation. Elles étaient d'ailleurs destinées au fils d'un gentleman de mes amis, que je considérais, à raison de son jeune âge, comme une page blanche ou comme un morceau de cire que je pouvais façonner et mouler à mon gré." (Locke, p. 279.) Il faut dire qu'à quelques reprises Locke a lui-même agi en tant que précepteur d'enfants de familles aisées de son époque.

---

19. Deux ans après leur parution en langue anglaise, les *Quelques pensées sur l'éducation* sont traduites en français (par Coste).

2. Le rejet de la grammaire, dans la majorité des cas

Comment s'y prendre, c'est-à-dire par quelle méthode devrait-on étudier les langues ? En fait, la position de Locke est nuancée : sa réponse varie surtout en fonction des buts de chacun. À cet égard, Locke distingue trois grandes catégories de besoins.

• L'apprentissage de la langue à des fins de communication

Tout d'abord, il y a ceux qui apprennent les langues seulement à des fins de communication, c'est-à-dire "pour le commerce ordinaire de la société, pour la communication de leurs pensées dans la vie commune, sans avoir le dessein de les faire servir à d'autres usages" (Locke, 1693, p. 225). En pareil cas, il faut et il suffit de recourir à "la méthode naturelle". Par là, Locke entend l'apprentissage "par l'usage", par "routine", en faisant appel à la mémoire et à l'imitation. Cela découle de la nature même des langues qui, selon Locke, sont elle-mêmes le produit de l'usage : "Les langues ne sont pas le produit des règles ni de l'art, elles proviennent du hasard et de l'usage commun du peuple. Ceux qui les parlent bien ne suivent pas d'autre règle que l'usage..." (p. 224).

C'est surtout à propos de ce type d'objectif que Locke s'élève, assez violemment d'ailleurs, contre le recours à la grammaire : "Et je voudrais bien, écrit-il, qu'on me désignât une langue que l'on pût apprendre et parler comme il faut par les seules règles de la grammaire" (p. 224). Pour apprendre à communiquer dans une langue, tant maternelle qu'étrangère, l'étude de la grammaire est inutile. La "véritable méthode", la seule "vraie méthode", "la plus courte et la plus simple", est celle qui consiste à se passer de grammaire (p. 225). Pour l'apprentissage de la langue française en tant que langue étrangère par exemple, il suffit de parler continuellement cette langue avec les enfants, "sans faire intervenir les règles grammaticales". Quant au latin, contrairement à la pratique dans les collèges de l'époque, il doit s'apprendre de la même manière, "en causant et en lisant", sans accabler l'enfant de règles (p. 215). À cet égard, il semble bien que Locke ait non seulement lu mais étudié Montaigne (Reicyn, 1941).

• L'apprentissage de la langue pour le perfectionnement du style

Le deuxième type d'objectif vise notamment les futurs écrivains, ainsi que ceux qui s'adressent au public, c'est-à-dire tous ceux "qui ont pour principale affaire dans ce monde de se servir de leur langue et de leur plume" (p. 225). Dans ces cas, précise Locke, l'apprentissage de la grammaire s'impose puisque la grammaire vise avant tout, à cette époque, à apprendre non seulement à bien écrire, mais à parler "purement et correctement" : "Il faut donc qu'il [celui qui veut apprendre à bien parler] étudie la grammaire, entre autres moyens d'apprendre à bien parler ; mais ce doit être la grammaire de sa propre langue, de la langue dont il se sert, afin qu'il puisse comprendre exactement les discours de ses compatriotes, et parler lui-même avec pureté" (p. 225). En somme, pour le perfectionnement du style, tant oral qu'écrit, l'apprentissage de la grammaire (de la langue maternelle) est nécessaire. "Si la grammaire d'une langue doit être enseignée, c'est à ceux qui savent déjà parler cette langue : car autrement comment pourrait-on la leur enseigner ?" (p. 227).

• L'apprentissage de la langue pour des études linguistiques

Enfin, il y a ceux qui s'intéressent à l'étude des langues étrangères, vivantes ou mortes, en tant qu'objet d'étude. C'est le cas des linguistes et des philologues. Bien entendu, pour ceux qui veulent approfondir l'étude d'une langue "en critiques", la grammaire de la langue en question doit être étudiée avec soin (p. 226).

Ce qui revient donc à dire que, pour la très grande majorité des gens, l'étude de la grammaire est tout à fait inutile, puisqu'il s'agit d'étudier les langues à des fins de communication seulement. Locke précise alors sa pensée concernant ce type de public, le plus répandu. Le problème vient du fait qu'il n'est pas toujours possible de trouver un précepteur qui puisse s'entretenir continuellement dans la langue étrangère. En pareil cas, recommande Locke, il faut recourir à la méthode "qui s'en rapproche le plus" (p. 218). Quelle est cette méthode ?

3. À défaut de précepteur...

Il s'agit, dans le cas de l'apprentissage du latin par exemple, de prendre un livre adapté au niveau de l'élève, comme les *Fables* d'Ésope dans leur langue latine originale, et d'en proposer sur une feuille ou dans un cahier à part, une traduction mot à mot en langue anglaise. Cette traduction littérale est suivie, sur la ligne suivante, d'une (re-)traduction littérale, mot à mot, en langue latine. Il s'agit donc en quelque sorte d'une traduction interlinéaire, visant à remplacer la pratique courante du thème. L'enfant doit lire chaque jour cette traduction de manière à ce qu'il en arrive à saisir ainsi tout le sens du texte. On recommence alors avec une autre fable, tout en revenant à l'occasion sur les fables déjà apprises. Pour l'enseignement de l'écriture, il s'agit de faire copier à l'élève ces traductions.

En outre, en pareil cas, comme la méthode "est plus imparfaite que celle qui consisterait à lui parler latin", l'apprentissage par cœur d'un minimum de grammaire s'impose. Dans le cas du latin, il suffit de faire mémoriser la formation des verbes et les déclinaisons des noms et des pronoms : "c'est tout ce qu'il lui faut de grammaire, selon moi", précise Locke, jusqu'à ce que l'enfant soit en mesure de se référer par lui-même à la lecture d'une bonne grammaire latine annotée (p. 219).

Il est à remarquer que, même si Locke prêche pour un type d'enseignement très concret, davantage orienté vers les choses que vers les mots puisque, suivant l'un des principes de sa philosophie, toutes nos connaissances nous viennent des sens et de la réflexion, il ne prône nulle part le recours aux images comme moyen d'enseignement [20].

Ainsi, dans ses *Quelques pensées sur l'éducation,* Locke défend le principe de l'apprentissage de la langue maternelle, l'anglais, avant l'apprentissage du latin. Il faut dire qu'à l'époque, c'est encore le latin qui prédomine comme langue d'enseignement et d'apprentissage dans les écoles et les collèges : "On ne leur propose jamais [aux "jeunes gens"] la langue maternelle comme digne de leur nom et de leur étude, bien qu'ils s'en servent tous les jours, et que plus d'une fois, dans la suite de leur vie, ils soient exposés à être jugés d'après leur habileté ou leur maladresse à s'exprimer dans cette langue" (p. 226). À l'encontre de certains de ses contemporains, il entrevoit l'importance grandissante de la langue anglaise, tant pour la communication orale que pour la communication écrite. Il ne s'oppose pas à l'apprentissage du latin. Mais il accorde priorité à sa langue nationale, l'anglais.

De plus, une fois sa langue maternelle maîtrisée, l'enfant peut se livrer à l'étude d'une autre langue. Mais, là encore, la position de Locke est passablement originale pour son époque puisqu'il recommande non pas l'étude du latin, mais bien du français [21]. Dans sa hiérarchie de l'apprentissage des langues, le latin occupe donc la troisième place seulement, après l'anglais (en tant que langue maternelle) et le français.

Telle est donc la position nuancée de Locke concernant l'enseignement des langues par des précepteurs. Car il faut bien se rappeler que, là encore, comme c'était le cas avec Ascham et Montaigne au siècle antérieur, les propos de Locke concernent avant tout l'apprentissage particulier des langues par des individus des classes aisées surtout, sous la direction de précepteurs vivant constamment à leurs côtés, autant que possible.

La pratique du préceptorat va se poursuivre en Angleterre tout au long du 18e siècle pour l'enseignement du français aux enfants des familles anglaises aisées (Brunot, 1967, tome VIII, pp. 261-264). Tant en Allemagne qu'en France, on trouve aussi au 18e siècle des précepteurs qui recourent pour la plupart, sinon tous, à la traduction interlinéaire de textes adaptés aux intérêts et au niveau de leurs élèves (c'est le cas, par exemple de J.B. Basedow en Allemagne, de C.-F. Lysarde de Radonvilliers et de P.J.F. Luneau de Boisgermain en France). Cet usage est même répandu "dans les grandes familles aristocratiques et bourgeoises jusqu'au début du 20e siècle" (Puren, 1988, p. 35). Vu l'importance du préceptorat comme modalité d'enseignement des langues, parallèlement à l'enseignement du type scolaire, il importait d'y consacrer au moins quelques paragraphes.

---

20. D'après Chateau, il n'est pas probable que Locke ait connu Comenius (introduction et notes, 1966, dans Locke, *op. cit.,* p. 218, note 1).
21. À noter que Locke n'a pas toujours été de cet avis. En février 1686, dans une lettre adressée à son ami Clarke, il suggère d'apprendre le latin, "bien sûr", après l'anglais. Moins d'un an plus tard, c'est le français qu'il met en seconde place (parce que, semble-t-il, les Clarkes viennent d'engager un tuteur français, M. Papin, pour leur fils).

Document 12

ROGER ASCHAM

Ascham s'adresse au maître de langue.

En ce qui concerne la traduction, vous l'utilisez vous-même tous les deux ou trois jours en choisissant quelques lettres de Cicéron tirées de <u>ad Atticum,</u> ou des extraits remarquables de ses discours ou de ses autres écrits... Vous traduisez vous-même ces passages en langue anglaise courante et vous redonnez à votre élève ces passages à traduire de nouveau en langue latine, en lui laissant tout le temps nécessaire pour lui permettre de le faire avec beaucoup d'application et grande minutie

C'est alors que son esprit sera aiguisé, que son jugement sera véritablement exercé pour faire les bons choix, que sa mémoire, en vue d'une solide rétention, sera mieux entraînée que s'il s'agissait d'apprendre sans l'aide du livre. Dès lors, apparaîtra tout le profit qu'il en aura tiré. Lorsqu'il vous remet sa traduction, vous la confrontez au texte de Cicéron. Vous mettez ensemble les deux textes, vous les comparez, vous approuvez les choix appropriés de mots ainsi que le bon ordre des mots, vous lui montrez gentiment ses erreurs tout en lui faisant des reproches sans rien brusquer...

Je suis convaincu que cette technique de la double traduction d'une langue à une autre est, soit la seule, ou à tout le moins la plus importante à devoir être pratiquée particulièrement avec de jeunes élèves, pour une maîtrise rapide et sûre de n'importe quelle langue...

Pline le Jeune enseigne que la double traduction rend facile, sensé et gradué l'apprentissage des cas grammaticaux difficiles, du choix des mots les plus justes, de l'ordre correct des mots et des phrases, de la beauté des tournures et des formes appropriées à chaque sujet et à chaque langue. Il montre aussi, ce qui est remarquable, que l'on peut facilement saisir, si l'on pratique chaque jour et si l'on suit minutieusement les traces des meilleurs auteurs, la logique de l'argumentation, l'ordre dans la disposition, et les marques de l'élocution. Grâce à ce moyen, votre élève sera amené à aimer non seulement l'éloquence, mais aussi la véritable compréhension et le bon jugement, tant à l'écrit qu'à l'oral...

(Ascham, © 1570-1966, pp. 75, 78 et 81,
traduction de C. Germain.)

Document 13

MICHEL DE MONTAIGNE

[...] en nourrice et avant le premier desnouement de ma langue, [mon père] me donna en charge à un Alleman... du tout [= entièrement] ignorant de nostre langue, et tresbien versé en la Latine. Cettuy-cy... m'avoit continuellement entre les bras. Il [mon père] en eust aussi avec luy deux autres moindres en sçavoir pour me suivre, et soulager le premier. Ceux-cy ne m'entretenoient d'autre langue que Latine. Quant au reste de sa maison, c'estoit une reigle inviolable que ny luy mesme, ny ma mere, ny valet, ny chambriere, ne parloyent en ma compaignie qu'autant de mots de Latin que chacun avoit apris pour jargonner avec moy. C'est merveille du fruict que chacun y fit. Mon pere et ma mere y apprindrent assez de Latin pour l'entendre...

Et, sans art, sans livre, sans grammaire ou precepte, sans fouet et sans larmes, j'avois appris du latin, tout aussi pur que mon maistre d'eschole le sçavoit : car je ne le pouvois avoir meslé ny alteré. Si, par essay, on me vouloit donner un theme, à la mode des colleges, on le donne aux autres en François ; mais à moy il me le falloit donner en mauvais Latin, pour le tourner en bon...

[Mon père]... m'envoya, environ mes six ans, au college de Guienne, Et là... mon Latin s'abastardit incontinent, duquel depuis par desacoustumance j'ay perdu tout usage...
(Livre I, chap. XXVI, pp. 173-174.)

À [= pour] cette cause, le commerce des hommes y est merveilleusement propre, et la visite des pays estrangers... pour en raporter principalement les humeurs de ces nations et leurs façons... Je voudrois qu'on commençast à le promener des sa tendre enfance, et... par les nations voisines où le langage est plus esloigné du nostre, et auquel, si vous ne la formez de bon'heure, la langue ne se peut plier...
(Livre I, chap. XXVI, p. 153.)

Quant au Grec, dequel je n'ay quasi du tout point d'intelligence, mon pere desseigna [= se proposa de] me le faire apprendre par art, mais d'une voie nouvelle, par forme d'ébat et d'exercice... à la maniere de ceux qui, par certains jeux de tablier [= se jouant sur une sorte de table, comme les échecs], apprennent l'Arithmetique et la Geometrie...
(Livre I, chap. XXVI, p. 174.)

(Montaigne, 1580-1588.)

Document 14

JOHN LOCKE

Quand l'enfant sait parler sa langue maternelle, il est temps de lui apprendre quelque autre langue... C'est le français qu'il faut choisir. La raison en est que dans notre pays on est généralement familiarisé avec la véritable méthode qui convient pour enseigner cette langue, et qui consiste à la parler avec les enfants... sans faire intervenir les règles grammaticales. On pourrait apprendre aisément la langue latine par les mêmes procédés, si le maître, restant constamment avec l'enfant, ne lui parlait que latin et l'obligeait aussi à répondre en latin. Mais comme le français est une langue vivante qui sert davantage dans la conversation, c'est par elle qu'il faut commencer... Lorsque l'enfant sait bien parler et bien lire en français, résultat qui peut être atteint d'après cette méthode en un an ou deux, il faut le mettre au latin.

Pour l'enseigner [le latin]... la méthode... que je me représente comme la plus facile... se réduirait à ceci : — n'embarrasser l'enfant d'aucune espèce de grammaire, mais simplement, comme on l'a fait pour l'anglais, le faire parler en latin, sans l'accabler de règles. Si vous y réfléchissez, en effet, le latin n'est pas plus étranger à l'écolier que ne l'était l'anglais à l'enfant qui vient de naître : or, il a appris l'anglais sans maître, sans règles, sans grammaire. Il apprendrait de même le latin, tout comme l'a appris Cicéron lui-même, s'il avait toujours auprès de lui quelqu'un qui lui parlât dans cette langue...

Mais si vous ne pouvez mettre la main sur un précepteur... le mieux sera de suivre la méthode qui s'en rapproche le plus : c'est-à-dire de prendre un livre facile et agréable, par exemple les Fables d'Ésope, *et d'écrire sur deux lignes, l'une au-dessus de l'autre, d'une part la traduction anglaise, aussi littérale que possible, de l'autre le mot latin qui correspond à chacun des mots anglais. Faites lire à l'enfant chaque jour cette traduction, en y revenant plusieurs fois, jusqu'à ce qu'il comprenne parfaitement le sens des mots latins ; passez ensuite à une autre fable, jusqu'à ce qu'il la possède aussi parfaitement, sans négliger de revenir sur celle qu'il a déjà apprise, afin de lui rafraîchir la mémoire. Lorsqu'il prend sa leçon d'écriture, donnez-lui ces traductions à copier, de sorte que, tout en exerçant sa main, il fasse aussi des progrès dans la connaissance de la langue latine. Comme cette méthode est plus imparfaite que celle qui consisterait à lui parler latin, il sera nécessaire de lui faire apprendre exactement par cœur, d'abord la formation des verbes, ensuite les déclinaisons des noms et des pronoms, et de l'aider ainsi à se familiariser avec le génie et les usages de la langue latine...*

►

Les langues... s'apprennent par routine, par habitude, par mémoire, et on ne les parle parfaitement bien que lorsqu'on a entièrement oublié les règles de la grammaire. J'accorde qu'il faut quelquefois étudier avec grand soin la grammaire d'une langue, mais cela ne convient qu'à des hommes faits qui veulent comprendre une langue en philosophes et en critiques, ce qui n'est guère l'affaire que des seuls érudits...

Et je voudrais bien qu'on me désignât une langue que l'on pût apprendre et parler comme il faut par les seules règles de la grammaire. Les langues ne sont pas le produit des règles ni de l'art, elles proviennent du hasard et de l'usage commun du peuple. Ceux qui les parlent bien ne suivent pas d'autre règle que l'usage, et ils n'ont pas à s'en rapporter à d'autre faculté qu'à leur mémoire, et à l'habitude de parler comme parlent ceux qui passent pour s'exprimer avec précision. Or tout cela, en d'autres termes, c'est parler par routine...

Si la grammaire d'une langue doit être enseignée, c'est à ceux qui savent déjà parler cette langue : car autrement comment pourrait-on la leur enseigner ? C'est ce qui résulte évidemment de la pratique en usage chez les peuples sages et civilisés de l'Antiquité...

Je ne vois pas pourquoi on irait perdre son temps et se fatiguer le cerveau à apprendre la grammaire latine, quand on n'a pas l'intention de devenir un érudit, ou d'écrire des discours et des lettres en latin...

Pour exercer votre élève à écrire, faites lui de temps en temps traduire en anglais un texte latin. Mais comme l'étude du latin n'est qu'une étude de mots, chose déplaisante à tout âge, joignez-y autant de connaissances réelles que vous pourrez, en commençant par les objets qui frappent le plus les sens... Enseignez-lui plus spécialement encore la géographie, l'astronomie, et l'anatomie...

(Locke, © 1693-1966, pp. 215-219.)

--- **Bibliographie** ---

ASCHAM, Roger
© **1570-1966** *The Schoolmaster,* introduction et notes par R. J. Schœck, Toronto, Dent & Sons.

BRUNOT, Ferdinand
    1967 *Histoire de la langue française des origines à nos jours*, tome VIII, Paris, Colin.

HAWKINS, E.W.
    1981 *Modern Languages in the Curriculum,* Cambridge, Cambridge University Press.

HOWATT, A.P.R.
    1984 *op. cit.* (p. 17)

KELLY, Louis G.
    1969 *op. cit.* (p. 17)

LOCKE, John
© **1693-1966** *Quelques pensées sur l'éducation,* traduction de *Some Thoughts Concerning Education,* par G. Compayré, Introduction et Notes de J. Chateau, 1966, Paris, Vrin.

MACKEY, William F.
    1972 *op. cit.* (p. 17)

MONTAIGNE, Michel de
    1580-1588 *Essais,* édition conforme au texte de l'exemplaire de Bordeaux, par P. Villey et V.-L. Saulnier, 1965, Paris, Presses Universitaires de France.

PUREN, Christian
    1988 *op. cit.* (p. 65)

REICYN, Nina
    1941 *La Pédagogie de John Locke*, Paris, Hermann.

TITONE, Renzo
    1968 *op. cit.* (p. 17)

La méthode de Comenius

Chapitre 6

Comenius et les images
(17ᵉ siècle)

Comenius est le nom latin du Tchèque Jan Amos Komenský (1592-1670), écrivain, théologien et humaniste, qui passe pour le plus grand pédagogue du 17ᵉ siècle. C'est également lui qui est généralement considéré comme le fondateur de la "didactique des langues" en tant que discipline scientifique autonome ("didactique", précise Comenius, signifie "art d'enseigner").

Ce qui pousse Comenius à énoncer ses principes de didactique des langues, à mettre au point sa propre "méthode" d'enseignement des langues, est le fait qu'il ne peut plus tolérer "le désordre qui règne dans les écoles et les méthodes qu'on y applique" (Comenius, 1638, cité dans Caravolas, 1984b, p. 18). Pour pallier les lacunes de ses devanciers, il est d'avis qu'il faut avant tout élaborer "une théorie générale" qui dictera les buts de l'enseignement des langues et les moyens de les atteindre. Par là, il vise à rendre l'apprentissage des langues rapide, efficace et agréable.

Il importe cependant de préciser que les principes de didactique des langues de Comenius, c'est-à-dire sa théorie de la didactique des langues (ou didactique spéciale) est inspirée par sa "théorie didactique" générale, laquelle se rattache à sa "théorie de l'éducation", elle-même rattachée à sa philosophie (appelée "pansophie"). Comme sa conception de la philosophie a évolué, il n'est donc pas étonnant de constater une évolution de sa théorie de la didactique des langues. Toutefois, dans le présent chapitre, il sera surtout question des conceptions de Comenius telles qu'elles figurent dans *Didactica Magna* [1638] (*La Grande Didactique*) et telles que rapportées par Jean Caravolas (1984a et 1984b).

Conception de la langue

Pour Comenius, l'homme n'est qu'une image souillée de Dieu. Ce qui rend difficile le réapprentissage de la sagesse est que depuis l'épisode biblique de la tour de Babel, c'est la confusion des langues de sorte que pour s'instruire il est désormais nécessaire d'apprendre plus d'une langue. La première langue à apprendre afin de sortir de l'état de "barbarie", ajoute Comenius, est la langue maternelle [22] : "Vouloir enseigner une langue étrangère, écrit Comenius, à qui n'a pas encore eu possession de sa langue nationale, c'est comme si on voulait apprendre à quelqu'un l'équitation avant de savoir marcher... notre méthode proclame qu'il ne convient pas d'enseigner le latin à qui ne sait pas sa langue nationale, parce qu'elle a établi que celle-ci doit donner la main à l'autre et lui servir de guide" (Comenius, 1638, cité dans Caravolas, 1984b, p. 15).

La langue maternelle étant apprise, il importe de s'intéresser à l'apprentissage d'autres langues, notamment celle des pays voisins. C'est alors seulement que peut être entreprise, pour ceux qui se destinent à une carrière scientifique ou ecclésiastique, l'étude du latin, voire dans certains cas, du grec, de l'arabe et de l'hébreu. Enfin, en vue d'accroître la compréhension et la bonne entente entre les peuples, Comenius envisage la création d'une langue universelle artificielle.

1. Nature de la langue

Comme la plupart des auteurs de son époque qui traitent de questions d'ordre linguistique, Comenius s'intéresse d'abord et avant tout à l'origine des langues, et à l'élaboration d'une langue universelle.

• Sur l'origine des langues, Comenius croit, comme c'est la pratique courante à son époque, que la langue est d'origine divine, comme en fait foi la Bible. Dans cette même veine, il défend la thèse de l'hébreu langue-mère : c'est la langue hébraïque, parlée par Adam et Ève, qui serait à l'origine de toutes les autres langues. Mais, avec la chute adamique et surtout après Babel, c'est la confusion des langues. Depuis, chaque groupe humain tente de se créer une nouvelle langue, à partir des débris de l'hébreu conservés en mémoire.

De plus, il y a un parallélisme entre les mots et les choses : "Le Créateur, pense Comenius, conçut d'abord les images, les formes, les idées des choses et ensuite les imprima sur les choses mêmes. Les choses, en revanche, impriment leur effigie sur les sens, les sens sur la pensée, la pensée sur la langue et la langue sur l'air et les oreilles. Sans signes linguistiques, sans mots, la communication est impossible sauf, peut-être, chez les anges !" (Caravolas, 1984a, p. 105). La langue est donc vue d'abord et avant tout comme un instrument servant à désigner les choses et à représenter les pensées (avant d'être considérée comme un instrument de communication).

Sur la question des universaux, Comenius croit en l'existence de règles linguistiques universelles : toutes les langues seraient construites suivant les mêmes règles grammaticales. Bien entendu, ces règles sont celle de la

---

22. De nos jours, cela paraît aller de soi mais il était encore fréquent, à l'époque, de commencer par l'apprentissage du latin avant même d'étudier sa langue maternelle.

langue-mère : l'hébreu. C'est ce qui le conduit peu à peu à l'idée de créer une langue universelle parfaite, langue artificielle qu'il appelle "panglottie".

2. Nature de la culture

Comenius fait montre d'un très grand souci pragmatique dans le domaine de l'apprentissage des langues : il ne faut apprendre que les langues qui sont "nécessaires", c'est-à-dire la langue maternelle d'abord, "qui est indispensable pour traiter les affaires domestiques", puis "les langues des pays voisins qui sont indispensables pour entrer en relations avec eux" (Comenius, © 1638-1952, p. 161). En ce sens, contrairement à de nombreux auteurs de l'époque, Comenius croit que l'apprentissage d'une langue peut avoir d'autres buts que le contact avec la culture antique. Il peut tout simplement s'agir d'accéder à la culture quotidienne d'un autre peuple sans exclure pour autant, pour ceux qui désirent compléter un cours d'humanités, l'accès à la culture antique, notamment par le biais du latin ou du grec.

Conception de l'apprentissage

3. Nature de l'apprentissage

C'est en imitant leur mère, leur nourrice ou leur précepteur, écrit Comenius, que les enfants apprennent leur langue maternelle. Les mots sont appris avant tout par les sens, qui les transmettent au cerveau. Toutefois, il y a évolution avec l'âge : plus l'enfant est jeune, plus l'apprentissage est concret et sensoriel ; plus il vieillit, plus l'apprentissage devient abstrait et théorique.

De plus, tous les êtres humains apprennent de la même façon puisqu'ils possèdent des besoins fondamentaux identiques. C'est ce qui amène Comenius à croire en l'universalité de sa méthode, c'est-à-dire de ses principes.

L'apprentissage d'une langue se fait "plus par l'usage que par les règles". Mais les règles ne doivent pas être négligées, ni dans l'enseignement des langues "savantes", ni dans celui des langues "vulgaires" : "Les règles, doivent aider et confirmer l'usage" (Comenius, © 1638-1952, p. 163).

Enfin, selon Comenius "la maîtrise de la langue est meilleure si l'apprentissage est dirigé, les fautes immédiatement corrigées et les occasions de parler fréquentes" (Caravolas, 1984b, p. 15).

4. Rôle de l'apprenant

En règle générale, au 17e siècle c'est l'apprentissage individualisé qui a cours : chaque élève à tour de rôle vient recevoir en avant de la classe, trois ou quatre fois par jour, sa leçon du maître, puis retourne à sa place. Le reste de la journée, "il perd son temps, dérange ses voisins, s'amuse"

(Audet, 1971, tome I, p. 49). Face à l'échec de ce mode d'enseignement, le mode "mutuel" ou des moniteurs (procédé connu depuis longtemps en fait, et qui sera d'ailleurs remis à l'honneur par Joseph Lancaster au début du 19ᵉ siècle) est mis à l'essai à quelques endroits : il s'agit de recourir aux meilleurs élèves ou aux plus avancés afin de leur confier la tâche d'enseigner, simultanément, à quelques élèves à la fois.

C'est ce que suggère Comenius : que les élèves les plus doués s'occupent de l'instruction des élèves plus lents, sous la forme d'un enseignement "mutuel". Il prône le regroupement des enfants en *décuries* sous la direction de capitaines qu'il appelle *décurions* (Audet, 1971, tome I, p. 260).

Conception de l'enseignement

5. Rôle de l'enseignant

La méthode (c'est-à-dire les principes) et les manuels de Comenius ne sauraient être efficaces sans une application fidèle en salle de classe. C'est surtout dans son ouvrage *Didactica Magna* (1638) [*La Grande Didactique*, traduite en français par J. B. Piobetta en 1952] que l'on trouve des indications proprement didactiques destinées spécifiquement au professeur de langue.

Enseigner, écrit Comenius, est un art qui consiste à faire en sorte qu'une autre personne puisse apprendre ce que le maître sait déjà. En termes contemporains, on dirait qu'il s'agit de mettre l'apprenant dans un environnement favorable à son développement. La "théorie didactique" de Comenius découle de sa "théorie de l'éducation". Elle est fondée sur trois principes :

— *le principe sensualiste :* tout doit d'abord passer par les sens, surtout la vue. Il importe d'axer tout enseignement sur la perception sensible des choses : "Les maîtres doivent tenir pour règle d'or que chaque objet doit être présenté à celui des sens qui convient (les objets visibles à la vue, les sonores à l'ouïe, les olfactifs à l'odorat, les savoureux au goût, les tangibles au toucher). Et si un objet peut être saisi par plusieurs sens à la fois on aura soin de le leur présenter en même temps". Ou encore : "Qu'à notre école ceci soit la règle : [que] tout ce qu'il faut connaître sur les choses [...] soit enseigné à l'aide des choses elles-mêmes, c'est-à-dire que l'on présente selon les possibilités, les choses réelles ou leur image, pour qu'on puisse les voir, les toucher, les entendre et les goûter, etc." (Comenius, 1638, cité dans Caravolas, 1984a, p. 88) ;

— *le principe d'ordre,* c'est-à-dire l'ordre "naturel" : commencer par "le livre de la nature" (les choses), continuer par "les livres de l'homme" (tourner ses regards vers l'intérieur), et terminer par "les livres saints". Dans l'art d'enseigner, l'une des "règles didactiques" est que tout enseignement doit se faire à l'aide d'exemples d'abord, de règles ensuite, et enfin d'exercices (toujours dans cet ordre). L'accent est alors mis sur les exercices ou la pratique ;

— *le principe du plaisir :* essayer de rendre l'éducation aussi agréable que le jeu, en évitant autant que possible les châtiments corporels, très courants à l'époque.

6. Rôle du matériel didactique

Le succès des principes énoncés, affirme Comenius, est lié à l'emploi de ses propres manuels. Les manuels sont vus comme un élément essentiel, sans lesquels il ne saurait y avoir d'apprentissage adéquat d'une langue. C'est que, précise-t-il, ses manuels ont été conçus "pour tout exposer d'une manière familière et populaire afin que les élèves y trouvent des lumières sur toutes les choses et puissent tout comprendre par eux-mêmes sans le secours du maître" (Comenius, 1638, cité par Caravolas, 1984b, p. 19).

À cet égard, il convient de mentionner que *Orbis Sensualium Pictus* (*Le Monde sensible illustré,* c'est-à-dire le monde visible, concret), publié en 1658, est conçu comme une sorte d'introduction, après coup, au *Vestibulum* (1632) [*Le Vestibule* ou *Le Seuil*] et à *Janua Linguarum Reserata* (1631) [*La porte des langues ouverte*] qui à l'expérience, étaient apparus comme trop difficiles pour les élèves. Alors que le *Vestibule,* consacré surtout aux racines des mots, est destiné au premier niveau de l'apprentissage d'une langue, *Janua* est plutôt de nature encyclopédique et vise l'application des règles grammaticales et syntaxiques : c'est un manuel de latin destiné au niveau moyen. *Janua* a connu malgré tout un énorme succès si l'on en juge par le très grand nombre de rééditions. Pour le niveau avancé, d'orientation plutôt stylistique, Comenius écrit l'*Atrium*.

Orbis (dont l'idée paraît être inspirée du jésuite Lubinus) est destiné principalement aux enfants. Avec *Orbis* Comenius tente de faire de l'apprentissage d'une langue une véritable activité ludique. Comme *Orbis* paraît bien être le premier manuel de langue illustré, il n'est peut-être pas sans intérêt de souligner quelques-unes de ses caractéristiques. La première édition de ce manuel bilingue latin-allemand comprend un vocabulaire de base limité à 3 500 mots et se divise en 151 chapitres dont les phrases sont découpées de manière à bien faire ressortir le vocabulaire illustré. C'est qu'à chaque mot concret du texte correspond un chiffre renvoyant au même chiffre aux côtés de l'objet en question sur l'illustration. Il est à noter que les cinq premières éditions sont bilingues latin-allemand (1658, 1659, 1662) et latin-anglais (1659, 1664). En 1666 paraît à Nuremberg (Allemagne) la première édition multilingue latin-allemand-italien et français. Dans l'édition de 1666, sous chacune des illustrations on trouve quatre colonnes parallèles, dans chacune de ces langues.

Par exemple, au chapitre 84 intitulé "Die Wagen" - "Vehicula" - "I Carri" - Les Chariots", on trouve l'illustration de quelques charrettes et voitures de l'époque auxquelles correspondent, en colonnes parallèles dans les quatre langues en question le texte suivant (disposé ainsi), précédé d'une phrase également en quatre langues :

Le dedans du fol [= fou] est comme le tour d'une roüe ; & les discours, comme l'aisseau [= essieu] de la roüe, qui tourne.

Les Chariots.

Sur la neige
& glace
nous nous trainons, glissons
en traineau, 1
*   C'est*
une broüette, 2
qu'une cariole à une roüe,
Carrette, 3
qu'à deux roüës ;
mais à quatre,
un char, 4
qui sert...

Fig. 5 — "Les Chariots", dans *Orbis* de Comenius. [Voir p. 345.]

Conception de la relation pédagogique

7. Relation didactique

• Sélection du contenu

Ce ne sont ni les élèves, ni les maîtres qui décident de la délimitation du contenu à enseigner. Cela revient aux auteurs de manuels ou de matériel pédagogique, qui doivent alors veiller à être en conformité avec les objectifs éducatifs poursuivis. Et le but avoué de l'éducation, selon Comenius, est de rendre les gens "pansophes", c'est-à-dire en mesure de découvrir l'harmonie de l'univers et la vérité sur tout au moyen de la raison, des sens, et des Écritures. Autrement dit, toute personne éduquée se doit de posséder des connaissances sur trois mondes parallèles : le monde de la nature, le monde des être humains, et le monde de Dieu. Il faut aussi rappeler que pour Comenius connaissance de la langue et connaissance du monde vont de pair, en vertu du principe du parallélisme des mots et des choses.

De plus, connaître la langue revient à viser à connaître les éléments de base de la langue, à savoir, le lexique fondamental, c'est-à dire "les mots primaires", les principales règles de grammaire, et les structures de base ou syntaxe (d'après Caravolas, 1984b, p. 18).

C'est dans *Orbis Sensualium Pictus* "que Comenius réalise pleinement pour la première fois le principe du parallélisme des choses et des mots et cela en utilisant pour la présentation de la signification des procédés iconiques" (Caravolas, 1984a, p. 177). Comme critère de sélection de la langue à apprendre, il ressort assez clairement que Comenius choisit tout d'abord les choses à connaître, c'est-à-dire les notions encyclopédiques considérées comme fondamentales, après quoi il procède au choix du lexique correspondant à ces choses.

• Organisation du contenu

Selon Comenius, l'apprentissage doit être cyclique de manière à ce que les cours n'apportent "rien de tout à fait neuf, mais soient le vrai développement, sous un aspect particulier, des études antérieures" (Comenius, 1638, cité dans Caravolas, 1984b, p. 18). C'est ainsi, par exemple, que *Janua* est construit suivant les mêmes principes que le manuel précédent (*Vestibulum*) et que l'*Atrium* est construit suivant les mêmes principes que *Janua*, le contenu étant à chaque fois développé et élargi.

Dans cette perspective il s'agit tout d'abord, quelle que soit la langue étudiée, d'apprendre à balbutier, puis à "parler avec précision", ensuite "s'exprimer avec élégance", et enfin discourir "avec efficacité" (Caravolas, 1984b, p. 18).

Pratiquement cependant, dans les manuels de Comenius l'idée d'une progression grammaticale rigoureuse, par exemple, n'est pas toujours respectée (dans *Janua,* par exemple). Par contre, dans le *Vestibule* (ou *Seuil*), on y trouve une certaine gradation. Par exemple, dans les phrases 56-62 Comenius introduit la comparaison des adjectifs ; dans le deuxième chapitre, il présente les verbes d'action, dans le troisième chapitre, les adjectifs qualificatifs et numéraux ainsi que quelques mots outils, etc. (Caravolas, 1984a, pp. 153-158).

• Présentation du contenu

Dans les manuels comeniens, à quelques exceptions près, on ne trouve aucune indication sur la prononciation du latin. L'une de ces exceptions est *Orbis Sensualium Pictus,* manuel dans lequel on trouve une certaine initiation phonétique. L'alphabet latin est présenté sur deux pages, de façon symbolique et amusante, sous la forme d'un abécédaire illustré. Chaque page comprend quatre colonnes : dans la première, on trouve des images d'animaux (par exemple, un loup) ; dans la deuxième, une

(3)

Cornix cornicatur, à à	The *Crow* crieth.	A a
Agnus balat, b è è è	The *Lamb* blaiteth.	B b
Cicàda stridet, cì cì	The *Grasshopper* chirpeth.	C c
Upupa dicit, du du	The *Whooppoo* saith.	D d
Infans ejulat, è è è	The *Infant* crieth.	E e
Ventus flat, fi fi	The *Wind* bloweth.	F f
Anser gingrit, ga ga	The *Goose* gagleth.	G g
Os halat, hà'h hà'h	The *Mouth* breatheth out.	H h
Mus mintrit, ì ì ì	The *Mouse* chirpeth.	I i
Anas tetrinnit, kha, kha	The *Duck* quaketh.	K k
Lupus ululat, lu ulu	The *Wolf* howleth.	L
Ursus murmurat, [mum mum-	The *Bear* grumbleth.	M m

Fig. 6 — La prononciation du lati d'après *Orbis* de Comenius [Voir p. 346.]

courte phrase bilingue (*Lupus úlulat — The Woolf howleth* [le loup hurle]) ; dans la troisième, une transcription phonétique du son illustré (*lu ulu*), et enfin, les formes majuscule et minuscule de la graphie latine (L l) (Comenius, © 1658-1666, p. 4). De façon générale, cependant, il semble bien que la prononciation du latin ne se fasse que par l'écoute et l'imitation de la prononciation du maître [23].

Au sujet de la grammaire, même si les vues de Comenius ont évolué au cours de sa carrière, il reste que, conformément à sa théorie didactique, l'exemple doit toujours avoir primauté sur la règle. Autrement dit, la perception sensible a préséance sur la perception mentale. La grammaire doit toujours être présentée dans l'ordre suivant : les exemples d'abord, les règles ensuite, et enfin les exercices ou l'imitation. À ce sujet, Comenius écrit : "Que l'exemple précède toujours, que la règle suive toujours et que l'imitation soit toujours exigée... De cela découlent les conclusions suivantes : 1. On apprend plus facilement par les exemples que par les règles ; 2. encore mieux cependant si on joint les deux ; 3. mais de telle manière que les exemples précèdent ; 4. que toutefois immédiatement après suive l'exercice, toujours dirigé par ses propres règles ; tout est d'autant meilleur s'il y a beaucoup d'exemples pour chaque règle et peu de règles pour beaucoup d'exercices, et si après on pratique les deux le plus fréquemment" (Comenius, 1648 [*Methodus Linguarum Novissima — La Nouvelle Méthode des langues*], cité dans Caravolas, 1984a, p. 166).

En ce qui concerne la présentation de la signification, même si Comenius recommande le recours à plusieurs procédés, l'idée à retenir est qu'il aurait été le premier auteur à recourir systématiquement à des illustrations dans l'enseignement d'une langue étrangère, en vertu de son principe du parallélisme des mots et des choses.

8. Relation d'apprentissage

• Rôle de L 1

Le processus d'apprentissage d'une langue étrangère, affirme Comenius, est le même que le processus d'apprentissage de la langue maternelle. Plus précisément, les langues dites vulgaires (comme l'italien, le français, l'allemand, le tchèque ou le hongrois) sont apprises par l'usage, suivant le modèle d'apprentissage de la langue maternelle parlée. Par contre, les langue dites savantes (comme le latin et le grec) sont apprises suivant le modèle d'apprentissage de la langue maternelle écrite. Dans les deux... ...férence à la langue maternelle de l'élève. Comenius est ...angue maternelle doit servir de base à l'explication des ... ; c'est pourquoi il recommande le recours à la traduction ...de thèmes (traduction de la langue maternelle dans une

...le rappeler que les bases scientifiques de la phonétique n'ont été établies... ...ècle.

langue étrangère) et de versions (l'inverse : traduction d'une langue étrangère dans la langue maternelle).

• Activités pédagogiques

Comenius suggère de rédiger les manuels de langue de préférence sous la forme de dialogues, allant jusqu'à la dramatisation et les jeux scéniques, même s'il ne respecte pas toujours lui-même ce principe (Caravolas, 1984a, p. 19). Il met pourtant en pratique ses conceptions dans *Schola Ludus* (*L'École du jeu*, 1656), sorte de pièce de théâtre destinée à faciliter la compréhension de *Janua* et de *Atrium*. Dans cette pièce en cinq actes, chaque personnage représente un aspect de la connaissance. Par exemple, dans la cinquième scène du deuxième acte dont le thème traite de l'eau, les personnages en scène sont les suivants : *Aquinus* (l'eau), *Marius* (la mer), *Nubianus* (les nuages) et *Stillico* (gouttes de pluie, glace, etc.) (Laurie, © 1892-1972, p. 193).

9. Relation d'enseignement

• Interaction enseignant-apprenants

Comenius ne recommande pas le regroupement des élèves en fonction de leurs aptitudes. Au contraire. Il voit un grand avantage à regrouper dans une même classe les élèves doués, les élèves moyens et les plus faibles. De cette façon, les élèves les plus doués peuvent apporter "une aide mutuelle" aux plus faibles ; quant aux élèves moyennement doués, ils peuvent prendre sous leur protection "ceux qui sont susceptibles de céder au bon exemple". Malgré le recours à ce mode "mutuel", cela n'empêche pas le maître de dispenser "pour tout l'auditoire... un seul et même enseignement collectif" (Comenius, 1638, cité dans Caravolas, 1984b, p. 17).

• Traitement de l'erreur

Il va de soi, selon Comenius, que les élèves mis en situation d'apprentissage d'une langue vont faire des erreurs. En pareil cas, le maître se doit de les corriger sur-le-champ, de manière à éviter qu'elles se transforment en mauvaises habitudes. De plus, afin de prévenir autant que possible l'apparition des erreurs, il convient de ne présenter aux élèves que de bons modèles à imiter, tout en leur faisant faire de nombreux exercices appropriés à leur niveau de connaissance et à leurs capacités. Enfin, le maître veillera à répéter régulièrement et systématiquement la matière enseignée.

CONCLUSION

Il n'est peut-être pas sans intérêt de rapporter le jugement élogieux de Jean Piaget sur Comenius : "par un paradoxe extrêmement instructif du point de vue de l'histoire des sciences, ce métaphysicien qui rêvait d'une science intégrale a précisément contribué, en écrivant une *Grande Didactique* et ses traités spéciaux, à créer une science de l'éducation et une théorie de la didactique envisagées à titre de disciplines autonomes. On peut dire que c'est là sans doute son principal titre de gloire" (Piaget, 1957, cité par Caravolas, 1984a, p. 97).

Quant à l'historien français Jules Michelet, il a fait de Comenius "le Galilée de la pédagogie".

À ces éloges portant principalement sur l'apport de Comenius à l'éducation en général, il convient ici de souligner, sur le plan spécifique de la didactique des langues secondes, son rôle de précurseur dans le recours à des images.

Document 15

JAN AMOS KOMENSKÝ,
dit COMENIUS

1. Les langues ne doivent pas être enseignées comme des éléments constitutifs de l'érudition et de la science, mais comme des moyens d'acquérir l'érudition et la science et de les communiquer aux autres. Pour ce motif : elles ne doivent pas être apprises toutes, ce qui est impossible, ni en grand nombre, ce qui est inutile, parce que leur étude absorberait trop de temps au détriment de celui qu'il faut consacrer à la science. Il faut apprendre seulement celles qui sont nécessaires. Or, nécessaires sont la langue maternelle qui est indispensable pour traiter les affaires domestiques et les langues des pays voisins qui sont indispensables pour entrer en relations avec eux ; ainsi pour les Polonais, d'une part, la langue allemande, d'autre part, la langue hongroise, la valaque, la turque. Puis vient le latin pour la lecture d'ouvrages scientifiques, cette langue étant celle des savants. Enfin, pour les philosophes et les médecins le grec et l'arabe, et pour les théologiens le grec et l'hébreu.

2. Les langues ne doivent pas être apprises toutes complètement jusqu'à la perfection, mais seulement jusqu'à la limite de la nécessité...

3. L'étude des langues, surtout pendant la jeunesse, doit marcher de pair avec l'étude des choses, c'est-à-dire qu'il convient d'apprendre un nombre de choses égal au nombre de mots, de phrases, de tournures et de locutions, tant pour comprendre que pour exprimer ce qu'on a compris. Ce sont, en effet, des hommes que nous formons et non des perroquets.

4. De ce principe résulte, en premier lieu, que les mots ne doivent pas être appris séparément des choses, car le mot sans la chose n'existe pas et ne se comprend pas, mais dans la mesure où le mot et la chose sont unis, ils existent quelque part et remplissent telle ou telle fonction. Cette considération est la raison qui m'a poussé à écrire la Porte des langues *où les mots entrent dans la construction de phrases pour exprimer la structure des choses. Ma tentative a eu, paraît-il, un heureux résultat.*

5. En second lieu, il résulte qu'il n'est nécessaire pour personne de connaître complètement une langue. Si quelqu'un cherchait à atteindre ce but, il ferait besogne ridicule et inepte. Cicéron lui-même n'avait pas une connaissance totale de la langue latine...

6. [...]

7. En troisième lieu, il résulte que les élèves doivent former aussi bien leur esprit que leur langue en travaillant de préférence sur des matières qui conviennent aux jeunes gens et réserver, pour une autre période de la vie, les matières qui conviennent à des hommes faits. C'est faire œuvre vaine que de mettre sous les yeux des élèves Cicéron et autres grands auteurs qui traitent de problèmes au-dessus de leur jeune intelligence. S'ils ne comprennent pas les choses, comment comprendraient-ils les formes artistiques par lesquelles ces choses sont nerveusement exprimées ?... La nature ne fait pas de sauts et l'art ne peut pas en faire quand il imite la nature...

8. Quant à la polyglottie, l'étude de diverses langues peut être abrégée et facilitée par l'emploi de la méthode qui contient les huit règles suivantes :

9. Chaque langue doit être apprise séparément. Il est naturel que d'abord on apprenne la langue maternelle, puis celle qu'il faut utiliser à sa place, je veux dire la langue du peuple voisin. (Je suis d'avis, en effet, que les langues vulgaires aient le pas sur les langues savantes.) Ensuite viendra la langue latine et après le grec, l'hébreu, etc., toujours l'une après l'autre, et jamais simultanément, ce qui est le seul moyen d'éviter que l'une ne rende l'autre confuse. À la fin cependant lorsque, avec la pratique, on en aura acquis la maîtrise, on pourra les comparer à l'aide de dictionnaires, de grammaires, etc.

10. À l'étude de chaque langue, on consacrera une durée déterminée. Il est évident que ce qui est secondaire ne doit pas devenir le principal et qu'on ne doit pas gaspiller à apprendre des mots le temps qu'il convient d'employer à apprendre des choses. La langue maternelle, intimement liée aux choses qui, peu à peu, se présentent à l'esprit de l'enfant, exige naturellement plus d'années que les autres : par exemple dix ans, c'est-à-dire toute l'enfance et une partie de l'adolescence. On peut ensuite passer à une autre langue vulgaire dont il est possible d'achever l'étude avec un résultat suffisant en une année. L'étude du latin peut être menée à bonne fin en deux ans, celle du grec en une seule année et celle de l'hébreu en un semestre.

11. Toute langue doit être apprise bien plus par l'usage que par les règles. Je veux dire qu'il faut l'apprendre en l'entendant parler, en la lisant, en la copiant, en faisant des essais d'imitation écrits et oraux, le plus souvent possible.

12. Les règles cependant doivent aider et confirmer l'usage. Ce principe s'applique principalement aux langues savantes que nous apprenons nécessairement par les livres, mais aussi aux langues

▶

vulgaires, car l'italien, le français, l'allemand, le tchèque, le hongrois peuvent être soumis à des règles et en fait ont déjà des règles formulées.

13. Les règles de la langue doivent être grammaticales et non philosophiques...

14. En donnant des règles pour une nouvelle langue, celle qui est déjà connue servira de norme et on ne montrera que les différences existant entre les deux. Répéter les notions communes à la langue qu'on connaît et à celle que l'on veut apprendre n'est pas seulement œuvre inutile, mais aussi travail nuisible, car à voir plus de divergences qu'il n'en existe en réalité, l'esprit ne peut qu'être effrayé. Par exemple : pour l'étude de la grammaire grecque, il n'est nullement nécessaire de répéter les définitions des noms, des verbes, des cas, des temps, etc., ou les règles de syntaxe, etc., qui ne comprennent rien de nouveau, parce qu'on suppose que tout cela les élèves le savent déjà. Il faut donc exposer seulement en quoi la langue grecque diffère de la langue latine déjà connue. Ainsi nous pourrons résumer la grammaire grecque en quelques pages ; et tout sera plus distinct, plus facile et plus solide.

15. Les premiers exercices d'une langue nouvelle doivent rouler sur une matière déjà connue. Il est évident qu'il ne faut pas contraindre l'esprit à concentrer ses efforts sur les choses et sur les mots en même temps, ce qui ne peut que le distraire et l'affaiblir, mais seulement sur les mots pour s'en rendre maître plus facilement et plus rapidement. La matière peut consister en livres déjà suffisamment connus...

16. Toutes les langues peuvent donc s'apprendre par une même et unique méthode. On peut les apprendre par l'usage avec addition de règles très faciles qui montrent seulement la différence existant entre la langue connue et celle qu'on veut étudier, avec addition aussi d'exercices portant sur des matières connues, etc.

(Comenius, © 1638-1952, pp. 161-164.)

Bibliographie

AUDET, Louis-Philippe
1971   *Histoire de l'enseignement au Québec, 1608-1971*, tomes I et II, Montréal, Holt, Rinehart & Winston.

CARAVOLAS, Jean
1984a   *Le Gutenberg de la didacographie ou Comenius et l'enseignement des langues,* Montréal, Guérin.

1984b   "Comenius et la didactique des langues modernes", *Revue canadienne des langues vivantes* 41/1.

COMENIUS, J.A.
© **1638-1952** *La Grande Didactique,* Introduction et traduction par J.-B. Piobetta, Paris, Presses Universitaires de France.

© **1658-1666** *Orbis Sensualium Pictus,* extraits tirés du "Facsimile of The Third London Edition, 1672", avec une introduction de J. Bowen, 1967, Sydney, Sydney University Press.

HAWKINS, E.W.
1981   *op. cit.* (p. 82)

HOWATT, A.P.R.
1984   *op. cit.* (p. 17)

KELLY, Louis G.
1969   *op. cit.* (p. 17)

LAURIE, S.S.
© **1892-1972** *John Amos Comenius*, New York, Burt Franklin.

MACKEY, William F.
1972   *op. cit.* (p. 17)

PIAGET, Jean
1972   *Pages choisies de J.A. Comenius*, Paris, Unesco.

TITONE, Renzo
1968   *op. cit.* (p. 17)

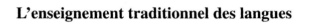

L'enseignement traditionnel des langues

Chapitre 7

La méthode grammaire-traduction

La méthode grammaire-traduction est souvent appelée méthode traditionnelle ou "classique" car elle servait surtout à enseigner les langues classiques comme le grec et le latin. Comme on l'a vu au chapitre 4, à partir de la Renaissance le statut social du latin change : il est graduellement considéré comme une discipline mentale, nécessaire à la formation de l'esprit. C'est cette conception de l'enseignement du latin, qui a le statut d'une langue morte, qui va désormais servir de modèle standard à l'enseignement des langues modernes : celles-ci seront traitées comme des langues mortes. On recourt désormais à la déduction pour enseigner la grammaire (la règle d'abord, puis application à des cas particuliers sous la forme de phrases à composer pour illustrer la règle) et au thème comme exercice de traduction, c'est-à-dire passer de la langue maternelle à la langue seconde.

Le latin est enseigné dans la langue maternelle des élèves et à partir de leur langue maternelle : les débuts de leçons consistent en phrases isolées, en langue maternelle, choisies en fonction des contenus grammaticaux à enseigner (et à mémoriser par l'élève). Ce sera la consécration de la méthode grammaire-traduction, ou plus exactement de la méthode grammaire/thème, surtout au 18e siècle : "Il ne faut pas s'étonner du fait que l'on enseignait les quelques langues vivantes ou modernes adoptées au programme de certaines écoles de l'époque avec les mêmes méthodes que celles que l'on suivait pour le latin se justifiant par les mêmes arguments : acquérir une discipline mentale" (Mackey, 1972, p. 199). Comme le souligne pertinemment Puren, la traduction de la langue seconde à la langue maternelle (c'est-à-dire la version) n'était pas adaptée à la démarche grammaticale déductive.

Bien sûr, l'alliance de la grammaire et du thème ne se fait pas de façon spontanée. Au début, il semble que la grammaire s'impose et qu'elle cœxiste avec l'héritage méthodologique des années antérieures : étude de "colloques" ou dialogues fabriqués, listes de mots thématiques, recueils de dictons ou expressions idiomatiques. Mais c'est le "thème d'application" qui va finir par devenir l'exercice privilégié, associé à l'étude de la grammaire (Puren, 1988, p. 66). Le type grammaire/thème se répand à partir de la Renaissance pour l'enseignement du latin et se présente comme la caractéristique essentielle de la méthode grammaire-traduction au cours du 19e siècle (Puren, p. 66).

À partir du 18ᵉ siècle, suite aux critiques du modèle grammaire/thème, le type version/grammaire sera parallèlement mis en œuvre. Cette fois, c'est le texte en langue étrangère qui est découpé en parties (il ne s'agit donc plus de partir de phrases isolées tirées de la langue maternelle), traduit mot à mot dans la langue maternelle de l'élève, ce qui sert de point de départ pour l'étude théorique de la grammaire sous la forme de "remarques grammaticales" [24] — et non l'inverse : "À partir du 18ᵉ siècle, l'exercice de version va être présenté aussi comme un exercice de français, l'objectif linguistique de perfectionnement en langue maternelle venant en quelque sorte compenser la perte de l'objectif pratique en enseignement du latin" (Puren, p. 27). Avec le type version/grammaire, la grammaire occupe désormais la seconde place. L'enseignement grammatical ne peut plus être gradué *a priori* (comme dans le cas de l'enseignement par grammaire/thème) : l'approche grammaticale inductive remplace la grammaire déductive. Tel est le type d'enseignement — version/grammaire — prôné par Jean-Joseph Jacotot (première moitié du 19ᵉ siècle) et par T. Robertson pour l'enseignement de l'anglais.

Il est à noter que, dans la pratique, certains manuels recourent à la fois au thème et à la version. Mais, en règle générale, l'évolution de la didactique des langues s'est faite dans le sens grammaire/thème vers le type version/grammaire, les deux types d'enseignement pouvant quand même coexister durant certaines périodes.

La combinaison de règles de grammaire et de la traduction a connu une grande popularité surtout avec Ollendorf en Allemagne (1783) et est devenue la méthode "standard" au début du 19ᵉ siècle (Titone, 1968, p. 29). Elle a connu son plein épanouissement au 19ᵉ siècle (notamment à partir de 1840) et continue même d'être parfois utilisée de nos jours dans certains milieux, surtout universitaires, sous des formes modifiées. La méthode grammaire-traduction est passée aux États-Unis au 19ᵉ siècle, où elle était connue sous le nom de "méthode prussienne".

Conception de la langue

Un des buts fondamentaux est de rendre l'apprenant capable de lire les ouvrages littéraires écrits dans la langue cible.

Un autre but fondamental est de développer les facultés intellectuelles de l'apprenant : l'apprentissage d'une L2 est vu comme une "discipline mentale" susceptible de développer la mémoire.

Un des buts particuliers est de rendre l'apprenant capable de traduire, autant de la langue cible à la langue de départ que l'inverse. Il s'agit en somme de former des bons traducteurs de la langue écrite littéraire.

---

24. Un exemple contemporain du type version/grammaire est la méthode *Assimil* (Puren, p. 69).

Il s'ensuit que les deux habiletés privilégiées sont la lecture (la compréhension de textes littéraires) et l'écriture (par le biais de compositions reliées au thème étudié).

L'accent est mis sur la grammaire et la traduction. La compréhension orale et l'expression orale sont mises au second plan.

L'évaluation se fait à l'aide de textes écrits que l'apprenant doit traduire, soit de la langue de départ à la langue cible, soit l'inverse. Les questions peuvent porter sur la culture étrangère ou peuvent consister à faire appliquer les règles de grammaire nouvellement apprises.

1. Nature de la langue

Une langue est conçue comme un ensemble de règles et d'exceptions observables dans des phrases ou des textes, susceptibles d'être rapprochées des règles de la langue de départ (Stern, 1983, p. 455).

La forme de la langue (les structures linguistiques, la morphologie, la syntaxe) occupe une place prépondérante, bien que la signification des textes littéraires soit prise en considération.

2. Nature de la culture

La culture étrangère est synonyme de littérature et de beaux-arts, comme la peinture, la musique, la sculpture, etc. La langue littéraire — écrite — est considérée comme supérieure à la langue orale. L'initiation à la culture étrangère se fait au moyen de la traduction de textes littéraires.

Conception de l'apprentissage

3. Nature de l'apprentissage

L'apprentissage de L2 est vu comme une activité intellectuelle consistant à apprendre et à mémoriser des règles et des exemples en vue d'une éventuelle maîtrise de la morphologie et de la syntaxe de L2.

4. Rôle de l'apprenant

L'apprenant est amené à mémoriser la conjugaison verbale ainsi que de nombreux mots de vocabulaire.

Conception de l'enseignement

5. Rôle de l'enseignant

Dans la méthode grammaire-traduction, l'enseignant est vu comme le personnage dominant dans la salle de classe. Il est considéré à la fois comme le détenteur du savoir (c'est-à-dire de la "bonne réponse") et de l'autorité. L'apprenant doit exécuter ce que le maître dit de faire : il n'a pratiquement aucune initiative.

Le rôle de l'enseignant consiste tout d'abord à choisir les textes à faire étudier. Il doit aussi préparer des questions portant sur la compréhension des textes choisis, et des questions permettant de faire des liens entre le contenu du texte et l'expérience personnelle de l'apprenant. Il doit aussi préparer des exercices (des "exercices à trous", par exemple).

En salle de classe, l'enseignant pose des questions aux apprenants à tour de rôle, assigne des tâches (par exemple, "lire tel extrait du texte"), au besoin fournit la bonne réponse, explique les règles de grammaire, et fait faire des exercices.

6. Rôle du matériel didactique

Lorsque le point de départ des leçons se trouve dans des textes littéraires, ceux-ci jouent un rôle primordial.

Conception de la relation pédagogique

7. Relation didactique

• Sélection du contenu

Comme la littérature occupe la première place, la composante sonore de L2 est vue comme peu importante. Il n'y a à peu près rien concernant la prononciation de L2.

Le choix du vocabulaire enseigné provient des textes littéraires utilisés. Le choix de ces textes n'est cependant pas fait en fonction du degré de difficulté de L2 : il vient surtout de la valeur littéraire attribuée aux textes mêmes.

De ce point de vue, la morphologie et la syntaxe sont celles qui se trouvent utilisées dans les textes choisis. Les points de grammaire à faire apprendre sont relevés à partir de cet ensemble.

• Organisation du contenu

Chaque "unité d'enseignement" (ou chapitre) est organisée autour d'un ou de quelques points de grammaire, illustrés dans le texte choisi. Il ne semble donc pas y avoir de principe d'organisation ou de progression des éléments linguistiques à enseigner. Les points de grammaire paraissent être choisis suivant leur ordre de présentation dans la grammaire de L1.

• Présentation du contenu

De façon générale, la langue est présentée à l'aide de passages choisis parmi les textes littéraires de L2.

Le vocabulaire est appris par cœur : listes de mots hors contextes la plupart du temps.

La signification des mots est apprise par le recours explicite à la traduction.

Dans la méthode grammaire-traduction, la grammaire est enseignée de façon explicite, c'est-à-dire qu'il y a énonciation des règles de grammaire, présentées aux apprenants à l'aide d'un métalangage : par exemple, recours à des mots ou expressions comme "préposition", "concordance des temps", "adjectif qualificatif", etc.

Un enseignement explicite de la grammaire va de pair avec un apprentissage, soit du type déductif, soit du type inductif. Par apprentissage *déductif* il faut entendre l'apprentissage des règles grammaticales avant même d'en connaître les applications pratiques. La déduction consiste à passer du général au particulier : la règle d'abord, les exercices d'application ensuite.

Par contre, un apprentissage *inductif* consiste en une prise de conscience des cas d'application avant même de connaître les règles sur lesquelles ces cas sont formés. L'induction consiste à passer du particulier au général : les exemples pratiques d'abord, la règle ensuite. Un enseignement *explicite* allant de pair avec un apprentissage inductif signifie que l'enseignant formule explicitement la règle découlant de sa mise en application sur plusieurs cas : les cas sont d'abord présentés, et la régularité n'est formulée que dans un second temps.

Par ailleurs, parler d'un enseignement *implicite* de la grammaire serait recourir à une métaphore puisque l'implicite est synonyme du "non-dit". Il ne saurait donc y avoir, à proprement parler, d'enseignement implicite, puisqu'il n'y a ni règles de grammaire, ni explications d'ordre grammatical. Il y a simplement manipulation, par l'élève, des formes grammaticales en vue de les intérioriser. Une grammaire implicite est nécessairement apprise de manière inductive.

Dans la méthode grammaire-traduction, il s'agit d'un enseignement explicite et déductif : les règles de grammaire sont enseignées avant les cas d'application, et des exercices de traduction suivent les règles (et leurs exemples). On peut cependant trouver plusieurs variantes dans le matériel pédagogique. Quoi qu'il en soit, les exceptions sont relevées et apprises.

La connaissance de la grammaire de L2 est censée faciliter l'apprentissage de la grammaire de L1.

8. Relation d'apprentissage

• Rôle de L1

La langue de la communication orale utilisée en classe est L1, tant pour les directives que pour les explications.

• Activités pédagogiques

Dans la méthode grammaire-traduction, il s'agit surtout d'exercices de traduction.

9. Relation d'enseignement

• Interaction enseignant-apprenants

L'interaction est plutôt une action à sens unique, allant du professeur à l'apprenant.

Peu d'initiative est laissée à l'apprenant et l'interaction apprenants-apprenants est pratiquement inexistante.

• Traitement de l'erreur

En règle générale, l'erreur n'est pas tolérée : il est important que l'apprenant donne une réponse juste et précise. Si la réponse n'est pas connue, ou si une erreur se produit, le maître veille à fournir la bonne réponse et à corriger l'erreur.

CONCLUSION

La méthode grammaire-traduction a le mérite de prendre en compte non seulement la forme de la langue, mais également le sens (compréhension du texte, etc.). De plus, elle est appropriée là où la lecture et la compréhension de textes littéraires est le premier but, et où peu de connaissance de la langue orale est nécessaire. Elle est le produit de gens surtout formés en littérature plutôt qu'en linguistique ou en didactique des langues secondes.

Par contre, la méthode grammaire-traduction est apparemment peu efficace. D'après Besse (1985, p. 27), à raison de 5 à 6 heures par semaine, pendant 8 à 10 ans, il n'y a pas de réelle compétence, même à l'écrit. De plus, la compréhension des règles de grammaire est toujours incertaine et une bonne connaissance des règles n'est pas une condition suffisante pour pratiquer correctement L2 (Besse, 1985). Il est à noter que les phrases proposées dans les exercices de traduction sont le plus souvent des phrases artificielles (Titone, 1968), du type "La plume de ma tante est sur le bureau de mon oncle".

La traduction mot à mot est approximative, et il n'y a jamais d'équivalence parfaite (Besse, 1985).

La langue est conçue comme un ensemble de règles et d'exceptions. De plus, il n'y a pas de justification théorique, ni en linguistique, ni en psychologie, ni en éducation (Richards et Rodgers, 1986).

La méthode grammaire-traduction repose sur un postulat discutable : apprendre la grammaire d'une L2 serait une aide pour l'apprentissage de L1. De fait, il semblerait plus réaliste d'affirmer que l'apprentissage de la grammaire d'une L2 peut tout au plus sensibiliser à des différences et à des similitudes entre L2 et L1.

La méthode grammaire-traduction repose sur un autre postulat discutable : l'apprentissage de L2 contribuerait au développement de l'intellect. Il se pourrait qu'il s'agisse de l'inverse : pour être pleinement efficace chez l'apprenant, la méthode grammaire-traduction présuppose peut-être un certain développement de l'intellect.

Historiquement, l'enseignement des langues vivantes autres que le latin s'est développé en empruntant directement du latin sa méthodologie, elle-même issue de l'enseignement du grec aux Romains. Toutefois, par un curieux retournement des événements, à la fin du 19e siècle l'enseignement des langues vivantes ne pourra se renouveler qu'en s'opposant précisément, cette fois, à la façon d'enseigner le latin — et, par ricochet, les langues vivantes — dans les écoles (Puren, 1988, p. 33).

Document 16

LA MÉTHODE GRAMMAIRE-TRADUCTION,
d'après l'instruction officielle de 1840
(en France)

La première année [...] sera consacrée tout entière à la grammaire et à la prononciation. Pour la grammaire, les élèves apprendront par cœur pour chaque jour de classe la leçon qui aura été développée par le professeur dans la classe précédente. Les exercices consisteront en versions et en thèmes, où sera ménagée l'application des dernières leçons. Les exercices suivront ainsi pas à pas les leçons, les feront mieux comprendre, et les inculqueront plus profondément. Pour la prononciation, après en avoir exposé les règles, on y accoutumera l'oreille par des dictées fréquentes, et on fera apprendre par cœur et réciter convenablement les morceaux dictés. Enfin, dans les derniers mois de l'année, on expliquera des auteurs faciles de prose.

*Dans la seconde année, on continuera l'étude de la grammaire ; on s'attachera à résoudre les difficultés, à expliquer les idiotismes, à pénétrer dans le génie de la langue. On fera connaître aussi le mécanisme de la versification. Les versions et les thèmes consisteront surtout en morceaux grecs et latins qu'on fera traduire en anglais et en allemand, et réciproquement. On expliquera des auteurs de vers, aussi bien que des auteurs de prose. On préférera des auteurs qui permettent de perpétuelles comparaisons avec les écrivains de l'Antiquité. Par exemple, pour l'anglais, on pourrait prendre la traduction de Virgile par Dryden, et celle de l'*Iliade *par Pope ; pour l'allemand, la traduction d'Homère par Voss, celle des* Commentaires *de César par Wagner, etc. On aura soin de choisir les morceaux les plus intéressants, sans s'astreindre à épuiser un livre entier.*

Dans la troisième année, l'enseignement aura plus particulièrement un caractère littéraire. Le professeur pourra présenter une sorte de tableau de la littérature anglaise ou allemande, en faisant expliquer un ou deux morceaux de chaque auteur célèbre. Ce sera une histoire littéraire en exemples. Les versions seront remplacées par des traductions orales des passages difficiles, et les thèmes par des lettres ou des narrations composées par les élèves. Le professeur pourrait, de temps en temps, faire sa leçon dans la langue enseignée, et les élèves seraient tenus d'apporter une rédaction abrégée de cette leçon dans la même langue.

(Instruction officielle, 1840, reproduit dans Puren, 1988, pp. 50-51.)

Document 17

LE SYSTÈME D'OLLENDORF,
PAR PRENDERGAST
(phrases à traduire)

Pourquoi ne voulez-vous pas me faire le plaisir de passer avec moi demain chez le frère de notre ami dans la rue neuve ?

N'avez-vous pas besoin d'aller à Londres aujourd'hui, avant votre promenade du matin, chez le cordonnier français, pour faire élargir vos bottines ?

Dites au garçon, je vous prie, de m'apporter tous les jours sans faute, à sept heures ou plus tôt s'il peut, un pot d'eau chaude, une tasse de café au lait, et mes habits bien brossés.

Savez-vous comment se nomme cette vieille dame anglaise qui demeure près du pont neuf, dans la même maison où il y a une famille française, et un jeune ministre allemand ?

J'ai eu pour moins de deux francs dans un grand magasin de Paris où tout se vend bon marché, du papier à lettre très beau, des plumes métalliques excellentes, et un joli petit buvard.

(Prendergast, 1868, extrait reproduit dans Sweet,
© 1899-1964, p. 101.)

Bibliographie

BESSE, Henri
1985   *op. cit.* (p. 17)

COSTE, Daniel
1972   "Le renouvellement méthodologique dans l'enseignement du français
            langue étrangère", *Le Français dans le Monde* 87, reproduit dans
            A. A. Bouacha, 1978 : *La Pédagogie du français langue étrangère*, Paris,
            Hachette.

HOWATT, A.P.R.
1984   *op. cit.* (p. 17)

KELLY, Louis G.
1969   *op. cit.* (p. 17)

MACKEY, William F.
1972   *op. cit.* (p. 17)

PUREN, Christian
1988   *op. cit.* (p. 65)

RICHARDS, Jack C. et RODGERS, Theodore S.
1986   *op. cit.* (p. 17)

STERN, H. H.
1983   *Fundamental Concepts of Language Teaching,* Oxford, Oxford Uni-
            versity Press.

SWEET, Henry
© **1899-1964** *The Practical Study of Languages — A Guide for Teachers and Learners,*
            London, Oxford University Press.

TITONE, Renzo
1968   *op. cit.* (p. 17)

VAN ELS, T. et coll.
© **1977-1984** *Applied Linguistics and the Learning and Teaching of Foreign
            Languages*, traduit du hollandais par R.R. van Oirsouw, Baltimore, Mary-
            land, Edward Arnold.

Tentatives de réforme

(dernier quart du 19ᵉ siècle)

Vers le dernier quart du 19ᵉ siècle, la didactique des langues connaîtra plusieurs tentatives de réforme, visant toutes à détrôner la méthode grammaire-traduction considérée par la majorité comme étant tout à fait insatisfaisante. C'est ainsi que François Gouin concevra en 1880 sa fameuse "méthode des séries" (chapitre 8). De plus, avec l'avènement de l'étude scientifique des sons d'une langue, apparaîtra ce que certains ont convenu d'appeler "la méthode phonétique" (qui ne sera cependant pas examinée dans cet ouvrage). Par ailleurs, c'est vers la fin du 19ᵉ siècle et le début du 20ᵉ siècle que seront formulés les premiers principes de "la méthode directe" (chapitre 9).

Au début du 20ᵉ siècle, certains individus considérés comme les précurseurs de "l'ère scientifique", comme Henry Sweet, Otto Jespersen et Harold Palmer, vont tenter de jeter les bases scientifiques de la didactique des langues concrétisée par la suite dans "la méthode situationnelle" (dont il ne sera question, pour des raisons de commodité pratique, que dans la cinquième partie, chapitre 10).

Mais il faudra attendre encore quelques années pour assister, vers le milieu du 20ᵉ siècle, à l'avènement d'une véritable "ère scientifique" dans le domaine de la didactique des langues secondes ou étrangères (cinquième partie, chapitres 10 à 20).

Chapitre 8

La méthode des séries
(Gouin, 1880)

L'histoire de la "découverte" par François Gouin, dans le dernier quart du 19ᵉ siècle, de la méthode des "séries" est certes l'un des épisodes les plus connus et les plus intéressants de toute l'histoire de la didactique des langues secondes. Gouin est l'auteur d'un ouvrage intitulé *L'art d'enseigner et d'étudier les langues* paru à Paris en 1880, et traduit en anglais, douze ans plus tard, sous le titre : *The Art of Teaching and Studying Languages* (London : George Philip, 1892). Ce qui rend passionnante, même de nos jours, sa lecture est qu'il s'agit d'un ouvrage où s'entremêlent des considérations à la fois descriptives et autobiographiques.

C'est ainsi que Gouin raconte ses nombreux déboires personnels avec l'apprentissage de l'allemand. Lors d'un séjour d'étude dans une université allemande, il se rend vite compte qu'il ne comprend rien dans les cours qu'il suit, après avoir pourtant appris "péniblement" l'allemand au lycée. Il se met donc à apprendre la grammaire, les verbes irréguliers, les racines, et du vocabulaire. N'ayant toujours pas plus de succès, il se décide à apprendre le dictionnaire par cœur, mais en vain car il ne comprend toujours rien. Il constate pourtant que des ouvriers français se trouvant en Allemagne parlent allemand et réussissent à se faire comprendre. Il en conclut à la nécessité de recourir au langage "usuel, rationnel", correspondant à la nature où tout s'enchaîne. Puis, il rentre en France.

Au moment où il avait quitté la France, dix mois plus tôt, son petit neveu [25], alors âgé de deux ans et demi, ne savait pas parler. À son retour, celui-ci se met à causer librement avec lui, ce qui confirme Gouin dans l'inefficacité de ses méthodes. Il décide donc d'observer attentivement l'enfant "afin de découvrir la recette de la Nature" (Gouin, p. 14). C'est alors que survient le célèbre épisode de la visite au moulin à farine (qu'il convient de reproduire ici puisque toute la conception de l'apprentissage d'une langue développée par Gouin est fondée sur cette simple anecdote).

---

25. Assez étrangement, même s'il est pourtant très clairement question de "neveu" dans l'ouvrage de Gouin, plusieurs auteurs racontent qu'il s'agit du fils de Gouin ! C'est le cas, par exemple, de Closset (1949), de Mallinson (1953), de Titone (1968), et de Darian (1972). [Cette observation est due à Stern (1983).]

Accompagné de sa mère et de François Gouin, l'enfant visite le moulin. Il veut tout nommer, monte partout, examine tout, et demande qu'on lui explique tout : les meules, les entonnoirs, la chambre à farine, les courroies, les rouages, les poulies, etc. En même temps, il suit attentivement des yeux les activités des meuniers. De retour à la maison, il rumine tout ce qu'il a vu et s'efforce de digérer, en quelque sorte, cette vaste perception. Au bout d'une heure, éprouvant le besoin de raconter tout ce qu'il avait vu, l'enfant en fait le récit, qu'il répète dix fois, toujours avec des variantes, "oubliant des détails, revenant sur ses pas, passant du fait au fait, de la phrase à la phrase," en ponctuant son récit de "et puis, et puis" (Gouin, p. 15). L'enfant, aux dires de Gouin, conçoit et ordonne sa perception avec l'enchaînement logique des faits observés.

Puis, poursuit Gouin, après le dire, vient l'action. L'enfant demande qu'on lui fabrique une demi-douzaine de sacs et qu'on lui organise un moulin. Conduit à un ruisseau voisin, il fait fabriquer une roue, qu'il fait placer sous une cascade afin qu'elle tourne, et remplit les sacs de sable, les charge sur son épaule, et ainsi de suite. C'est ainsi, conclut Gouin, qu'il reproduit la série du moulin véritable, non pas telle que vue mais telle que conçue. De plus, l'enfant exprime tout haut chacun de ses actes, en appuyant à chaque fois surtout sur un mot : le verbe.

C'est de son propre échec dans l'apprentissage de l'allemand ainsi que des observations de l'apprentissage de sa langue maternelle par son neveu que Gouin tire l'ensemble de ses conceptions concernant la façon d'apprendre une L2.

Aux dires de Gouin même, sa "méthode linguistique" est la première fondée sur une théorie, contrairement aux méthodes antérieures (Jacotot, Robertson, Ollendorf, etc.) qui ne reposent sur aucune théorie ou principe psychologique.

Conception de la langue

La nécessité d'apprendre des langues secondes ou étrangères vient du besoin qu'ont les êtres humains "de se parler et de se comprendre, d'échanger leurs idées et les produits de leurs activités" (Gouin, p. 2). L'apprentissage des langues est vu comme "un chemin de fer moral pour le commerce des esprits", aux côtés du chemin de fer physique servant à faire communiquer les corps. Sa "méthode linguistique" est vue comme une "locomotive d'un nouveau genre", faisant œuvre humanitaire et morale, permettant de franchir la barrière entre les peuples (Gouin, p. 2).

L'oral et l'écrit sont enseignés, mais l'oral doit toujours précéder l'écrit (Gouin, p. 223).

1. Nature de la langue

Selon Gouin, comme le langage est le produit le plus direct, le plus immédiat de l'esprit humain, "la théorie de son développement est au fond et ne saurait être qu'un chapitre de psychologie" (Gouin, p. 75).

Le pivot de la langue est le verbe, qui se présente toujours dans une proposition. Contrairement aux méthodes classiques (comme celles d'Ollendorf, de Robertson ou de Jacotot, écrit Gouin), qui sont centrées sur le substantif, c'est le verbe qui est le fondement même de la proposition, et donc le vrai pivot de sa méthode.

De plus, dans la scène du moulin, Gouin remarque que deux langues parallèles se développent harmonieusement côte à côte : d'un côté, il y a le langage *objectif,* qui traduit les faits ("la roue tourne, le moulin marche", etc.), et le langage *subjectif,* formé d'expressions ou locutions de jugement, d'appréciation sur le monde externe (par exemple, "c'est bien", "c'est ça !", "parfaitement !", "je crois bien que...", "je vais tâcher de...", etc.). Puis, Gouin constate qu'il existe aussi une troisième langue : le langage *figuré* ou symbolique [26].

Ainsi, les trois parties constitutives de toute langue humaine sont le langage objectif ("l'expression des phénomènes perçus par nous sur le monde extérieur"), le langage subjectif ("l'expression du jeu des facultés de l'âme"), et le langage figuré ("l'expression de l'idée pure, c'est-à-dire de l'idée abstraite, au moyen de symboles empruntés au monde sensible") (Gouin, p. 44).

Ces distinctions apparaissent à Gouin comme une véritable révélation linguistique, comme une importante découverte. Comme le fait remarquer Kelly, jusque-là la tradition consistait à faire reposer la grammaire d'une langue sur l'analyse de la langue latine (Kelly, 1969, p. 227).

Dans la série du feu qu'il donne en exemple, Gouin choisit le thème "La ménagère fend un morceau de bois". L'analyse (faite par Gouin) montre que ce thème contient une quarantaine de mots différents, sans compter les termes de substitution suggérés, ce qui doublerait le nombre. Par exemple, le thème comprend 16 verbes différents (aller, chercher, prendre, s'approcher, etc.), 12 noms (ménagère, morceau, bois, hache, etc.), 3 adjectifs (debout, deux, voulue), 7 prépositions (de, du, près, etc.) et 5 pronoms (sa *[sic],* elle, ces, se, en).

Il est intéressant de remarquer que Gouin suggère, pour les substantifs, un certain nombre de mots substituables, appelés "équivalents ou remplaçants" (p. 63). Par exemple, pour "ménagère", on trouve des mots comme "cuisinière, servante, domestique, bonne, fille, femme, créature, fendeuse, elle, etc." (p. 57) ; pour "hachette", on trouve "hache, hachoir, hachet, hachereau, hacheron, couperet, cognée, serpe, faucillon, fendoir, instrument, outil, ustensile, celui-ci, çà, etc." (pp. 57-58).

Pour Gouin, une série comme la série du feu est d'autant plus importante que "le feu est le symbole de l'amour" et "la source des hautes

---

26. Curieusement, Diller (1971) — comme plusieurs autres auteurs d'ailleurs — ne mentionne que les deux premiers types : objectif et subjectif.

métaphores au moyen desquelles la vie du cœur s'exprime et se manifeste". C'est ainsi que "le cœur s'éprend, s'enflamme, s'embrase, brûle, se consume, etc., comme le bois que la ménagère dispose sur l'âtre. Comme le feu, les passions s'allument, se refroidissent, s'éteignent, meurent, s'attisent, renaissent de leurs cendres, se ravivent, etc." (Gouin, p. 65).

Il importe de mentionner que, contrairement aux croyances de la plupart des auteurs de son époque, selon Gouin c'est "la langue usuelle" qui "est la première et la plus solide assise du langage" (Gouin, p. 66).

L'ouvrage de Gouin contient aussi plusieurs remarques sur des distinctions d'ordre proprement linguistique. Par exemple, écrit-il, il y a deux sortes de substantifs : généraux (par exemple, instrument), et spécifiques (par exemple, hache). De plus, — phénomène qui a échappé à la sagacité des "philologues", précise Gouin — il existe deux sortes de verbes : des verbes de buts (par exemple, aller puiser de l'eau), et des verbes de moyens (par exemple, prendre l'urne, la porter à la fontaine, la plonger dans l'eau, etc.).

Enfin, Gouin fait remarquer que l'esprit humain perçoit dans le temps diverses durées. À l'analyse, il en arrive ainsi à établir qu'il n'y aurait pas tout simplement trois temps (le passé, le présent, et le futur) comme le croient généralement les grammairiens de son époque, mais bien six : la durée d'un jour, d'une semaine, d'un mois, d'une année, d'une vie, et l'éternité (Gouin, p. 242).

2. Nature de la culture

Il est intéressant de noter que Gouin s'intéresse avant tout aux séries dites vulgaires, c'est-à-dire aux séries traduisant les activités quotidiennes. Vers la fin de son ouvrage, Gouin propose toutefois d'appliquer sa technique à l'étude d'auteurs classiques tels Virgile, Homère, Hérodote, Tacite et Lafontaine (Gouin, pp. 365-366). À partir de la fable "Le lion et le moucheron" de La Fontaine, il montre comment mettre en série une œuvre littéraire (Gouin, p. 371) :

— *Va-t-en, chétif insecte, excrément de la terre !*	*va-t-en*
c'est en ces mots que le lion parlait un jour au moucheron.	*parlait*
L'autre lui déclara la guerre :	*déclara...*

Conception de l'apprentissage

3. Nature de l'apprentissage

La méthode des séries de Gouin est fondée sur l'analogie avec le mode d'apprentissage par l'enfant de sa langue maternelle. Selon Gouin, l'apprentissage de L1 n'est ni une question de don ou d'instinct, ni une question de "miracle" mais bien de "principe d'ordre". Comme dans le cas de son neveu, tout commence par une représentation mentale des faits réels et sensibles et non par des abstractions, des déclinaisons, des conjugaisons ou des règles. Les perceptions sont alors ordonnées (et non laissées au hasard) puis transformées en connaissances. Pour ordonner ou classer ses perceptions, l'enfant se doit de suivre des règles. Dans l'épisode du moulin, la règle ou le principe de classification des faits est leur ordre de succession dans le temps, c'est-à-dire le rapport de cause à effet : tout d'abord, il emplit de grain ses sacs, puis il les charge sur son épaule, puis il les porte au moulin, etc. L'enfant se représente et répète toujours dans le même ordre l'ensemble des faits perçus.

De plus, l'enfant se doit d'avoir saisi un autre rapport : celui "du but au moyen" (Gouin, p. 22). Le but final étant de faire moudre le grain, tout le reste n'est que moyen en vue d'atteindre ce but. Le rapport de succession dans le temps et le rapport du but au moyen (ou finalité) sont, d'après Gouin, "les instruments de logique dont la nature a pourvu le premier âge" (Gouin, p. 23). À cette logique primitive s'ajoute une période d'incubation de cinq ou six jours.

Rapport de succession dans le temps, rapport du but au moyen, et incubation, telles sont les trois composantes de "la méthode naturelle", qui sont à la base de la méthode de Gouin (Gouin, p. 23) [27].

De plus, remarque Gouin, en allant d'un fait à un autre, l'enfant ne procède pas d'un mot à un autre, mais bien d'une proposition à une autre proposition, dont "l'âme" est le verbe. Les mots utilisés par l'enfant proviennent des personnes qui ont répondu à ses questions lors de la visite du moulin ; mais, la majorité sont des termes déjà acquis, lors de perceptions antérieures. C'est ainsi que le nouveau vient se greffer, en quelque sorte, sur l'ancien.

Quant à l'organe réceptif du langage, il s'agit de l'oreille contrairement, précise Gouin, à la situation de l'école, où on recourt plutôt au livre, c'est-à-dire à l'œil.

Gouin tire alors de ses observations sa propre conception de l'apprentissage d'une langue seconde : il s'agit de reprendre une à une toutes ses perceptions, et de les traiter comme le fait le jeune enfant qui apprend sa langue première. Toutefois, précise-t-il, chaque perception représente (comme celle du moulin) un ensemble de faits. Gouin en dénombre alors une cinquantaine, dont chacun devrait correspondre à un chapitre différent. Chaque chapitre lui apparaît alors comme une "série" [28] de buts réalisée par une série de moyens (pour le développement détaillé d'une série, voir ci-après, sous la rubrique "Sélection du contenu", dans "Relation didactique").

---

27. "Notre Méthode, insiste Gouin, récuse la qualification de 'naturelle'." (p. 82).
28. " 'Série !' — Depuis longtemps j'avais la chose. Le nom manquait encore qui devait achever de préciser ma conception. Ce nom, je venais de le trouver ou plutôt de le 'conquérir'." (p. 35).

4. Rôle de l'apprenant

Dans l'ouvrage de Gouin, il n'est pas spécifiquement question des rôles de l'apprenant.

Conception de l'enseignement

5. Rôle de l'enseignant

Chez Gouin, on trouve ici et là quelques passages qui renseignent sur la façon dont il conçoit le rôle de l'enseignant. Par exemple, il propose des tirets (—) que l'on trouve dans chaque série. Gouin nous dit qu'ils servent non seulement à déterminer les divers moments de l'action, mais aussi "à indiquer au professeur, quand il expose le thème, les points précis où il doit s'arrêter, soit pour répéter lui-même, soit pour faire réciter l'élève" (Gouin, p. 61).

C'est à l'enseignant que revient la tâche de voir au degré d'assimilation des séries. De plus, Gouin suggère à l'enseignant régulier, pour se faire aider dans l'enseignement du langage subjectif, de recourir à des locuteurs natifs adultes, appelés hospites. Il appartient également à l'enseignant non seulement d'adapter le matériel pédagogique au niveau de ses élèves, mais encore de savoir, à l'occasion, s'en dégager.

6. Rôle du matériel didactique

Comme "l'organe réceptif du langage" est l'oreille et non l'œil, Gouin s'oppose à ce que l'on mette tout simplement entre les mains des élèves une grammaire et un dictionnaire (p. 361).

Conception de la relation pédagogique

7. Relation didactique

• Sélection du contenu

Une "série linguistique" est "une suite enchaînée de récits, de tableaux, de descriptions, de 'thèmes' enfin, roulant sur un même ordre de faits, en exprimant successivement tous les moments et phénomènes connus de nous, et reproduisant ceux-ci dans l'ordre de leur développement naturel" (Gouin, p. 46).

Gouin divise l'ensemble de l'univers concret (les abstractions relèvent du langage "figuré") en 7 grandes catégories de "faits" : l'homme, le quadrupède, l'oiseau, le reptile, l'insecte, la plante, les éléments. Chacune de ces catégories de l'univers concret se subdivise à son tour en séries générales (entre 15 et 20 en tout), lesquelles se subdivisent à leur tour en une soixantaine de séries spéciales. C'est ainsi, par exemple, qu'à l'intérieur de la catégorie "éléments", on obtient les séries générales du fleuve, de la mer, de l'orage, du soleil, etc. Pour la catégorie "oiseau", on obtient les séries générales des oiseaux domestiques, des oiseaux chanteurs, des oiseaux de proie, etc. Chacune de ces séries générales comprend à son tour un certain nombre de séries spéciales, centrées autour d'un thème (il convient cependant de faire remarquer qu'il ne s'agit là que d'indications plutôt "théoriques" puisque Gouin ne fournit nulle part la liste complète des séries générales ou spéciales).

À titre d'illustration, il n'est peut-être pas inutile de reproduire *in extenso* l'une des seules séries effectivement présentée par Gouin dans *L'art d'enseigner et d'étudier les langues,* à savoir, "La série de la pompe" (Gouin, pp. 102-105). Il s'agit d'un acte complexe qui peut compter trois moments distincts :

1 — On se rend à la pompe.
2 — On pompe de l'eau.
3 — On porte l'eau à la cuisine.

C'est ce qui explique que la série comporte trois thèmes :

LA SÉRIE DE LA POMPE

Thème 1 : **La femme se rend à la pompe**	
"— *La femme prend le seau par l'anse,*	*prend*
la femme lève le seau,	*lève*
la femme traverse la cuisine,	*traverse*
la femme ouvre la porte,	*ouvre*
la femme franchit le seuil,	*franchit*
la femme sort de la cuisine,	*sort*
la femme se retourne,	*se retourne*
la femme ferme la porte.	*ferme*
— La femme quitte la cuisine	*quitte*
la femme s'éloigne de la cuisine,	*s'éloigne*
la femme se dirige vers la pompe,	*se dirige*
la femme s'approche de la pompe,	*s'approche*
la femme parvient à la pompe,	*parvient*
la femme s'arrête à la pompe,	*s'arrête*
la femme lève le seau,	*lève*
la femme allonge le bras,	*allonge*
la femme place le seau sous le tuyau de la pompe,	*place*
la femme lâche l'anse du seau,	*lâche*

Thème 2 : **La femme pompe de l'eau**	
— Elle étend le bras,	*étend*
elle saisit le balancier,	*saisit*
elle abaisse le balancier,	*abaisse*"

et ainsi de suite avec ce thème, ainsi qu'avec le troisième thème, intitulé : **La femme emporte l'eau à la cuisine.**

Selon Gouin, c'est la totalité du vocabulaire (contenu dans un diction-naire — soit, à l'époque, environ 30 000 mots, aux dires même de l'auteur) qui doit être appris dans une langue seconde. Par exemple, écrit Gouin, en observant un chêne à partir du moment où le gland tombe par terre jusqu'au moment où il devient lui-même un arbre qui produit à son tour un gland, "j'aurais nommé tous les phénomènes dont cet arbre est l'occasion ou la cause. Dans l'histoire d'un seul arbre, j'aurais l'histoire de tous les arbres ; et dans l'expression du développement d'un seul végé-tal, j'aurais l'expression du développement de tous les végétaux" (Gouin, p. 33). C'est ainsi que, graduellement, Gouin en arrive à généraliser ses observations au point de prétendre pouvoir couvrir la totalité du lexique d'une langue. Il est cependant à noter que chaque série est faite d'un ensemble de propositions et non d'une suite de substantifs isolés.

Chaque thème, précise Gouin, ne devrait comprendre que de 22 à 27 propositions, compte tenu de la réaction des élèves en classe lors de la mise en application de la méthode.

Aux dires de Gouin même, l'un des avantages d'une méthode comme celle des séries, fondée sur l'observation de la nature, est qu'elle est à la portée non seulement de toutes les intelligences mais aussi de toutes les mémoires. Il faut dire que les propositions doivent être simples, et tou-jours enchaînées suivant leur ordre naturel de déroulement.

Pour l'enseignement du "langage figuré" ou abstrait, Gouin recom-mande de faire la liste des idées abstraites, et de les regrouper par genres et par familles. Par exemple, sous la rubrique "vice", on réunira les noms de tous les vices. Puis, à l'aide d'expressions prises dans les dictionnaires, il s'agira de faire le lien entre les mots concrets déjà appris à l'aide des séries et les sens plus abstraits. Par exemple, au mot abstrait "vice" seront associés des mots connus comme "tomber" ("tomber dans le vice"), "déraciner" ("déraciner le vice"), etc. (Gouin, p. 205). Le langage figuré doit se greffer, en quelque sorte, sur le langage objectif.

• Organisation du contenu

Il est intéressant de signaler que Gouin montre un souci de progression dans la présentation de ses séries. Par exemple, écrit-il sans que cela soit cependant justifié, la série de la fourmi "pourra suivre celle de l'abeille" (Gouin, p. 51).

Ailleurs, précise Gouin, les séries à construire "avant toutes les autres" sont "celles qui représentent le développement de la vie de l'homme à tra-vers un jour, à travers les saisons, à travers les âges, à travers les métiers et le travail multiple de l'industrie" (Gouin, p. 51).

Quant à l'organisation proprement dite des séries, elle vise à répondre "au fonctionnement normal de la mémoire" (Gouin, p. 68). De plus, une série doit être de "la durée ordinaire d'un jeu", sinon l'élève risque de se fatiguer ou de se désintéresser (Gouin, p. 85).

Dans le cas du langage figuré, Gouin fait expressément allusion à un principe d'organisation : "avant d'enseigner un thème métaphorique, nous attendrons que l'élève possède la Série où se trouve développé le fait symbolique servant d'assise à ce thème" (Gouin, p. 209 ; voir ci-dessus, le cas du mot abstrait "vice"). Il y a toujours primauté du fond, ou du message, sur la forme (Gouin, p. 308).

Au-delà des séries "vulgaires" et des séries "scientifiques", il y a les séries "littéraires" (voir ci-avant : "2. Nature de la culture").

• Présentation du contenu

On trouve une allusion concernant la prononciation : grâce aux séries, l'élève est assuré de faire plusieurs répétitions des mêmes mots et, partant, des mêmes sons, ce qui ne peut être que "la plus ferme garantie d'une bonne prononciation" (Gouin, p. 77). Mais Gouin suggère de ne pas exiger, dès les premières leçons, une prononciation parfaite. En effet, précise-t-il, "le petit enfant écoute pendant près de deux ans avant de construire une phrase" (Gouin, p. 146). À ce propos, il convient de noter que la longueur des propositions doit être calquée sur "la longueur du souffle humain" (Gouin, p. 94). C'est pourquoi les propositions doivent être toujours simples. Pour Gouin, tout doit reposer sur l'oreille et non sur l'œil.

Pour l'enseignement de la lecture (des séries), Gouin recommande, là encore, la même procédure : l'oreille doit toujours précéder l'œil.

Favorisant une approche qu'il considère comme une imitation de la nature, Gouin s'élève évidemment contre l'apprentissage d'une langue seconde à l'aide de règles : "Nous le répétons, on n'apprendra jamais une langue en étudiant des mots isolés, des formules folles, des règles abstraites et folles aussi... Malheur à qui travaille à rebours de la nature !" (Gouin, p. 171).

Pourtant, cela ne signifie pas qu'aucune place ne soit faite à l'étude de la grammaire. Ce qui importe avant tout, ce n'est pas d'abolir l'enseignement grammatical, mais bien de le réformer, c'est-à-dire de commencer par l'étude du verbe.

Dans l'enseignement de la langue allemande à des élèves francophones, Gouin énonce d'abord le thème dans L1 (par exemple, "J'ouvre la porte de la classe"), puis expose toute la série dans L1, chaque énoncé étant suivi du verbe (par exemple, "Je vais vers la porte — Je vais"). Enfin, le maître reprend, toujours en français (L1), la première phrase, détache le verbe ("je vais"), et énonce et répète à quelques reprises le verbe correspondant dans L2 ("gehe, gehe, gehe"). Il procède ainsi pour chacun des énoncés de la série (Gouin, pp. 129-131). Enfin, le maître reprend la série, à partir cette fois du verbe allemand nouvellement appris, et bâtit ainsi chaque énoncé correspondant à chacun des verbes (Gouin, p. 132).

8. Relation d'apprentissage

• Rôle de L1

Il est remarquable que, pour Gouin, toute observation qui vaut pour la langue maternelle vaut également pour la langue seconde. Par exemple, écrit-il, "si l'assimilation de nos thèmes est facile dans la langue maternelle, elle est relativement facile dans une langue étrangère, pourvu que le procédé d'exposition soit rationnel" (Gouin, p. 76). Selon lui, il ne s'agit pas à proprement parler de traduction de mots, mais bien de "traduction directe, immédiate d'idées ou de perceptions" (Gouin, p. 131).

• Activités pédagogiques

Toute activité d'apprentissage est centrée autour du concept de "série".

9. Relation d'enseignement

• Interaction enseignant-apprenants

Gouin suggère que chaque élève expose les séries apprises. Par là, sa méthode opère "le miracle de la multiplication des maîtres" (Gouin, p. 150).

Ailleurs, il suggère également, dans le cas de l'apprentissage du langage subjectif, de recourir à un ou plusieurs élèves qui puissent agir comme leader de leur classe, pour mener la "conversation" (Gouin, p. 182).

Il n'est pas question de l'interaction entre apprenants.

• Traitement de l'erreur

Il n'est pas question non plus, à proprement parler, d'attitude face à l'erreur produite en salle de classe. Gouin mentionne surtout le fait qu'avec l'emploi de ses séries, l'enseignant est soulagé de la pénible corvée qu'est la correction des devoirs : "Au lieu de corriger, on refait", ce qui est à la fois plus profitable et plus expéditif (Gouin, p. 111).

CONCLUSION

Comme le fait remarquer Stern (1983, p. 98), l'influence réelle de Gouin est une étude qui reste à faire. En effet, alors que Kelly (1969, p. 115) écrit que la méthode de Gouin a connu peu de disciples, Titone (1968, p. 33) mentionne que cette même méthode a littéralement pris d'assaut l'Angleterre et l'Amérique, vraisemblablement grâce à la parution en 1892 de la traduction anglaise de *L'art d'enseigner et d'étudier les langues* (Titone, 1968, p. 33). Il faut ajouter que Gouin a émigré aux Etats-Unis en 1881, soit un an après la parution de son ouvrage. De plus, il était certainement connu en Allemagne : en 1895 il est présenté aux lecteurs d'une revue allemande (Puren, 1988, p. 108).

D'après Darian (1972, p. 50), l'ouvrage de Gouin a suscité la parution de nombreux manuels gouvernementaux et privés dans le domaine de l'enseignement de l'anglais comme langue étrangère aux États-Unis. De plus, c'est surtout grâce à Henry H. Goldberger, professeur de méthodologie de l'anglais langue étrangère au réputé Teachers College de l'Université de Columbia, autour des années 1920, que la méthode de Gouin acquiert une très grande renommée. Aux dires de Darian, la méthode de

Gouin aurait même été la méthode la plus populaire d'enseignement de l'anglais comme langue étrangère aux États-Unis au début du siècle (Darian, pp. 55 et 75).

Le rapprochement fait par Gouin entre l'apprentissage d'une langue seconde et l'apprentissage de sa langue première par l'enfant — rapprochement qui débouche sur les universaux linguistiques, qu'il entrevoit (pp. 157-158) — est remis en cause par le "linguiste appliqué" Charles C. Fries, l'un des pionniers de la méthode audio-orale aux États-Unis (d'après Darian, p. 93).

Selon Kelly, c'est dans les séries de Gouin que l'on peut trouver pour la première fois des éléments de la "comédie spontanée" dans le domaine de la didactique des langues (ou, en termes courants, des activités de "simulation") (1969, p. 125).

De plus, aux dires de Stern (1983, p. 52), c'est à Gouin que revient le mérite d'avoir bien posé le problème de la place de la linguistique dans l'enseignement des langues secondes ou étrangères. Pour Gouin, en effet, il s'agit d'abord et avant tout de s'interroger sur ce qu'est une langue et sur ce qu'est l'apprentissage d'une langue afin d'en tirer des principes quant à l'enseignement de la langue seconde. C'est d'ailleurs ce qu'il fait puisqu'il propose, dans son ouvrage, à la fois une théorie de la langue et une théorie de l'apprentissage d'une langue dont il tire les conséquences pédagogiques. À son époque (1880), comme on ne disposait pas encore de théorie du langage, Gouin se met à la tâche et jette les bases de sa propre théorie linguistique [29].

Il est remarquable aussi que Gouin ait songé au principe de "l'immersion" : grâce à ses séries, il vise à enseigner "les sciences par les langues et les langues par les sciences" (p. 149, puis pp. 352-356).

En outre, Stern (1983) mentionne que l'un des principaux mérites de Gouin est d'avoir attiré l'attention sur d'importants aspects du langage : l'usage du langage, en rapport avec la pensée et l'action. En ce sens, le principe essentiel d'organisation linguistique est d'ordre sémantique. C'est aussi à Gouin que revient le mérite d'avoir mis en valeur la proposition, plutôt que le mot, comme unité d'étude de la langue (Stern, p. 153).

Par ailleurs, le fait d'avoir réduit toute la langue à trois types (objectif, subjectif, et figuré) était une gageure. Par-dessus tout, conclut cependant Stern, on ne peut qu'admirer Gouin pour avoir tenté de comprendre la nature d'une langue afin d'en tirer des interprétations pédagogiques. Cela a permis, en tout cas, de faire voir la difficulté de la tâche (Stern, p. 154).

---

29. Il convient de rappeler que le *Cours de linguistique générale* du linguiste genevois Ferdinand de Saussure — considéré comme le père de la linguistique moderne — n'a paru qu'en 1916 en Europe, alors que le *Language* du linguiste américain Leonard Bloomfield — le fondateur de la linguistique structurale (béhavioriste) — n'a paru qu'en 1933.

Document 18

FRANÇOIS GOUIN

Notre méthode linguistique est la première qui débute par l'exposé d'une théorie, qui souffre une théorie, et qui ose se constituer en système... (p. 12).

En face du moulin, l'esprit de l'enfant avait pris une attitude passive et toute réceptive... À la phase et à l'attitude passive de la perception avait succédé la phase et l'attitude active, réactionnaire de la réflexion d'abord, de la conception ensuite. En d'autres termes, il ne voyait plus : il se "représentait."

— Se représenter, — n'oublions pas ce fait... psychologique. C'est le point de départ de la méthode de la nature, ce sera la première assise de notre système linguistique. Nous ne commencerons ni par décliner, ni par conjuguer, ni par réciter des règles abstraites, ni par marmotter les décades des racines ou des colonnes d'un vocabulaire ; nous commencerons par nous représenter des faits réels et sensibles, des faits préalablement perçus par nous et transformés par la réflexion et la conception en parties constitutives de notre individualité... (pp. 16-17).

L'enfant ordonne intellectuellement chacune de ses perceptions, glissant sur les anciennes, c'est-à-dire sur les connaissances déjà "acquises", s'arrêtant brusquement devant les nouvelles, se cabrant pour ainsi parler devant elles, s'attardant curieusement autour d'elles, les travaillant jusqu'à ce qu'il les ait ordonnées à leur tour et transformées comme les précédentes en connaissances désormais "acquises." [...] (pp. 18-19).

On sait que la psychologie ramène à six ou sept les rapports divers par lesquels l'esprit humain associe une idée à une autre idée. Au nombre de ces rapports se trouve celui de la "succession ou de la contiguïté dans le temps." C'était celui-là que l'enfant observé par moi avait adopté...

— D'abord, il emplissait de grain ses petits sacs,
puis — il les chargeait sur son épaule,
puis — il les portait au moulin,
puis — il versait le contenu devant le moulin... (p. 21).

Le premier rapport, celui de la succession dans le temps, servait à agréger les éléments divers de la conception. Le second, celui du but au moyen, les enserrait, les encadrait, leur donnait cette unité

▶

sans laquelle il n'y a pas et ne saurait y avoir "conception"... À cette logique primitive, joignez une incubation de cinq ou six jours, c'est-à-dire la répétition du même jeu par l'infatigable et insatiable joueur...

Retenons bien ces trois articles de la méthode naturelle : rapport de succession dans le temps, rapport du but au moyen, incubation. [...] (pp. 22-23).

La première parole de l'enfant, fût-elle monosyllabique, n'est pas un mot simple, mais une phrase, une proposition complète : l'énoncé imparfait, informe d'un jugement complet. L'enfant de trois ans conquiert, s'assimile la langue maternelle, non pas mot à mot, mais phrase à phrase, mais proposition à proposition...

Enfin, l'enfant allant d'un acte à un autre acte, articulait tout haut ou tout bas l'expression de cet acte ; et cette expression était nécessairement le verbe. Dernière ou avant-dernière révélation, et la plus importante peut-être...

Du verbe... on va droit au substantif et à l'adjectif, lesquels sont appelés autour de lui, comme il vient d'être dit, à titre de sujets ou compléments. Et du verbe, c'est-à-dire d'une action, on passe tout naturellement à un autre verbe, c'est-à-dire à une autre action, conséquence ou complément de la première.

Un système linguistique qui prend pour base le verbe, se fonde donc sur un principe d'ordre. Ce système, par conséquent, peut devenir une méthode dans le vrai sens du mot"... (p. 55).

La parole parlée doit précéder en tout et partout la "parole lue et la parole écrite. Donc le seul exercice fécond est l'exercice du thème."

D'où il résulte, que notre système condamne à priori l'exercice de la version, tel qu'on l'a compris et pratiqué jusqu'ici...

La lecture d'un auteur ne peut elle-même être féconde qu'à la condition d'être transformée par l'art pédagogique en une série de thèmes. Proscrire le thème et le remplacer par la version, c'est rendre l'étude des langues "absolument impossible" (pp. 146-147).

(Gouin, 1880.)

Bibliographie

DARIAN, S. G.
1972 *English as a Foreign Language — History, Development, and Methods of Teaching*, Norman, Oklahoma, University of Oklahoma Press.

DILLER, Karl C.
1971 *Generative Grammar, Structural Linguistics, and Language Teaching*, Rowley, Mass., Newbury House [ouvrage réédité en 1978 sous le titre : *The Language Teaching Controversy*].

GOUIN, François
1880 *L'art d'enseigner et d'étudier les langues,* Paris, Librairie Fischbacher.

© **1880-1986** *The Art of Teaching and Studying Languages,* traduit du français par H. Swan et V. Bétis, 5e édition [première édition de la traduction anglaise : 1892], London, George Philip & Son.

HOWATT, A.P.R.
1984 *op. cit.* (p. 17)

KELLY, Louis G.
1969 *op. cit.* (p. 17)

MACKEY, William F.
1972 *op. cit.* (p. 17)

MÉRAS, Edmond A.
1954 *A Language Teacher's Guide,* New York, Harper & Brothers.

PUREN, Christian
1988 *op. cit.* (p. 65)

STERN, H. H.
1983 *op. cit.* (p. 110)

TITONE, Renzo
1968 *op. cit.* (p. 17)

VAN ELS, T. et coll.
© **1977-1984** *op. cit.* (p. 110)

Chapitre 9

La méthode directe

La méthode directe doit être située dans le courant plus ancien des approches dites naturelles, c'est-à-dire fondées sur l'observation de l'apprentissage de la L1 par l'enfant (par exemple, Montaigne, Locke). C'est ainsi par exemple que C. de Sainliens (alias C. Holyband) écrivit, trois cent cinquante ans avant Berlitz, une véritable méthode "directe" de français, populaire surtout à Londres à partir du troisième quart du 16ᵉ siècle, méthode qui connut dix-neuf éditions successives entre 1576 et 1639 (Vinay, 1968, p. 695). On trouve également plusieurs autres méthodes de même nature tout au long de l'histoire de la didactique des langues. À cet égard, mentionnons le cas d'une méthode directe, rédigée au 18ᵉ siècle par Pierre Chompré, destinée à l'enseignement du... latin (Titone, 1968, p. 17).

En règle générale cependant, lorsqu'il est question de la méthode directe, il s'agit surtout de la méthode utilisée en Allemagne et en France vers la fin du 19ᵉ siècle et le début du 20ᵉ siècle. Elle a aussi été relativement répandue aux États-Unis, dans certains milieux restreints, par des auteurs comme L. Sauveur (*Causeries avec mes élèves,* Boston, 1875), Maximilien Berlitz (qui fonde la première École Berlitz à Providence, en 1878), Émile de Sauzé (*The Cleveland Plan,* 1929). Elle s'inscrit dans la foulée des mouvements ou initiatives de réforme contre la grammaire-traduction, considérée comme inefficace, calquée sur les langues mortes, et orientée vers l'écrit littéraire.

Conception de la langue

Le but général de la méthode directe est d'apprendre à utiliser la langue pour communiquer : c'est pourquoi l'apprenant doit apprendre non seulement à répondre aux questions mais à en poser. Il doit être entraîné à penser automatiquement en L2.

Priorité est accordée à l'oral, bien que les quatre habiletés soient développées. Une attention est accordée dès les débuts du cours de L2 à la prononciation. Les habiletés à lire et à écrire sont développées après l'apprentissage de l'habileté à parler. L'écrit est aussi une habileté importante enseignée dès les débuts du cours de L2 (mais reste subordonné à l'oral). De fait, l'écrit n'est pas considéré comme un système autonome de communication : il s'agit d'une langue orale "scripturée", ne faisant que reproduire la langue orale.

S'il y a évaluation, elle porte sur l'usage de la langue, tant à l'oral qu'à l'écrit, plutôt que sur la connaissance des règles de la langue : par exemple, une entrevue orale par l'enseignant, un paragraphe à rédiger sur un sujet déjà étudié.

1. Nature de la langue

Une langue est essentiellement un phénomène, oral (surtout) et écrit, de communication. C'est pourquoi la langue orale étudiée est la langue de tous les jours, parlée par les locuteurs natifs de L2.

2. Nature de la culture

Contrairement à la conception de la méthode grammaire-traduction, culture n'est pas synonyme de littérature ; elle peut inclure l'étude des valeurs culturelles (par exemple, le mode de vie du quotidien des natifs de L2) aussi bien que la géographie et l'histoire.

Conception de l'apprentissage

3. Nature de l'apprentissage

L'apprenant est entraîné à penser dans L2 le plus tôt possible. Il ne mémorise pas de longues listes de mots (comme c'était le cas dans la méthode grammaire-traduction) et utilise le vocabulaire dans des phrases complètes.

La théorie psychologique sous-jacente est l'associationnisme : association de la forme et du sens, c'est-à-dire association du nom et de la chose (ou d'une image de la chose ou du geste), et association d'idées, c'est-à-dire des unités abstraites inconnues avec le vocabulaire déjà connu. Ce serait le psychologue allemand Felix Franke qui, dans un ouvrage écrit en 1884, aurait fourni les justifications théoriques d'une approche monolingue en langue seconde, fondée sur le principe d'une association directe entre la forme linguistique et la signification à transmettre (d'après Richards et Rodgers, 1986, p. 9).

4. Rôle de l'apprenant

Dans la méthode directe, l'apprenant doit participer de façon active à son propre apprentissage : c'est ainsi qu'il doit répondre aux questions de l'enseignant, lire à voix haute les passages assignés, poser des questions, etc.

Conception de l'enseignement

5. Rôle de l'enseignant

L'enseignant démontre, soit à l'aide d'objets ou d'images : il ne traduit pas et n'explique pas. Il dirige les activités de la classe mais laisse une certaine initiative à l'apprenant. Comme l'usage exclusif de L2 est préconisé, l'enseignant se doit de bien maîtriser la langue cible. C'est l'enseignant qui sert de modèle linguistique à l'apprenant.

6. Rôle du matériel didactique

Le manuel occupe une place secondaire par rapport à l'enseignant. La méthode directe repose beaucoup plus sur l'habileté même de l'enseignant que sur le matériel utilisé. Par ailleurs, les objets, les cartes et les illustrations occupent une certaine place puisque c'est grâce à ce matériel que l'enseignant peut montrer le sens des éléments linguistiques enseignés.

Conception de la relation pédagogique

7. Relation didactique

• Sélection du contenu

Le contenu à enseigner est basé sur des situations (à la poste, à la banque, au restaurant) ou des sujets de discussion (la géographie, l'argent, la température) plutôt que sur des structures linguistiques. En ce sens, le vocabulaire est un vocabulaire de tous les jours, dont le choix est plutôt arbitraire et intuitif, reposant avant tout sur la plus ou moins grande disponibilité en classe des objets ou illustrations servant à enseigner le sens des mots nouveaux. Le vocabulaire occupe une place plus importante que la grammaire.

Le choix des points grammaticaux (à pratiquer) paraît être basé sur l'intuition de l'enseignant ou des concepteurs du matériel didactique.

• Organisation du contenu

Il n'y a pas de principe d'organisation puisque ce sont les situations ou les sujets de discussion qui déterminent le contenu des leçons.

• Présentation du contenu

La prononciation est prise en compte dès les débuts de l'apprentissage de L2.

Pour présenter la signification des éléments nouveaux, l'enseignant peut recourir aux objets présents de l'environnement, à des images ou à la paraphrase (Diller, 1971). Les images et les objets de l'environnement servent surtout à présenter le sens des mots concrets, alors que les mots abstraits sont enseignés par association avec les mots déjà connus. Le recours à L1 est évité en salle de classe. Il y a rejet de la traduction (le terme "direct" implique le rejet d'un lien "indirect" — la traduction — avec la signification). Les explications sont réduites : il y a plutôt association.

L'apprentissage de la grammaire, lorsqu'il y a enseignement explicite de la grammaire, se fait de façon inductive (les cas d'application d'abord, suivis de la règle ou de la généralisation). Il se peut cependant que la grammaire ne fasse l'objet d'aucun enseignement explicite [30].

8. Relation d'apprentissage

• Rôle de L1

L1 n'est pas utilisé en classe. L'usage exclusif de L2 est d'ailleurs l'une des grandes caractéristiques de la méthode directe, le terme "direct" référant à l'accès "direct" au sens étranger, sans l'intermédiaire de la traduction, de manière à amener l'apprenant à penser directement dans L2.

• Activités pédagogiques

Différents types d'exercices sont utilisés. Le plus utilisé est le type "questions-réponses". On trouve aussi des exercices de conversation (enseignant-apprenants, apprenants-apprenants), des exercices à compléter (sans référence, cependant, à la grammaire explicite), des dictées, des rédactions de paragraphes, etc.

Chaque leçon comprend des activités de conversation, qui peuvent parfois prendre la forme d'activités de simulations de communication, de manière à permettre à l'apprenant de communiquer oralement le plus possible.

9. Relation d'enseignement

• Interaction enseignant-apprenants

L'enseignant et les apprenants sont comme des partenaires. L'interaction va autant de l'enseignant aux apprenants que des apprenants à l'enseignant bien que, dans ce sens, l'interaction soit le plus souvent contrôlée par l'enseignant.

Au début, il n'y a pratiquement aucune interaction entre les apprenants mais, par la suite, ils peuvent être amenés à converser entre eux, par un jeu de questions-réponses.

• Traitement de l'erreur

L'enseignant vise, à l'aide de différentes techniques, à ce que l'apprenant en arrive à s'autocorriger. Par exemple, l'enseignant peut faire choisir l'apprenant entre ce qu'il a dit et une autre réponse possible. Aussi, il peut répéter ce que l'apprenant a dit avec une intonation qui indique à l'apprenant qu'il y a probablement erreur. Il peut aussi répéter la réponse de l'apprenant en s'arrêtant cependant juste avant l'erreur.

---

30. Au sujet de la distinction entre grammaire implicite/explicite et grammaire inductive/déductive, voir "Présentation du contenu" dans "La méthode grammaire-traduction" (chapitre 7).

CONCLUSION

Quelle est l'efficacité de la méthode directe ? Elle connaît toujours un certain succès dans les écoles privées pour adultes qui paient et sont donc très motivés. Elle est cependant plus difficile à implanter dans les écoles publiques, d'autant plus qu'il faut recourir à des professeurs parlant comme langue maternelle la langue qu'ils enseignent.

La méthode directe repose sur le postulat de la similarité d'apprentissage d'une L1 en milieu naturel, et d'une L2 en contexte scolaire. Pour que la comparaison soit valide, il faudrait pourtant que la même quantité de temps soit consacrée en milieu scolaire à l'apprentissage d'une L2 que le temps mis par l'enfant pour acquérir sa langue maternelle. De plus, comme l'individu qui apprend une L2 a déjà une certaine expérience du monde, les conditions ne sauraient être totalement identiques.

La méthode directe comporte peu de rigueur et ne repose pas à l'origine sur des principes méthodologiques clairement identifiés. Ses principes sont plutôt intuitifs et sont fondés en grande partie sur le bon sens pratique : du concret à l'abstrait, l'abstrait par association d'idées, etc. Selon Richards et Rodgers (1986, p. 10), la méthode directe est le produit d'un "amateurisme éclairé".

La langue est surtout descriptive au début ("Qu'est-ce que c'est ? — C'est..."), en dépit des buts communicatifs attribués à la méthode. De plus, le rejet systématique de L1 — pas de traduction — oblige parfois à des "pirouettes" inutiles, surtout que l'élève traduit de toute façon dans sa tête, sans qu'il puisse avoir la possibilité de vérifier le degré d'exactitude de sa traduction.

La méthode directe a contribué à populariser certaines techniques pédagogiques (questions-réponses orales ; objets-images ; textes narratifs, etc.).

Cette méthode reste cependant utilisable avec des débutants en L2 qui n'ont pas de langue commune.

Document 19

LA MÉTHODE DIRECTE, EN LECTURE

Pour une approche globale des textes de lecture.

*Quel est donc le but que la méthode directe assigne à la lecture ?
C'est d'être elle-même une lecture directe. L'idéal est d'amener
l'élève à comprendre un texte en langue étrangère, directement,
c'est-à-dire sans le secours de la langue maternelle. L'élève, formé
par la méthode constructive, a besoin, pour découvrir le sens d'un
texte, de le transposer en français. Lors même que le vocabulaire
lui en est familier, l'ensemble lui reste obscur et ne s'éclaire que
progressivement par une traduction minutieuse. La lecture directe
le dispense de cette opération, en lui donnant la révélation immédiate du sens du passage. D'un seul coup d'œil, il embrasse la
phrase lue, ou plutôt il cesse de la voir, pour l'entendre. Même s'il
ignore certains mots, il a, dès le premier instant, la perception plus
ou moins claire du sens général et de l'ordonnancement de
l'ensemble. Il est dans la situation de quelqu'un qui comprend une
phrase prononcée en langue étrangère, sans être en état de la
reconstituer dans le détail et sans avoir une notion nette des éléments qui la composent. Au travail analytique et lent de la lecture
grammaticale, la lecture directe substitue ainsi une impression syn-
thétique et instantanée.*

(Godart, Adrien : "La lecture directe",
Revue de l'enseignement des langues vivantes 11, janvier 1903,
p. 471. Reproduit dans Puren, 1988, pp. 149-150.)

Bibliographie

BESSE, Henri
1985   *op. cit.* (p. 17)

COSTE, Daniel
1972   *op. cit.* (p. 110)

DILLER, Karl C.
1971   *op. cit.* (p. 126)

HAWKINS, E. W.
1981   *op. cit.* (p. 82)

HOWATT, A.P.R.
1984   *op. cit.* (p. 17)

1988   "From structural to communicative", *Annual Review of Applied Linguistics* 8.

KELLY, Louis G.
1969   *op. cit.* (p. 17)

KRAUSE, Carl A.
1916   *The Direct Method in Modern Languages,* N.Y., Charles Scribners's sons.

MACKEY, William F.
1972   *op. cit.* (p. 17)

PUREN, Christian
1988   *op. cit.* (p. 65)

TITONE, Renzo
1968   *op. cit.* (p. 17)

VAN ELS, T. et coll.
© **1977-1984** *op. cit.* (p. 110)

VINAY, Jean-Paul
1968   "Enseignement et apprentissage d'une langue seconde", dans *Le langage,* sous la direction d'André Martinet, collection La Pléiade, Paris, Gallimard.

Cinquième partie

LE 20ᵉ SIÈCLE : L'ÈRE SCIENTIFIQUE

Vers le milieu du 20ᵉ siècle, on assiste à l'avènement de ce que l'on pourrait appeler "l'ère scientifique" de la didactique des L2. Nombre de didacticiens et de chercheurs visent en effet à donner des fondements scientifiques à l'enseignement des langues. C'est ainsi, comme on l'a mentionné dans l'introduction de cet ouvrage, que l'on peut distinguer au cours du 20ᵉ siècle, trois grandes orientations ou courants.

On peut distinguer tout d'abord un courant *intégré* qui regroupe les méthodes ou approches qui accordent autant d'importance à la nature de la langue qu'à la conception de l'apprentissage (la méthode audio-orale et la méthode SGAV), ou à au moins deux principes de base (les diverses approches intégrées, dont deux cas seulement serviront d'illustration).

De plus, il y a un courant *linguistique* qui regroupe les approches ou méthodes qui sont fondées avant tout sur une conception articulée de la langue (plutôt que de l'apprentissage, par exemple). Tel est le cas de la méthode situationnelle et de l'approche communicative.

Enfin, il y a un courant d'orientation *psychologique* qui regroupe les méthodes ou approches fondées sur une conception ou théorie psychologique de l'apprentissage. Comme le font observer Richards et Rodgers (1986), deux cas peuvent alors se présenter : certaines méthodes s'intéressent particulièrement aux conditions d'apprentissage (comme la méthode communautaire de Curran et la méthode par le silence de Gattegno) alors que d'autres sont centrées à la fois sur les processus et sur les conditions d'apprentissage : l'approche naturelle de Krashen-Terrell, la méthode par le mouvement de Asher, la méthode suggestopédique de Lozanov, et l'approche axée sur la compréhension.

Telles sont donc les douze méthodes ou approches, regroupées en trois grands courants (intégré, linguistique et psychologique), qui seront abordées dans les pages qui suivent.

Le courant intégré :
méthodes centrées sur la nature de la langue
et sur l'apprentissage
(processus et/ou conditions)

Les approches ou méthodes peuvent être regroupées en fonction de la priorité accordée soit aux aspects linguistiques, soit aux aspects psychologiques (processus et/ou conditions de l'apprentissage d'une L2). C'est ainsi que la méthode audio-orale, de souche américaine, est fondée aussi bien sur une conception de la langue vue comme un ensemble d'habitudes que sur une conception de l'apprentissage de la langue au moyen de la création d'automatismes linguistiques. Dans ce cas, c'est à la fois la linguistique structurale et la psychologie béhavioriste qui ont servi de principes fondamentaux.

Par ailleurs, dans le cas de la méthode SGAV (structuro-globale audio-visuelle), de souche européenne, c'est à la fois la conception de la langue vue comme un instrument de communication en usage dans un milieu donné, et la conception de l'apprentissage de la langue, faisant appel aux phénomènes de la perception globale tirés notamment de la psychologie gestaltiste, qui ont servi de fondements théoriques.

Dans les deux cas, ce qui a donné naissance à ces méthodes, c'est une conception particulière de la langue alliée à une conception particulière de l'apprentissage de la langue. C'est pourquoi ces deux méthodes ont été considérées comme faisant partie du courant "intégré".

Il existe cependant un certain nombre de méthodes ou approches qui se caractérisent par l'importance plus ou moins égale accordée à deux ou plusieurs principes fondamentaux. C'est le cas des "approches intégrées" (chapitre 12) qui se caractérisent par le fait qu'elles sont fondées soit sur un alliage de principes autres que linguistiques et/ou psychologiques, soit sur plus de deux principes de base.

Chapitre 10

La méthode audio-orale

En 1929, aux États-Unis, le rapport Coleman avait recommandé la lecture, c'est-à-dire la compréhension écrite, comme objectif unique d'apprentissage des L2 ou étrangères. À partir de cette date, la "méthode de la lecture" s'est alors répandue dans la plupart des milieux scolaires.

Par ailleurs, la méthode audio-orale américaine a été développée au cours de la Seconde Guerre mondiale, suite aux besoins de l'armée américaine de former rapidement des gens parlant d'autres langues que l'anglais ("the ASTP", The Army Specialized Training Program, 1942-1943). On a alors fait appel aux linguistes, comme Leonard Bloomfield (de l'Université Yale), qui ont une connaissance des techniques anthropologiques de description des langues. La "méthode de l'armée" n'a duré en fait que deux ans, mais a suscité beaucoup d'intérêt dans les milieux scolaires et dans le public en général. Au milieu des années 50 est née, à proprement parler, la méthode audio-orale, avec des spécialistes de la "linguistique appliquée" (américaine) comme Lado, Fries, Brooks, Politzer, et plusieurs autres. Le "English Language Institute" de l'Université du Michigan, notamment avec son directeur Charles C. Fries, a contribué grandement à en répandre les fondements (Richards et Rodgers, 1986, pp. 45 et sq.).

C'est l'intégration ou la rencontre de la psychologie béhavioriste avec le structuralisme linguistique qui a en fait donné naissance à la méthode audio-orale (Richards et Rodgers font cependant remarquer, p. 47, qu'il n'y a aucune référence à une théorie de l'apprentissage dans les écrits de Fries même).

Le lancement du premier Spoutnik russe, en 1957, a agi comme un catalyseur : le "National Defense Education Act" est institué en 1958, et d'importants fonds sont alors consacrés à l'enseignement des langues étrangères (matériel, cours d'été de l'Institut, etc.) afin d'éviter que les Américains ne s'isolent, linguistiquement, des autres nations. Les premières expériences de l'armée américaine sont alors prises en compte. C'est ainsi que, en peu de temps, la méthode audio-orale allait être amenée à remplacer dans les écoles publiques la "méthode de lecture" prônée dans le rapport Coleman.

Il est cependant à remarquer que, contrairement à une croyance encore très répandue de nos jours, les "pattern drills" (ou cadres syntaxiques ou structuraux), qui constituent en quelque sorte le cœur même de la méthode audio-orale, ne sont pas une innovation de ce courant de pensée didactique. Selon Kelly, l'historien de la didactique des langues (1969, p. 101), les tables de structures et la pratique des structures datent, de fait, du début du 16ᵉ siècle. C'est vraisemblablement l'avènement du laboratoire de langue qui a permis de remettre à l'honneur (pour ainsi dire), au milieu du 20ᵉ siècle, le concept de cadre syntaxique.

Conception de la langue

Le but général est d'en arriver à communiquer dans L2. C'est pourquoi les quatre habiletés (compréhension orale et écrite, et expression orale et écrite) sont visées, en vue de la communication dans la vie de tous les jours.

Toutefois, priorité est accordée à l'oral, et en particulier aux structures orales. L'écrit ne vient qu'en second lieu dans chaque leçon, et cet écrit est au fond de l'oral "scripturé". De plus, la production suit nécessairement la compréhension, tant orale qu'écrite. On suit pour L2 l'ordre d'acquisition de L1.

L'ordre de présentation des quatre savoirs ou habiletés linguistiques est : compréhension orale, expression orale, compréhension écrite, expression écrite.

Le vocabulaire occupe une seconde place par rapport aux structures syntaxiques.

Lorsqu'il y a évaluation, elle porte sur des éléments spécifiques du code linguistique (paires minimales à l'oral, comme par exemple : "Elle est russe" — "Elle est rousse", etc.).

1. Nature de la langue

Compte tenu du grand nombre d'exercices structuraux que l'on rencontre dans toute méthode audio-orale (prononciation, discrimination auditive, puis patterns syntaxiques ou points grammaticaux proprement dits), il est possible d'en déduire la conception de la langue : un ensemble de cadres syntaxiques, acquis comme un ensemble d'habitudes, c'est-à-dire d'automatismes linguistiques qui font que des formes linguistiques appropriées sont utilisées de façon spontanée, sans réflexion en quelque sorte. En ce sens, l'accent est mis sur la correction de la forme linguistique pour transmettre un message à un interlocuteur.

C'est la linguistique structurale américaine, essentiellement descriptive, qui a servi de fondement à cette approche en didactique des L2. Suivant cette école linguistique, chaque langue a son système propre, à différents niveaux (phonologique, morphologique, et syntaxique). À noter que le niveau sémantique étant pratiquement absent de ce courant linguistique, la signification n'occupe pas, non plus, une place prioritaire en didactique des L2 : c'est la forme linguistique observable qui occupe le premier plan.

2. Nature de la culture

La culture est associée à la langue et des éléments culturels sont explicitement donnés dans les manuels inspirés directement de l'audio-oral. Cela se comprend puisque (même si on l'oublie trop souvent dans les discussions portant sur l'audio-oral) Nelson Brooks et Charles C. Fries, deux des grands pionniers de la méthode audio-orale, ont consacré dans leurs ouvrages plusieurs pages à la culture. Par exemple, écrivent-ils, la comparaison de la façon dont les gens jouent ou nagent serait très révélatrice de la culture des divers groupes. De fait, l'audio-oral n'implique pas seulement une analyse comparée de la langue source (L1) et de la langue cible (L2) mais également une comparaison de la façon de vivre des gens.

Conception de l'apprentissage

3. Nature de l'apprentissage

Apprendre une langue consiste à acquérir un ensemble d'habitudes, sous la forme d'automatismes syntaxiques, surtout au moyen de la répétition (jusqu'au "overlearning", c'est-à-dire sans qu'il soit nécessaire de "penser" pour produire des énoncés corrects). Les textes théoriques sur le béhaviorisme — et sur le skinnérisme après 1957 — abondent sur le sujet : Stimulus - Réaction - Renforcement. C'est la psychologie béhavioriste, associée au structuralisme linguistique, qui a servi de fondement à la méthode A-L M (*Audio - Lingual Method*). Il est à noter cependant que les expériences du psychologue Skinner ont surtout porté sur les animaux (rats, pigeons, etc.) et que son ouvrage, *Verbal Behavior*, n'a été publié qu'en 1957.

L'apprentissage d'une L2 est conçu comme l'apprentissage d'une première langue : les règles sont induites à partir des cas d'applications, et l'usage implique une spontanéité, c'est-à-dire des automatismes linguistiques. Toutefois, les habitudes linguistiques de L1 sont surtout vues comme une source d'interférences lors de l'apprentissage de L2.

C'est l'analogie des structures syntaxiques, plutôt que l'analyse, qui sert de fondement à l'apprentissage : à force de pratiquer sur un même pattern syntaxique, l'apprenant est censé en arriver par analogie, et donc par généralisation, à se rendre compte de l'identité de structure entre deux énoncés. Les exercices structuraux visent à faire voir les analogies appropriées comme par exemple :

> *Elle va à Montréal. / Elle y va.*
> *Elle va à Québec. / Elle y va.*
> *Elle va à Toronto. / Elle y va.*
> ...

4. Rôle de l'apprenant

Les apprenants imitent le modèle de l'enseignant, réagissent à ses directives et doivent répondre avec rapidité à ses questions, de façon "automatique", sans prendre le temps de "réfléchir" au choix de telle ou telle forme linguistique.

Conception de l'enseignement

5. Rôle de l'enseignant

L'enseignant de L2 sert de modèle de prononciation, en plus des modèles fournis par les enregistrements sur bande magnétique, surtout lorsqu'il n'est pas un natif ou n'a pas atteint un degré élevé de bilinguisme. L'apprenant n'a qu'à imiter l'enseignant ou la bande magnétique.

L'enseignant s'assure avant tout de la bonne prononciation des formes linguistiques enseignées, et du bon emploi des patterns syntaxiques.

L'enseignant de L2 est comme un chef d'orchestre : il dirige, guide, et contrôle le comportement linguistique des apprenants (Larsen-Freeman, 1986, p. 41).

6. Rôle du matériel didactique

Les enregistrements occupent une place importante, mais c'est toujours l'enseignant qui en est maître. C'est également le maître qui s'occupe des corrections au laboratoire de langue (le cas échéant).

Conception de la relation pédagogique

7. Relation didactique

• Sélection du contenu

À la source, il y a une analyse contrastive ou différentielle de la langue source et de la langue cible, surtout pour les éléments phonétiques et structuraux, afin de déterminer le choix des éléments à enseigner. Tout ceci afin de "prévenir" les erreurs, c'est-à-dire la formation de mauvaises habitudes.

Le vocabulaire est plutôt limité : n'est présenté que le vocabulaire qui entre dans les cadres structuraux initialement choisis, comme par exemple :

> *Elle va à / la cafétéria.*
> */ l'école.*
> */ l'épicerie.*
> */ la boulangerie.*
> *...*

• Organisation du contenu

C'est le degré de ressemblance ou de différence entre les structures (et les sons dans le cas de la phonétique) de la langue de départ et de la langue cible qui sert de principe de progression : ce qui est semblable vient en premier. Ce qui est semblable est considéré comme plus facile que ce qui est différent.

• Présentation du contenu

Les éléments de chaque leçon sont présentés dès le début sous la forme d'un dialogue qui doit être mémorisé. Toutefois, contrairement à la méthode SGAV, une traduction de ce dialogue, à la suite du dialogue à apprendre — plutôt que des images situationnelles — sert à fournir le sens général du dialogue à apprendre. Les phrases et expressions construites sur la même structure que certains énoncés du dialogue sont également traduites. Mais le recours à des gestes et à des illustrations, servant à présenter la signification de certains mots de vocabulaire, est autorisé.

Ensuite, des explications *ad hoc* servent à donner des indications sur la prononciation de certains sons ou sur la liaison. On trouve même la reproduction d'une bouche indiquant la position de la langue et des lèvres, dans la méthode Lado (version canadienne). Puis, des exercices systématiques de prononciation (de répétition, pour la plupart) et de compréhension auditive sont proposés pour chaque leçon.

Enfin, une série de questions portent sur la compréhension du contenu du dialogue.

Il arrive fréquemment — pas toujours, cependant — que la grammaire fasse l'objet d'un enseignement explicite. Dans ces cas, il s'agit alors d'une présentation inductive, en ce sens que tous les cas dont la règle grammaticale est donnée ont déjà été vus en application dans le dialogue de départ, puis dans les exercices de compréhension (dits de vocabulaire).

8. Relation d'apprentissage

• Rôle de L1

L1 et L2 étant considérées comme deux systèmes linguistiques différents susceptibles de créer des interférences, la langue d'usage recommandée en salle de classe est la langue cible. Pour présenter la signification des éléments nouveaux, le professeur peut recourir non seulement à la traduction, mais à des gestes, à la mimique, à des images, ou à des objets.

• Activités pédagogiques

Afin d'automatiser les structures ou patterns syntaxiques de la leçon, une série d'exercices structuraux doit être faite par l'apprenant (exercices de substitution, de modification, d'insertion, de transformation, etc.). Il est à noter que les exercices structuraux, enregistrés sur bande magnétique et pratiqués le cas échéant au laboratoire de langue, sont la plupart du temps non situationnels (contrairement à la méthode situationnelle et à la méthode SGAV). Par exemple,

S (Stimulus) :	— Vous partez le treize ?
I (Indice) :	— Nous
R (Réponse) :	— Nous partons le treize.
I :	— Les Caron
R :	— Les Caron partent le treize.
I :	— Véronique
R :	— Elle part le treize.
	...

De plus, il convient de remarquer que l'essentiel d'une leçon consiste en cette alternance de points grammaticaux et d'exercices structuraux visant à faire automatiser certains patterns syntaxiques ou certains points grammaticaux comme les verbes, les noms de pays, etc.

La phase d'automatisation fait place à des exercices de conversation, c'est-à-dire de transposition de l'acquis au contexte propre de l'apprenant. Puis, suit un texte narratif (lecture, c'est-à-dire compréhension écrite).

9. Relation d'enseignement

• Interaction enseignant-apprenants

Il y a interaction entre l'enseignant et les apprenants, mais suivant les directives du professeur. Il y a aussi interaction entre apprenants (questions-réponses, "chain drills", etc.), mais toujours suivant les directives de l'enseignant.

• Traitement de l'erreur

L'erreur, tant de prononciation que de structure, n'est pas tolérée. L'erreur doit être évitée autant que possible, voire anticipée, par analyse comparée (ou "différentielle", ou "contrastive") de la langue de départ et de la langue cible. La correction des erreurs est l'un des rôles principaux de l'enseignant de L2.

CONCLUSION

Selon J.P.B. Allen (1983, p. 27), la méthode audio-orale a très bien fonctionné avec des débutants. Le problème serait qu'elle a été appliquée aux niveaux intermédiaire et avancé sans subir les modifications et les adaptations qui s'imposaient, de sorte qu'à ces niveaux, elle est devenue répétitive, ennuyeuse, et inefficace.

Toutefois, de l'avis de la plupart des auteurs, deux facteurs majeurs ont effectivement contribué à diminuer l'enthousiasme des tenants de la méthode audio-orale.

D'une part, il y a eu le problème du "transfert", ou plutôt de l'absence de transfert, hors de la salle de classe, de ce qui avait été acquis en classe. L'ouvrage de Wilga Rivers paru en 1964 est significatif à cet égard : elle s'attaque précisément à cette question des difficultés du transfert. Il ressort qu'au bout de très nombreuses heures d'apprentissage d'une langue seconde ou étrangère, un apprenant n'est toujours pas en mesure d'utiliser spontanément, hors de la salle de classe, les formes linguistiques exercées en salle de classe. Par exemple, soit la question "Qu'est-ce que tu as fait hier soir ?" En salle de classe, l'apprenant peut avoir appris à répondre de façon plus ou moins automatique : "Hier soir, j'ai regardé la télévision". Par contre, si une personne lui pose la même question à la maison ou dans la rue, l'apprenant n'est pas toujours en mesure de répondre, s'il a fait autre chose que "regarder la télévision".

D'autre part, il y a eu attaque dans les fondements théoriques, tant au niveau de la théorie linguistique qu'au niveau de la théorie psychologique. Sur le plan linguistique, la grammaire générative-transformationnelle chomskyenne s'est attaquée au structuralisme linguistique bloomfieldien, en lui reprochant surtout de ne s'intéresser qu'aux phénomènes de surface dans l'étude d'une langue, en négligeant les structures profondes de la langue. Par exemple, fait observer Chomsky, la linguistique structurale (américaine) ne permet pas de rendre compte de l'ambiguïté d'un énoncé comme "La crainte des parents", auquel correspondent deux structures profondes, l'une permettant d'engendrer l'énoncé correspondant à "on craint les parents", et l'autre permettant d'engendrer l'énoncé correspondant à "les parents craignent quelqu'un (ou quelque chose)".

Sur le plan psychologique, Chomsky s'est livré (en 1959) à une violente critique contre l'ouvrage *Verbal Behavior* de Skinner, paru deux ans plus tôt. Essentiellement, pour Chomsky l'acquisition d'une langue, tant maternelle que seconde ou étrangère, relève de processus innés et universels et non pas, comme le prétend Skinner, d'un conditionnement au moyen de stimuli externes.

Par ailleurs, la méthode audio-orale est à peu près la seule à avoir donné lieu à quelques recherches empiriques, sur le terrain, de manière à en tester dans la pratique les mérites et les faiblesses. Dans chacune des recherches entreprises concernant la méthode audio-orale, il s'agissait d'essayer de voir si, dans la pratique, la méthode audio-orale pouvait donner des résultats meilleurs que sa méthode rivale, la méthode traditionnelle de grammaire-traduction (la plupart du temps remaniée).

Les quatre plus importantes recherches empiriques visant à comparer les résultats obtenus avec la méthode audio-orale et avec la méthode grammaire-traduction (remaniée) sont les suivantes :

1. l'étude de Scherer et Wertheimer,
2. la recherche de Chastain et Wœrdehoff,
3. le "Pennsylvania Project",
4. le projet suédois GUME.

Par exemple, l'étude de Scherer et Wertheimer, d'une durée de 2 ans, a impliqué environ 300 débutants en langue allemande, distribués aléatoirement dans 13 sections d'allemand à l'Université du Colorado. À la fin de chacune des deux années, des tests ont été administrés aux apprenants.

Quels en sont les résultats ? Il existe quelques différences au niveau des groupes dans le cas de certaines habiletés. Par exemple, à la fin de la première année, les apprenants avec la méthode audio-orale se sont révélés meilleurs en écoute et en expression orale, mais moins bons en lecture et écriture. À la fin de la deuxième année, avec l'audio-oral, les apprenants sont encore meilleurs en expression orale et moins bons à l'écrit, mais il n'y a pas de différence à l'écoute et en lecture. Toutefois, au niveau général, contrairement à ce que beaucoup attendaient, *il n'y a pas de différence statistiquement significative entre les deux groupes.*

Dans toutes les autres études (le Pennsylvania Project, etc.), les résultats sont les mêmes que dans l'expérience de Scherer et Wertheimer : les sujets obtiennent de meilleurs résultats sur le ou les aspects centraux de la méthode (par exemple, l'écoute et l'expression orale dans la méthode audio-orale) mais, au niveau des résultats globaux, les différences ne sont pas significatives. Il est cependant à noter que plusieurs variables peuvent biaiser les résultats de ce genre d'études empiriques. Par exemple, la fréquentation d'amis par les apprenants en dehors de la salle de classe, une attitude plus positive d'un groupe vis-à-vis de la langue/culture cible, la non-fiabilité de certains instruments de mesure, etc.

Mais même si ces variables étaient contrôlées, dans ce genre d'études on ne tient nullement compte des nombreuses variables qui interviennent en salle de classe, susceptibles d'influencer les résultats. L'une des principales difficultés est donc que l'on ne possède à peu près pas de données sur la façon dont les enseignants utilisent le matériel en question. C'est pourtant un fait bien connu qu'il ne suffit pas qu'un enseignant utilise tel matériel pédagogique pour qu'on soit assuré que les apprenants ont effectivement appris, en classe, avec la méthode ou approche correspondante. Il peut en effet arriver que le professeur de langue ne suive pas à la lettre la méthode ou approche prescrite, qu'il modifie certaines parties du matériel, qu'il en adapte quelques autres, etc.

À l'heure actuelle, on sait très peu de choses sur ce qui se passe dans "la boîte noire" qu'est la salle de classe (Long, 1983). L'étude du PROCESSUS même d'enseignement s'impose. En ce sens, comme le fait remarquer Stern (1983), un abandon du concept de méthode s'impose, et des recherches sur l'interaction en salle de classe paraissent susceptibles de jeter quelque lumière sur la question de l'apprentissage et de l'enseignement des L2.

Document 20

NELSON BROOKS

Par culture, *nous entendons l'ensemble des croyances et des modes de comportement d'un groupe social, tel que reflétés dans les arts et les métiers artisanaux, dans les contes et les mythes, dans le travail et dans le jeu, dans la religion et dans la vie quotidienne...* (p. 111).

Il ressort clairement de notre analyse... que le professeur doit rattacher la langue à la culture... Telle est la conclusion de Robert Politzer, qui écrit... : "En tant que professeurs de langue nous devons nous intéresser à l'étude de la culture (dans le sens sociologique du terme), non pas parce que nous voulons *enseigner nécessairement la culture de l'autre pays mais parce que nous* devons *l'enseigner. Si nous enseignons une langue sans enseigner en même temps la culture dans laquelle elle s'insère, nous enseignons des signes dépourvus de sens ou des signes auxquels l'étudiant attribue une signification erronée. Car, à moins qu'il ne soit prévenu ou qu'il n'étudie la culture en question, il risque d'attribuer un sens américain aux objets ou aux concepts auxquels correspondent les signes de l'autre langue"... (pp. 88-89).*

Lorsque nous utilisons la langue, nous procédons par analogie et non par analyse. Comme le mot block, *en anglais, fait au passé* blocked, look *fait* looked, *et* ask *fait* asked, *analogiquement, sans règle et sans plus de façons,* hoodwink *devient* hoodwinked. *De plus, si l'expression "He draws a picture" devient "He draws pictures", "I see a cloud" devient "I see clouds", et "She made a pie" devient "She made pies", alors l'expression "They designed a cyclotron" devient "They designed cyclotrons", sans plus de réflexion concernant la présence ou l'absence de l'article dans les différents énoncés... La technique mise au point pour en arriver là est celle des* exercices structuraux [pattern practice]... (pp. 262-263).

Un examen attentif nous a révélé que l'habileté à analyser la langue ne confère point l'habileté à tout analyser ou même à analyser n'importe quoi. De plus, il a été clairement établi que, lorsque les étudiants apprenaient à analyser la langue, ils n'apprenaient pas à l'utiliser. *Cela ne signifie pas pour autant que l'analyse de la langue soit, en elle-même, moins importante ; cela signifie qu'elle est moins importante pour ceux dont le but est d'utiliser, et non d'analyser la langue... (p. 263).*

L'expression exercice structural *fait référence à l'apprentissage de la structure de la langue par la répétition des énoncés dans les-*

►

quels la structure (des sons, de l'ordre ou de la forme, selon le choix) est identique ou ne comporte que des différences minimales ou négligeables. Cela rend non nécessaire l'explication grammaticale, tout en encourageant la fonction analogique... (p. 275).

L'exercice structural mise sur la capacité de l'esprit à percevoir une identité de structure là où il y a une différence de contenu, et sur sa promptitude à apprendre par analogie. L'analyse est importante dans son propre domaine, mais c'est plutôt l'analogie qui est utilisée dans l'exercice structural afin de maîtriser la structure de la langue sans qu'il soit nécessaire d'y consacrer tout le temps et l'effort qui sont requis lorsqu'il s'agit d'explications grammaticales... (pp. 146-147).

La question qui se pose est celle de savoir jusqu'à quel point nous devons être conscients de la grammaire que nous utilisons, tout comme se pose celle de savoir jusqu'à quel point nous devons être conscients de l'anatomie de notre corps lorsque nous agissons, jouons, pensons et travaillons. Il serait naïf de prétendre que, dans l'éducation formelle, les règles de grammaire ne sont d'aucune utilité pour les étudiants. Mais ces règles doivent être très peu nombreuses et doivent être formulées dans un langage accessible non seulement à ceux qui connaissent déjà la langue mais aussi aux étudiants qui ne la connaissent pas encore. En règle générale, elles devraient être fournies à l'étudiant une fois que celui-ci a longuement utilisé les structures auxquelles les règles se réfèrent, et le temps à leur consacrer en classe devrait être minime.

Les exercices structuraux ne se veulent pas communicatifs, mais ils habilitent l'apprenant à recourir à des types de comportement qui se doivent d'être automatiques lorsqu'il y a effectivement communication. Les exercices structuraux sont à l'usage de la langue ce que les exercices de pratique d'une habileté sont à une performance signifiante de cette habileté. Ce n'est que dans l'activité normale de communication que les exercices structuraux d'une langue prennent véritablement tout leur sens. Pareille approche est loin d'être nouvelle, comme le montre bien la conception suivante de Jan Amos Comenius, énoncée il y a 350 ans dans La Grande Didactique : "Toute langue s'acquiert plus facilement par l'usage que par les règles. Les règles cependant aident et confirment la connaissance qui découle de l'usage"... (p. 154).

(Brooks, 1964, traduction de C. Germain.)

Bibliographie

ALLEN, J.P.B.
1983 "A Three-Level Curriculum Model for Second-Language Education", *Revue canadienne des langues vivantes* 40/1.

BESSE, Henri
1985 *op. cit.* (p. 17)

BROOKS, Nelson
1964 *Language and Language Learning : Theory and Practice,* 2ᵉ édition, New York, Harcourt Brace.

CHOMSKY, Noam
1959 "A Review of B.F. Skinner's Verbal Behavior", *Language* 35/1.

COSTE, Daniel
1972 *op. cit.* (p. 110)

GALISSON, Robert
1980 *D'hier à aujourd'hui - La didactique générale des langues étrangères - Du structuralisme au fonctionnalisme,* Paris, CLE International.

LADO, Robert
1957 *Linguistics across Cultures : Applied Linguistics for Language Teachers,* Ann Arbor, University of Michigan Press.

1964 *Language Teaching. A Scientific Approach,* New York, McGraw-Hill.

LARSEN-FREEMAN, Diane
1986 *Techniques and Principles in Language Teaching,* Oxford, Oxford University Press.

LONG, Michael H.
1983 "Inside the 'Black Box' : Methodological Issues in Classroom Research on Language Learning", in H. W. Seliger et M. H. Long (réd.). *Classroom Oriented Research in Second Language Acquisition,* Rowley, Mass., Newbury House.

MOULTON, W. G.
1961 "Linguistics and language teaching in the United States : 1940-1960", in C. Mohrmann, A. Sommerfelt et J. Whatmough (réd.), *Trends in European and American Linguistics, 1930-1960*, Utrecht, Spectrum.

RICHARDS, Jack C. et RODGERS, Theodore S.
1986 *op. cit.* (p. 17)

RIVERS, Wilga M.
1964 *The Psychologist and the Foreign Language Teacher,* Chicago, University of Chicago Press.

STERN, H. H.
1983 *op. cit.* (p. 110)

Chapitre 11

La méthode SGAV

En Europe, du début jusqu'au milieu du siècle, la méthode grammaire-traduction cœxiste avec la méthode directe, et avec la méthode situationnelle pour les pays d'obédience britannique. Avec la Seconde Guerre mondiale, la langue anglaise devient de plus en plus la langue des communications internationales. La situation de la langue française paraît dès lors quelque peu menacée. Afin d'assurer la continuation de la diffusion du français à l'étranger, certaines mesures de redressement s'imposaient. (Gougenheim et al., © 1956-1967, p. 9, et Howatt, 1984 et 1988, p. 15). C'est alors que le ministère de l'Éducation nationale de France a mis sur pied une Commission chargée de mettre au point un "français élémentaire", limité surtout au vocabulaire considéré comme essentiel.

C'est ainsi qu'au milieu des années 50, Petar Guberina, de l'institut de Phonétique de l'Université de Zagreb (ex-Yougoslavie), donne les premières formulations théoriques de la méthode SGAV (structuro-globale audio-visuelle). Puis, avec Paul Rivenc de l'École normale supérieure de Saint-Cloud (France), les deux définissent les principes de l'application pédagogique du structuro-global. À partir de 1960, un groupe animé par Raymond Renard, de l'Université de l'État à Mons (Belgique), vient se joindre à eux.

Le premier cours élaboré suivant la méthodologie SGAV, en 1962, est la méthode *Voix et Images de France [VIF]*, dont les principes sont appliqués à un cours pour enfants de 8 à 11 ans (*Bonjour Line*, parue en 1963), puis peu à peu étendus à de nombreuses autres langues comme l'anglais, l'allemand, l'espagnol, le russe, l'italien, le chinois, le japonais, etc. *VIF* est parfois appelée la méthode Saint-Cloud-Zagreb.

Au Canada, la méthode *Dialogue-Canada* destinée à l'enseignement du FL2 à des fonctionnaires anglophones, élaborée en 1971 au Bureau des langues de la Commission de la Fonction publique d'Ottawa, est une adaptation au contexte canadien des principes sgaviens.

Conception de la langue

L'objectif général visé est l'apprentissage à la communication, surtout verbale, dans la langue de tous les jours, c'est-à-dire la langue parlée familière. En vue d'en arriver à cette maîtrise pratique de L2, l'accent est mis sur la compréhension — les éléments acoustiques du langage sont mis en valeur — qui doit toujours précéder la production.

Les quatre habiletés sont visées, mais il y a priorité de l'oral sur l'écrit : "Mettre, au début, le texte sous les yeux de l'étudiant, ce n'est pas l'aider, mais le placer au contraire devant une masse énorme de difficultés insurmontables à ce moment-là" (Préface de *VIF*, p. XXV). C'est que l'écrit est considéré comme un phénomène "analytique", alors que l'essentiel d'une langue, selon les promoteurs de la méthode SGAV, est la perception "globale" du sens.

De fait, dans la méthode *VIF* il faut attendre jusqu'à la leçon 32 avant que la lecture ne soit introduite : "Au bout de quelque soixante ou soixante-dix heures de cours, il [l'élève] pourra commencer à lire, à faire des dictées, et bientôt après à rédiger" (Préface de *VIF*, p. VII). L'écrit est donc différé jusqu'à ce que les apprenants possèdent une connaissance suffisante de la langue orale, de manière à ce que les signes écrits ne nuisent pas à la correction de la prononciation : "Nous ne sommes pas hostiles, bien au contraire, à l'enseignement par le livre : nous voulons seulement que, dans l'enseignement d'une langue, il vienne à son heure et à sa place" (Préface de *VIF*, p. VII).

L'insistance sur la correction de la prononciation et de la grammaire sert en quelque sorte d'évaluation continue, dans la méthode SGAV.

1. Nature de la langue

Une langue est vue avant tout comme un moyen d'expression et de communication orale : l'écrit n'est considéré que comme un dérivé de l'oral. Priorité est accordée "au français quotidien parlé" (Besse, 1985, p. 44). Selon Guberina (1965), une langue est un ensemble acoustico-visuel. C'est d'ailleurs la théorie verbo-tonale de Guberina, qui est avant tout une théorie de la perception auditive, qui est à la base des conceptions phonétiques de la méthode SGAV.

Il est à noter que le "facteur affectif", c'est-à-dire l'expression de sentiments et d'émotions, généralement absent dans les autres méthodes ou approches, est pris en compte. Également, le non-verbal est pris explicitement en considération (gestes, mimiques, kinésique, etc.) : "nous avons cherché à enseigner dès le début la langue comme un moyen d'expression et de communication faisant appel à toutes les ressources de notre être : attitudes, gestes, mimiques, intonations et rythmes du dialogue parlé" (Préface de *VIF*, p. IX).

L'influence du structuralisme européen de l'époque, inspiré de la linguistique de Ferdinand de Saussure, est vraisemblablement indirecte. En effet, comme le précise Besse, la notion de "structuro-global" implique "une linguistique de la parole en situation" plutôt qu'une linguistique de la langue à la Saussure (p. 42). En d'autres termes, alors que Saussure met l'accent sur la "langue", conçue comme l'aspect social de la faculté de langage, la méthode SGAV s'intéresse avant tout à la "parole", ou aspect individuel de la faculté de langage. En ce sens, elle s'inspire davantage de Charles Bally, discipline de Saussure, que de Saussure même (Cortes, 1981).

2. Nature de la culture

La culture fait partie intégrante de la langue : par les dialogues enseignés, de nombreux éléments culturels, implicites et explicites, sont présentés. Ces éléments font surtout référence au mode de vie des locuteurs natifs de L2, et ne se réfèrent donc pas uniquement à la littérature (comme dans le cas de la méthode grammaire-traduction). Comme le fait remarquer Raymond Renard (1976), une excellente façon d'accéder à une civilisation étrangère — y compris la littérature — est de parler et comprendre la langue qui sert précisément de véhicule à cette civilisation. Mais les auteurs insistent sur le lien étroit qui existe entre les aspects socioculturels (institutionnels) et les aspects psychologiques (personnels) d'une langue.

Conception de l'apprentissage

3. Nature de l'apprentissage

Essentiellement, sur le plan de l'apprentissage Guberina fait référence à la théorie psychologique de la Gestalt — ou gestaltisme : perception globale de la forme ou, à tout le moins, "intégration" ou réorganisation par le cerveau, dans un tout, des différents éléments perçus par les sens et filtrés par le cerveau. En effet, selon Guberina l'apprentissage d'une L2 passe par les sens : l'oreille (c'est l'aspect "audio" de la méthode SGAV) et la vue (c'est son aspect "visuel"). L'oreille et l'œil servent de filtres entre les stimuli extérieurs et le cerveau.

La grammaire, les clichés, la situation et le contexte linguistique visent à faciliter cette intégration cérébrale des stimuli extérieurs par le cerveau. Dans cette perspective, on accorde de l'importance à la forme et au sens mais la forme linguistique paraît quand même privilégiée puisque ce n'est pas la signification comme telle, mais bien les éléments formels linguistiques qui servent de critère de choix — fréquence et facilité — des éléments linguistiques.

D'après Besse, les principes sgaviens ne sont pas incompatibles "avec les hypothèses d'un J. Piaget" (p. 42 — mais cela reste en fait à vérifier, afin de voir dans quelle mesure il s'agit de sources *a posteriori* ou d'influences réelles).

4. Rôle de l'apprenant

Dans la méthode SGAV, l'apprenant n'a en fait aucun contrôle sur le déroulement ou sur le contenu du cours. Il a à se soumettre aux directives de l'enseignant et doit effectuer les tâches qui lui sont assignées. Il est cependant actif puisqu'il doit continuellement écouter, répéter, comprendre, mémoriser, et parler librement.

a) L'écoute active se fait lors de la présentation du dialogue de départ (enregistré au magnétophone, et accompagné de la projection de films fixes) : il s'agit d'essayer, par exemple, de différencier les personnages par les voix, de reconnaître les éléments déjà appris, et de chercher à comprendre les éléments nouveaux grâce à l'image situationnelle et au contexte linguistique.

b) La répétition consiste en une reproduction du dialogue (avec l'aide des images projetées), en imitant le plus fidèlement possible le rythme et l'intonation.

c) Après une phase de compréhension, suite aux explications fournies par l'enseignant, l'apprenant doit répéter le dialogue sans l'aide du magnétophone. Cette phase de mémorisation s'accompagne de "théâtre" consistant en une reproduction du dialogue avec les gestes, les attitudes et les mimiques appropriés.

d) Lors de la phase d'exploitation, l'apprenant est amené à produire lui-même de nouveaux énoncés, suite à des exercices et des activités de moins en moins directifs.

Conception de l'enseignement

5. Rôle de l'enseignant

L'enseignant sert avant tout de modèle linguistique : "le professeur doit forcément diriger les élèves pour dépasser les habitudes de leur langue maternelle... et pour imiter correctement l'ensemble acoustique du langage" (Guberina, p. 57). L'enseignant veille donc non seulement à une bonne prononciation en recourant au système verbo-tonal — en insistant sur le rythme et l'intonation — mais à un bon emploi de la grammaire. C'est lui qui intervient pour corriger les erreurs de prononciation et de grammaire.

L'enseignant intervient également pour aider à faire saisir le sens des phrases, compte tenu surtout du fait que l'image, même situationnelle, comporte d'importantes limites.

L'enseignant est censé composer de nouvelles situations à l'aide de la grammaire et du vocabulaire appris. Au cours de la phase de l'exploitation de ce qui vient d'être appris, l'enseignant agit surtout comme un animateur, soucieux de favoriser l'expression spontanée des apprenants et de stimuler leur créativité.

Enfin, l'enseignant doit savoir faire fonctionner en synchronisation le magnétophone et le projecteur à films fixes car il importe que l'image soit projetée quelques secondes seulement avant de faire entendre le segment sonore auquel correspond l'illustration.

Les enseignants désireux d'utiliser la méthode SGAV doivent normalement s'inscrire à un stage de formation à cette fin.

6. Rôle du matériel didactique

Le magnétophone et les films fixes jouent un rôle de premier plan : ils sont essentiels ("notre méthode se sert nécessairement de machines...", écrit Guberina, p. 58). Le rôle de l'enregistrement sonore est considérable puisque, selon les auteurs de la méthode SGAV, les sons, l'intonation et le rythme sont perçus globalement : "En enregistrant des groupes phonétiques constituant chacun une unité de sens et une unité rythmique, et en les intégrant dans le jeu des intonations de la langue à apprendre, nous agissons puissamment sur le cerveau, qui se révèle extrêmement sensible à ces stimulations rythmiques et mélodiques" (Préface de *VIF*, p. X).

Il est à noter toutefois que le livre mis entre les mains des apprenants ne comporte que les images des dialogues, sans aucune référence à l'écrit, et sans aucun recours à la traduction.

Conception de la relation pédagogique

7. Relation didactique

• Sélection du contenu

Le vocabulaire a été déterminé suite à une enquête sur le fréquence et la disponibilité des mots du français parlé, connue sous le nom de *Français Fondamental* (ou *FF*). Cette enquête a été effectuée sous la direction de Georges Gougenheim au début des années 50. Le *FF* comprend une liste d'environ 3 000 mots, répartis en deux degrés d'environ 1 500 mots chacun.

Quatre constatations ressortent de l'examen de la liste des 1 500 premiers mots :
1. ce sont *être* et *avoir* qui sont les deux mots les plus fréquents du français parlé ;
2. presque tous les mots qui occupent les premiers rangs de la liste sont des mots grammaticaux (articles, prépositions, etc.) ;
3. suivent alors les verbes *irréguliers* du français ;
4. la liste comporte très peu d'adjectifs (6,9 %), qui ne sont d'ailleurs pas utilisés fréquemment : par exemple, le premier adjectif qui figure dans la liste est *petit,* qui occupe le 65e rang [31].

---

31. Il faut dire que la corrélation entre fréquence et irrégularité n'est certes pas fortuite. Comme le faisait remarquer le linguiste Joseph Vendryes dans les années 20, c'est parce qu'un mot est fréquent qu'il est irrégulier (et non l'inverse) : par exemple, avec la quasi-disparition du cheval, on peut déjà prédire que le pluriel "chevaux", de moins en moins utilisé, va résister de moins en moins aux pressions du système, pour devenir "régulier" (un cheval / des chevals).

Au lexique du *FF* correspond une "grammaire de base", également élaborée suivant le critère de la fréquence d'usage à l'oral. Il ressort de cette liste que : 1. l'interrogation est surtout rendue par l'intonation ou la forme "est-ce que" ; 2. le passé récent et le futur proche (comme "je vais" + verbe à l'infinitif) sont plus utiles que des temps comme le passé simple ou le futur antérieur ; 3. les verbes irréguliers sont plus employés que les réguliers.

Il est à noter que chaque dialogue de départ (sketch) est centré sur un thème emprunté à la vie quotidienne.

Sur le plan des structures grammaticales (ou cadres syntaxiques), il n'y a cependant pas de critère de choix : la syntaxe relève d'une sélection intuitive.

• Organisation du contenu

La méthode SGAV procède par approximations successives. Les éléments nouveaux (lexicaux, syntaxiques, morphologiques) introduits dans une leçon sont présentés de nouveau dans d'autres phases de la même leçon et dans des leçons subséquentes, jusqu'à ce qu'il y ait assimilation complète.

Sur le plan des sons, la progression est graduelle, et s'étend sur l'ensemble des leçons, compte tenu du fait que la perfection phonétique ne s'obtient pas du premier coup. Priorité est accordée aux sons à la fois fréquents et difficiles pour les apprenants. Les auteurs recommandent cependant d'insister sur "l'imitation la plus fidèle de l'intonation dans toutes les parties de la leçon : c'est par cette imitation de l'intonation, qui est une stimulation physiologique, que les ensembles de phrases vont s'ancrer dans le cerveau de l'étranger" (Préface de *VIF*, p. XXIII).

L'ordre de présentation du vocabulaire suit, *grosso modo,* la position des mots dans la liste de fréquence, les mots les plus fréquemment utilisés étant introduits les premiers : "Il fallait d'abord étudier, faire acquérir et employer de façon réflexe par l'étudiant les éléments qui lui servent à entrer en communication avec les autres, à se situer par rapport à eux (*je suis — vous êtes — qui est-ce ? — c'est...*) et à se repérer dans le monde des objets (*qu'est-ce que c'est ? — C'est un... — C'est une... — Ce sont des... — C'est mon..., ma..., etc. — Qu'est-ce qu'il y a sur... sous... dans ?... etc.*)." (Préface de *VIF*, pp. XIX-XX). Ces éléments fondamentaux étant acquis, la progression s'attache alors à la pratique de l'emploi des verbes les plus fréquents, des pronoms personnels, etc.

Pour la grammaire, la progression suivie repose sur les résultats de la partie de l'enquête du français fondamental portant sur cette question.

• Présentation du contenu

Tous les sons sont enseignés, mais ils doivent être présentés globalement et non de façon isolée. Le rythme et l'intonation sont vus comme prioritaires : "L'imitation juste de l'intonation et du rythme est bien plus importante que la prononciation correcte d'un son" (Préface de *VIF*). En d'autres termes, la maîtrise de l'oral doit passer par la maîtrise des éléments prosodiques de L2. En règle générale, il y a d'abord reproduction globale du modèle, c'est-à-dire imitation des éléments prosodiques, suivie d'une correction phonologique (au niveau du "système" des sons), et d'une correction phonétique proprement dite (au niveau des réalisations individuelles des sons).

Les images sont "situationnelles" car elles servent à illustrer le contexte ou la situation physique dans laquelle se déroule toute conversation. Ces images comprennent cependant divers "symboles" (comme des flèches, des points d'interrogation, des points d'exclamation, des pointillés, des croix, des bulles, etc.). En début de leçon les images sont présentées conjointement avec les dialogues enregistrés.

La méthode *VIF* comprend différentes phases successives, appelées "moments de la classes de langue" :
1. Une phase de *présentation* du dialogue enregistré accompagné de films fixes. Il s'agit de présenter en situation (à l'aide d'images) les éléments nouveaux — forme et sens — de la leçon (phonétique, morphologie et syntaxe) : "[Les] *situations,* présentées en images, constitueront... *le point de départ* : le premier temps de la communication, qui est prise de conscience d'une réalité différente, qu'on va chercher à comprendre, à assimiler, avant de s'identifier en partie à elle" (Préface de *VIF*, pp. IX-X — souligné dans le texte). Le but est double : s'assurer de la compréhension du contenu de la leçon, et obtenir une répétition correcte des énoncés (ou groupes phoniques) du dialogue. C'est également au cours de cette phase que le dialogue doit être mémorisé.
2. Une phase de *réemploi* ou d'exploitation des éléments nouvellement appris dans des contextes légèrement différents de celui dans lequel ils ont été présentés, afin de se dégager du "par cœur".
3. Une phase de *fixation* des structures grammaticales, par des exercices de construction de phrases en séries. La plupart du temps ces exercices se présentent sous la forme d'exercices structuraux pour le laboratoire de langue.

L'apprentissage de la grammaire se fait de façon inductive, en situation dialoguée, dans la deuxième partie de la leçon appelée "Mécanismes". Comme le fait remarquer Besse, "les étudiants y induisent les régularités de la L2 à partir d'une pratique méthodique de ses formes, sans que l'enseignant explicite ces régularités" (Besse, 1985, p. 41). Contrairement au dialogue de départ qui est plus long et plus élaboré, le dialogue de cette partie de la leçon est bâti autour du ou des points de grammaire à pratiquer.

Il s'agit d'un apprentissage implicite : c'est la pratique de la règle, plutôt que sa formulation, qui est efficace dans la communication. Il se peut toutefois que la grammaire devienne explicite mais seulement lors du passage à l'écrit. Dans ce cas, cette explicitation se limite à ce qu'il y a de fondamental de manière à respecter l'unité globale, et éviter les comparaisons avec la langue de départ.

8. Relation d'apprentissage

• Rôle de L1

Dans la méthode SGAV, le recours à L1 est fortement déconseillé. Il est plutôt conseillé à l'enseignant de recourir aux gestes et à la mimique, d'utiliser des paraphrases, ou de s'aider d'images situationnelles pour expliquer les significations nouvelles de L2. Dès le début des cours, les apprenants ne doivent avoir recours qu'à L2.

• Activités pédagogiques

La méthode SGAV emploie plusieurs types d'exercices, que l'on peut regrouper en sept catégories : 1. *Théâtre :* les apprenants jouent le sketch qu'ils ont mémorisé ; 2. *questions sur images :* l'enseignant pose des questions ou anime un "jeu de questions" entre apprenants. L'enseignant peut aussi demander aux apprenants de trouver les questions aux réponses qu'il leur propose ; 3. *exercices structuraux :* ces exercices sont présentés avec le support d'une situation concrète, et sont considérés comme des moyens de renforcement (et non d'apprentissage), suivis d'exercices d'expression libre ; 4. *conversation dirigée :* en partant du sketch de la leçon, les apprenants s'expriment sur des thèmes différents ; 5. *transposition d'une narration en dialogue :* l'enseignant lit ou fait entendre un court texte préparé en utilisant exclusivement les notions apprises. Les apprenants, en sous-groupes, doivent inventer les dialogues correspondants ; 6. *dialogue ou récit interrompu :* les apprenants, en sous-groupes, doivent inventer une suite. Les différents récits sont ensuite comparés, critiqués, améliorés pour en arriver à un récit unique ; 7. *libre emploi :* à partir d'un sujet proposé par les apprenants ou l'enseignant, les apprenants s'expriment librement.

9. Relation d'enseignement

• Interaction enseignant-apprenants

Mises à part les interactions entre apprenants qui se produisent notamment lors de la phase de l'exploitation, la plupart des interactions vont dans le sens enseignant-apprenants.

C'est surtout au cours de la phase "d'exploitation" que les apprenants sont appelés à interagir entre eux.

• Traitement de l'erreur

Dans la méthode SGAV, il n'y a pas qu'une seule attitude face à l'erreur. Ainsi, pendant la première répétition, "le professeur ne corrige pas les erreurs ; il se contente de les apprécier par oui ou non ; mais il ne s'oppose pas aux corrections proposées par les élèves eux-mêmes" (Préface de *VIF*). Ensuite seulement commence le travail de correction phonétique qui se poursuivra pendant la phase de mémorisation. Pendant la phase d'exploitation, l'enseignant joue le rôle d'un animateur, qui corrige "discrètement". Au moment de la transposition, l'enseignant ne procède pas immédiatement à la correction : il note les erreurs en vue d'une correction ou d'exercices de renforcement ultérieurs.

Dans l'optique SGAV le système phonologique de L1 est vu comme un obstacle à l'apprentissage du système phonologique de L2, comme une source d'interférences. Mais, c'est surtout l'étude du système des fautes commises par les apprenants qui doit orienter la correction phonétique portant notamment sur l'intonation, le rythme, l'accent, etc.

CONCLUSION

Comme le souligne Besse (1985, p. 39), la méthode SGAV est beaucoup plus à rapprocher de la méthode directe (également de souche européenne) que de la méthode audio-orale (d'origine américaine). Elle présente un certain nombre d'affinités avec la méthode situationnelle, notamment par l'importance accordée à la situation. En ce sens, la méthode SGAV a le mérite de tenir compte du contexte social d'utilisation d'une langue (Stern, 1983, p. 468).

Au sujet des images "situationnelles", il est à remarquer que, paradoxalement, on trouve des points d'interrogation et d'exclamation sur les images, ainsi que plusieurs autres éléments codés, qui présupposent une familiarisation avec le code écrit alors que dans plusieurs cas, le matériel SGAV était utilisé pour enseigner le français à des analphabètes (pour un traitement détaillé de cette question, voir Germain, 1970, 1976a et 1976b). Dans la méthode *De vive voix* (parue en 1972), qui a succédé à *VIF,* les codes ont cependant été supprimés.

Quant aux principes de progression adoptés, leur validité empirique n'a pas été démontrée (Stern, 1983, p. 468).

D'après le témoignage de certains praticiens de la méthode SGAV, cette dernière "permet d'apprendre, relativement rapidement, à communiquer oralement (en face-à-face et dans des situations conventionnelles : salutations, diverses transactions, etc.) avec des natifs de L2" (Besse, 1985, p. 45). Mais elle ne permet pas de comprendre facilement les natifs entre eux ou dans les médias (radio, télé, journaux), vraisemblablement à cause des dialogues de départ "épurés" qu'on trouve dans les leçons.

On dispose d'une étude empirique, d'une certaine envergure d'ailleurs, visant à apprécier les effets de la méthode SGAV sur les apprentissages réalisés par les élèves. Il s'agit d'une recherche menée en Écosse, qui consiste en une description systématique des pratiques de la salle de classe, enregistrées au magnétophone au cours de l'année scolaire 1977-1978, dans huit écoles recourant toutes à du matériel fondé sur les principes de la méthode SGAV, et s'adressant à des élèves débutants en français langue étrangère au niveau secondaire (Mitchell, Parkinson et Johnstone, 1981).

Le corpus analysé représente un total de 147 leçons enregistrées pendant une semaine, lors de la première et de la troisième session de l'année scolaire : 17 enseignants ont été soumis à l'observation. La moyenne était de 30 élèves par classe.

Quelles sont les grandes lignes qui se dégagent de cette recherche empirique d'envergure ? Concernant le sujet abordé, il ressort une absence quasi totale d'informations données explicitement aux élèves concernant soit la culture étrangère, soit les comportements de la vie quotidienne.

L'analyse fait également ressortir une très grande variation dans le profil d'enseignement de chaque enseignant, même si le manuel de base utilisé est le même.

En outre, moins de 2% du corpus total porte sur des activités proprement communicatives, alors qu'au-delà de 10 % des activités utilisées en classe portent sur la traduction, et près de 35 % consistent en exercices de répétition centrés sur la forme langagière plutôt que sur le sens.

Sur le plan de l'organisation de la classe, dans 96 % des cas les enseignants s'adressent à la classe prise comme un tout, laissant ainsi très peu de place à des activités d'interactions entre élèves en sous-groupes ou s'adressant à l'individu. En ce sens, la langue enseignée est la même pour tous, dans le cadre d'une pédagogie centrée sur l'enseignant qui a d'ailleurs tendance à suivre de très près le matériel choisi.

En ce qui a trait au matériel proprement dit, il ressort de la recherche que ce sont le cahier d'exercices, le manuel de l'élève et le tableau qui sont le plus souvent utilisés ; quant au matériel audio-visuel proprement dit (enregistrements magnétiques et films fixes), il est utilisé dans environ le tiers des leçons, mais cet usage a eu tendance à décliner au cours de l'année. En ce sens, la recherche met en valeur toute l'importance à accorder au matériel didactique mis entre les mains des élèves.

Afin d'apprécier l'apprentissage résultant d'un enseignement à l'aide de la méthode SGAV utilisée, les auteurs de la recherche ont mis au point un test de 50 questions orales, administré individuellement à un échantillon d'élèves, et ne portant que sur la matière vue par tous. Il convient en effet de souligner la grande disparité dans le nombre de leçons enseignées par les divers enseignants, pour un même nombre d'heures données (variation allant de 9 à 20 unités).

Il ressort assez clairement que plus les élèves devaient parler en classe, meilleurs ont été les résultats, alors que dans les cas où les élèves devaient plutôt faire des activités physiques, les résultats ont été les plus faibles. Pour la compréhension orale des questions et l'habileté à répondre de façon appropriée, et pour la performance des élèves concernant les structures grammaticales apprises en classe, le pourcentage moyen de réussite au test est de 50 % (et il n'y a pas de différence significative dans les résultats chez les garçons et chez les filles). Dans une ou deux classes, les résultats sont cependant assez décevants, aux dires des auteurs de la recherche, mais dans quelques cas cela paraît relativement satisfaisant. Il semble bien que, en règle générale, il n'y ait pas de maîtrise complète des éléments enseignés, dans quelque domaine que ce soit, même chez les élèves identifiés comme étant les meilleurs.

Il convient cependant de souligner qu'en 1981, s'est tenu à Toulouse le 5ᵉ colloque international SGAV dont le thème était : "Problématique SGAV et approche communicative". Il ressort de cette rencontre une réaffirmation de la fidélité des sgaviens aux options globales de la méthode. En même temps, est souligné le caractère transitoire de ces propositions, et sont esquissés quelques rapprochements avec les objectifs des nouvelles approches communicatives (concernant, par exemple, la problématique des linguistiques de l'énonciation). Le principe suivant lequel la conquête d'une compétence communicative/expressive passe nécessairement par l'acquisition d'une compétence linguistique est également rappelé. Les sgaviens présents à ce colloque se disent aussi à la recherche de démarches grammaticales moins rigides et plus diversifiées (Rivenc, 1981).

Document 21

LA MÉTHODE SGAV
(Guberina)

Pour nous la langue est un ensemble acoustico-visuel. On ne peut pas séparer la situation et les parties qui la composent de leur expression linguistique. Voilà pourquoi c'est la langue parlée qui est à la base de notre méthode, avec l'intonation en tant que moyen essentiel qui encadre les structures. Le dialogue sera le lien permanent du contexte et de l'expression, alors que l'image sera le véhicule de ce lien entre la situation contexte et son expression...

J'avais joint le mot "global" au mot "structure" pour qu'il soit clair que dans la méthode AVSG [SGAV] toute structure doit être liée à une situation... La deuxième raison... était qu'il fallait comprendre globalement le sens et qu'il ne fallait pas traduire... La troisième raison... était que l'élève devait apprendre et la prononciation et le sens de la syntaxe et les gestes dans un grand ensemble...

Ce qui est essentiel, c'est de ne pas comprendre le mot "structure" comme une organisation linguistique formelle (par exemple, la phrase en dehors de la situation) mais au sens de fonctionnement structural de notre cerveau et de ses réponses optimales. Comme tout notre organisme, y compris le cerveau, est basé sur le rythme et comme notre corps vibre et est sensible aux vibrations-fréquences, une structure de stimulus organisée sur le rythme et l'intonation répond très bien aux possibilités optimales de notre cerveau.

Un autre point capital est de comprendre que notre cerveau fonctionne sur la base d'élimination de certaines parties des stimuli et, dans l'apprentissage d'une langue étrangère, le cerveau va éliminer les éléments qui pourraient troubler le système de la langue maternelle. Il faut donc présenter une telle émission où la situation, le rythme, l'intonation, la forme de dialogue feront un tout qui permettra la meilleure perception (la réception optimale) du cerveau car ces facteurs structuraux répondent à l'apprentissage de la langue maternelle et à toute facilitation au cours de l'apprentissage et des réponses aux stimuli acoustiques (musique et sembl.). La mémoire, — si importante dans l'apprentissage des langues étrangères, — sera la plus efficace dans une telle organisation des stimuli (émission du matériel linguistique), car elle aussi fonctionnera le mieux si la structure qui doit être apprise est basée sur le rythme, l'intonation, la situation-contexte...

(Guberina, 1972, pp. 10-11.)

▶

Le cerveau, ainsi que tout le corps, prend part dans la vision qui, également, influence notre corps tout entier. Il en va de même pour l'audition... La mémorisation du signal acoustique symbolisant un objet passe d'abord à travers l'oreille. Mais l'audition et la compréhension du signal acoustique se forment essentiellement dans le cerveau qui possède ces lois d'intégration. Le facteur cérébral est au moins aussi important que l'oreille car il permet, grâce à ses possibilités structurales d'éliminer un grand nombre d'unités physiques qui sont envoyées vers l'oreille. L'oreille est aidée par le cerveau pour pouvoir fonctionner avec beaucoup d'économie et avec très peu d'éléments. L'homme, vivant dans la réalité de la nature et de la société, a adapté son oreille et développé son cerveau dans le sens de la compréhension très rapide des ensembles au moyen de très peu d'éléments. La totalité, les ensembles se trouvent dans la réalité et c'est pourquoi l'oreille qui reçoit les mots doit être capable de transférer le plus rapidement possible ces réalités, exprimées linguistiquement, vers le cerveau. Cette opération n'est toutefois possible que si ce transfert se fait dans les structures linguistiques.

Notre cerveau perçoit les intonations, les sons, les mots et les phrases au moyen d'un nombre très limité de fréquences qui sont choisies dans un large spectre de fréquences produit par les sons, les intonations et le rythme. L'oreille, bien qu'elle ait la possibilité d'entendre les fréquences jusqu'à 20.000 Hz, transmet au cerveau, en recevant les mots, seulement un nombre limité de ces fréquences. Les vibrations du corps et les vibrations du cerveau qui sont limitées en tant que bande de fréquences, permettent une intégration rapide des sons et de l'ensemble acoustique. En dehors des lois psychologiques qui permettent la compréhension rapide, le cerveau, par ses rythmes et par ses nombreuses structures, dirige et ordonne les stimuli physiques qui lui sont envoyés par l'oreille et par le corps entier. Les possibilités du cerveau sont multiples, car le cerveau, bien qu'en utilisant seulement quelques éléments des stimuli extérieurs, fonctionne toujours en tant qu'unité pour les perceptions, pour l'intégration et pour les émissions des stimuli...

La prononciation, avec ses éléments fondamentaux (intonation et rythme), est le facteur le plus important pour la compréhension totale du sens. L'intonation porte l'unité de la phrase et entre dans toutes les structures du langage... Il est clair que la prononciation est l'élément essentiel de l'enseignement d'une langue étrangère...

(Guberina, 1965, pp. 39-40, 42 et 53.)

165

Bibliographie

BESSE, Henri
    1985   *op. cit.* (p. 17)

CORTES, J.
    1981   "L'ancien et le nouveau testament de la didactique des langues", *Revue de phonétique appliquée,* numéro thématique : "Problématique SGAV et approche communicative".

COSTE, Daniel
    1972   *op. cit.* (p. 110)

GERMAIN, Claude
    1970   *La Notion de situation en linguistique et son utilisation pour la construction de l'image dans l'enseignement des langues,* thèse de doctorat de 3e cycle, Université d'Aix-en-Provence.

    1976a   "Analyse de Dialogue-Canada I". Appendice D-1A du *Rapport de l'étude indépendante sur les programmes de formation linguistique de la Fonction publique du Canada,* sous la direction de Gilles Bibeau, vol. 5.

    1976b   "L'image dans l'apprentissage des langues", *Communication et Langages* 29.

GOUGENHEIM, G., MICHÉA, R., RIVENC, P. et SAUVAGEOT A.
© **1956-1967** *L'élaboration du français fondamental* (1er degré), Paris, Didier.

GUBERINA, Petar
    1965   "La méthode audio-visuelle structuro-globale", *Revue de phonétique appliquée* 1.

    1972   "Sur la notion de 'Structuro-Global' (citations)", *Revue de phonétique appliquée* 21.

MITCHELL, Rosamond, PARKINSON, Brian, et JOHNSTONE, Richard
    1981   *The Foreign Language Classroom : An Observational Study,* Stirling Educational Monographs n° 9, Stirling, Department of Education, University of Stirling.

RENARD, Raymond
    1976   *La méthodologie SGAV d'enseignement des langues,* Paris, Didier.

RIVENC, Paul
    1972   "Vers une définition des termes 'Structuro-Global' (II)", *Revue de phonétique appliquée* 21.

1981   "Et la grammaire dans tout cela ?", *Revue de phonétique appliquée,* numéro thématique : "Problématique SGAV et approche communicative".

STERN, H. H.
1983   *op. cit.* (p. 110)

Chapitre 12

Les approches intégrées

Plusieurs approches reposant sur plus d'un seul principe de base ont récemment vu le jour. On songe ici, par exemple, à l'approche britannique prônée par Christopher Brumfit, visant à intégrer un certain nombre de principes éducatifs à des théories courantes d'acquisition et d'usage de la langue (Brumfit, 1984). On pense aussi à l'approche interactive telle que conçue par Wilga M. Rivers, fondée sur une certaine forme d'éclectisme en vertu de laquelle les enseignants de L2 sont invités à puiser à même leur répertoire de techniques afin d'utiliser celles qui paraissent les plus appropriées (1987).

Quoi qu'il en soit, il ne saurait être question d'étudier chacune des méthodes ou approches fondées soit sur des principes autres que linguistiques ou psychologiques, soit sur un ensemble de principes considérés comme étant de valeur égale. Dans les circonstances, il a paru préférable de ne présenter succinctement que deux cas, considérés comme pertinents et prometteurs, choisis parmi un grand nombre de méthodes ou d'approches visant à intégrer plus d'un principe fondamental : l'approche intégrative de Monique Nemni, et le curriculum multidimensionnel de Stern-LeBlanc.

A — L'approche intégrative (Nemni) [32]

Née au début des années 70, l'approche intégrative considère comme essentielle, dans l'élaboration d'une nouvelle théorie, l'interaction entre les principes énoncés et leur application pratique dans la salle de classe. C'est donc par la production et l'expérimentation de matériel pédagogique que les principes de cette approche ont été progressivement développés et transformés (Nemni et Quillard, 1976 ; Nemni et *al.*, 1982, 1985, 1986 ; Nemni et *al.*, 1988, 1989).

---

32. La partie de ce chapitre portant sur "l'approche intégrative" a été rédigée par l'auteure même de l'approche, Mme Monique Nemni, professeure à l'Université du Québec à Montréal (UQAM). Qu'elle reçoive ici tous nos remerciements pour cette contribution.

Sur le plan linguistique, Nemni soutient qu'il est possible d'intégrer la dimension communicative du langage avec l'apprentissage systématique du code linguistique. Sur le plan psychologique, elle affirme que, sur la base de nos connaissances actuelles sur les divers styles d'apprentissage, il est indispensable de ne pas privilégier un seul modèle d'enseignement, mais de varier aussi bien le mode (par exemple, oral ou écrit, inductif ou déductif) que le contexte (par exemple, enseignement magistral, travail individuel, en petits groupes). Sur le plan éducatif, elle affirme que, notamment dans un contexte scolaire, l'enseignement d'une langue seconde doit faire la preuve que, tant par ses objectifs que par les activités qu'il privilégie, cet enseignement s'intègre au projet éducatif et social de l'école.

L'approche intégrative reconnaît sa dette intellectuelle aux courants qui l'ont précédée et n'hésite pas à intégrer des valeurs ou des techniques du passé. Mais contrairement à une approche éclectique, elle affirme la nécessité, pour toute approche, de constituer un ensemble cohérent, tant sur le plan théorique que pratique.

Conception de la langue

L'approche intégrative vise à développer à la fois la communication et la maîtrise des formes langagières. Elle considère qu'il ne suffit pas de faire communiquer les élèves de langue seconde pour que ceux-ci deviennent de parfaits bilingues. Il faut, dès le début, se préoccuper de la correction linguistique. Elle réfute donc le point de vue qui veut que la pratique de la communication mène nécessairement à la maîtrise des formes langagières.

Elle considère, de plus, que l'apprentissage d'une langue seconde dans un contexte scolaire doit contribuer à l'éducation générale des apprenants, comme doivent le faire toutes les matières scolaires. L'approche intégrative vise donc à la fois des objectifs linguistiques et éducatifs. On considère comme "éducative" toute activité qui développe des habiletés générales, telles que le raisonnement logique, l'esprit d'observation, la créativité, etc., ou qui augmente les connaissances générales des élèves.

L'approche intégrative se propose de développer les quatre savoirs (ou habiletés) depuis le début. Elle considère, en effet, que la compréhension aide la lecture, que la lecture et l'écriture aident à mémoriser, et ainsi de suite. Les apports des quatre habiletés se conjuguent pour donner un meilleur apprentissage, surtout quand on tient compte des divers styles d'apprentissage des élèves. Cependant, elle ne traite pas les quatre habiletés de la même manière. Dans le contexte scolaire où elle a été élaborée, elle privilégie la communication orale, mais utilise la lecture et l'écriture comme supports à l'oral, surtout au début.

Progressivement, la lecture se dote d'objectifs spécifiques, et cesse de fonctionner comme simple support de l'oral. On se propose alors de développer la véritable compréhension de la lecture, c'est-à-dire la compréhension des implicites du texte, la détection des points de vue subjectifs et des jugements de valeur dans des textes supposément "objectifs", l'identification de l'ironie, etc. L'écriture, par contre, reste l'habileté la moins développée, à tous les niveaux.

L'évaluation se fait par le professeur, selon certains principes énoncés dans les guides pédagogiques qui accompagnent chaque ensemble. On estime que les tests préfabriqués, fournis par exemple par les auteurs de manuels, ne peuvent pas tenir compte du travail d'adaptation du professeur. De plus, ces tests préfabriqués sont souvent inopérants dans les conditions réelles des écoles (par exemple, élèves qui se communiquent les "bonnes" réponses si le test n'est pas donné à tout le monde en même temps).

On accorde donc une place importante à l'observation des élèves dans des tests informels, mais on encourage les enseignants à donner quelques tests formels, qu'ils élaborent eux-mêmes, en tenant compte de ce qui a réellement été enseigné. Ces tests formels ont pour fonction principale d'encourager les élèves à faire des révisions, tout en les préparant à faire face aux épreuves qu'ils auront à subir pendant une bonne partie de leur vie.

1. Nature de la langue

Dans l'approche intégrative, la langue est perçue à la fois comme un système de communication et un code linguistique. Bien qu'il soit possible, à la limite, de communiquer sans langue, on y affirme qu'un rapport dialectique unit la communication à la maîtrise de ce code : plus on a l'occasion de communiquer et plus on maîtrise le code. Inversement, moins on maîtrise le code et moins on arrive à communiquer efficacement. L'approche intégrative rejette donc la dichotomie classique entre la grammaire (ou connaissance du code) et la communication. En effet, une langue qui ne communique rien n'est pas une langue, et une communication sans langue ne communique que très peu.

2. Nature de la culture

Il existe également un rapport du même type entre la langue et la culture. Elles s'alimentent mutuellement. Les phénomènes culturels sont imbriqués dans la structure même de la langue et la langue joue un rôle primordial dans la compréhension réelle de la culture d'une autre communauté linguistique. Il est donc difficile, et peu souhaitable, de les dissocier. La langue et la culture doivent s'apprendre simultanément. On ne devrait donc pas avoir, par exemple, des modules linguistiques et des modules culturels.

Conception de l'apprentissage

3. Nature de l'apprentissage

Vu le peu de connaissances disponibles quant à la nature du ou des processus d'apprentissage ou d'acquisition, on en conclut qu'il n'est pas sage de se limiter à une seule théorie de l'apprentissage. L'approche intégrative n'est donc pas, par exemple, inductive ou déductive, n'oppose pas l'apprentissage explicite à l'acquisition implicite. Elle utilise donc une variété de points de vue. Elle accorde cependant une place très importante à la motivation.

Pour toutes ces raisons, elle souligne la nécessité de varier les activités pour tenir compte des divers intérêts et des divers styles d'apprentissage des apprenants.

D'autre part, cette approche considère que l'acquisition d'une langue se fait essentiellement par une pratique pédagogiquement structurée. Elle favorise donc les activités langagières et considère comme secondaire la connaissance du métalangage utilisé par les grammairiens et linguistes pour décrire le code.

4. Rôle de l'apprenant

L'apprenant y joue plusieurs rôles : tantôt il est guidé, cadré, par le professeur, tantôt, très souvent, il travaille avec un partenaire ou en petits groupes. Il joue un rôle actif dans l'élaboration du matériel qu'il étudie, dans les limites imposées par le système scolaire.

Conception de l'enseignement

5. Rôle de l'enseignant

Cette approche accorde une place importante à l'enseignement et à l'enseignant. Elle s'oppose donc à une individualisation excessive de l'apprentissage. Elle considère que, surtout dans une situation scolaire, l'apprenant ne saurait que faire d'une autonomie totale. L'enseignant joue un rôle très important dans l'organisation pédagogique du matériel, par exemple, ou dans l'explication des points nouveaux ou difficiles. Il joue un rôle primordial dans la motivation des élèves, surtout dans un contexte scolaire.

Ce qui n'implique pas que l'enseignant ait à occuper une place centrale dans toutes les activités d'apprentissage, ni qu'il ait à prendre la part du lion dans la répartition du temps de parole. Au contraire, c'est au professeur de créer les conditions nécessaires pour que tous les élèves aient l'occasion de s'exprimer le plus possible.

6. Rôle du matériel didactique

Le professeur a lui-même besoin d'aide. Il est illusoire de penser qu'il pourra créer le matériel pédagogique dont il a besoin. Il n'a, dans la plupart des cas, ni le temps ni les compétences multiples nécessaires pour créer un matériel pédagogique de qualité. De plus, une autonomie totale de l'enseignant dans la création ou la sélection du matériel utilisé risque d'engendrer le chaos au niveau d'une commission scolaire, par exemple, ou même d'une seule école. Le professeur a donc pour fonction principale, non de créer, mais d'adapter le matériel existant au niveau et aux besoins de ses élèves, de le compléter et de le personnaliser.

Conception de la relation pédagogique

7. Relation didactique

• Sélection du contenu

Dans l'approche intégrative, on considère qu'il est essentiel d'intégrer l'apprentissage des diverses composantes linguistiques telles que les actes de parole, la phonétique ou la syntaxe. On s'oppose donc au développement et à la description d'un programme indépendant pour la maîtrise de la langue (par exemple, la phonétique, la grammaire, ou les actes de parole) ou de la culture.

De plus, on considère qu'il est indispensable d'intégrer la forme et le sens. Les activités mécaniques, que les élèves peuvent réaliser sans qu'ils comprennent ce qu'ils disent sont donc proscrites. Les choix d'ordre sémantique constituent une des bases fondamentales de cette approche.

Il faut également intégrer dans le cadre de chaque activité des objectifs linguistiques ou communicatifs et des objectifs éducatifs, tels que le développement du raisonnement logique, l'esprit d'observation, ou l'acquisition de connaissances générales (autres que linguistiques). Pour savoir si une activité est "éducative", il suffit de se poser la question : si cette activité était faite en langue maternelle, aurait-elle un intérêt quelconque ?

• Organisation du contenu

L'intégration de toutes ces composantes se fait par l'organisation du matériel autour d'un thème général (tel que la visite d'un zoo ou la planification d'un voyage en vélo-camping). C'est ce thème qui détermine les choix linguistiques et qui permet de développer les connaissances langagières et les connaissances générales et culturelles appropriées.

Vu l'absence de données scientifiques sur la progression pédagogique la plus efficace, ou sur la notion même de difficulté, cette approche, comme toutes les autres d'ailleurs, se trouve dans l'impossibilité de justifier de manière irréfutable les choix relatifs à la progression, à la quantité et au degré de difficulté des notions à enseigner. Les concepteurs de programmes scolaires et les auteurs de manuels doivent donc utiliser leur expérience pédagogique et leur intuition pour la sélection, la quantité et la progression des éléments à présenter, à expliquer et à pratiquer, en s'aidant, bien entendu, du peu de données empiriques disponibles.

• Présentation du contenu

Le thème, ainsi que les nouveaux éléments linguistiques, sont amorcés dans des textes de "présentation" variés, qui vont du dialogue oral — qui privilégie certains actes de parole ou certaines formes linguistiques — au texte scientifique écrit qui développe des connaissances générales tout en faisant pratiquer des éléments spécifiques de la langue. Ces "présentations" illustrent donc divers types de contextes et de discours.

D'autre part, on considère que la langue s'acquiert à la fois d'une manière implicite et explicite. On présente donc la langue dans des contextes variés, qui vont au-delà de la compétence linguistique des élèves. On utilise une approche cognitive pour certains points considérés plus difficiles. D'autres, en revanche, sont présentés et pratiqués sans explication formelle.

Pour respecter les divers intérêts et les divers styles d'apprentissage des apprenants, on utilise une variété énorme d'activités. Cependant, toutes les activités doivent obéir à des critères précis. Par exemple, aucune activité ne doit dissocier la forme (linguistique) et le sens (le message). Chaque activité doit développer une habileté autre que linguistique, comme l'esprit d'observation, le raisonnement logique ou la créativité.

8. Relation d'apprentissage

• Rôle de L1

Contrairement à certains courants actuels qui nient un rôle important à la langue maternelle, on considère, au contraire, que la langue seconde est forcément perçue par l'apprenant dans sa distance linguistique et culturelle par rapport à la langue maternelle — ce qui n'empêche pas l'existence de certains phénomènes universels d'acquisition des langues secondes (tels que la généralisation ou la simplification du code). Dans le cas de groupes linguistiquement homogènes, il est donc souhaitable de tenir compte de la langue maternelle, implicitement, par le choix des contenus, ou explicitement, par le recours possible à cette langue quand les circonstances le justifient.

• Activités pédagogiques

On considère comme "activité" tout ce qui implique la participation des apprenants. On ne fait donc pas la distinction, par exemple, entre les exercices et les jeux, le travail individuel et les projets collectifs. Les activités peuvent être également, orales ou écrites et ne développent pas nécessairement une habileté à la fois, comme, par exemple, la compréhension orale ou l'expression écrite. De plus, il est fréquent que les élèves aient, par exemple, à écouter un enregistrement, mais qu'ils aient besoin d'avoir recours à leur livre ou à leur cahier pour pouvoir faire l'activité.

Chaque activité doit refléter les principes de l'approche, en intégrant, autant que possible, un ou plusieurs objectifs linguistiques, communicatifs et éducatifs. C'est ainsi que les élèves pratiquent, par exemple, un point particulier de grammaire, de phonétique ou un acte de parole, tout en développant leur culture générale, leur raisonnement logique, leur sens de l'observation, ou toute autre connaissance et habileté jugées pédagogiques.

Les activités ne suivent pas un cadre préétabli, dans ce sens qu'elles ne suivent pas le même modèle ou la même progression d'une unité à l'autre. On propose, cependant, pour chaque unité, un ordre que l'on estime progressif quant au niveau de difficulté, mais on laisse au professeur une grande latitude dans le choix définitif.

Aucune activité n'exige que l'élève ait, pour une raison quelconque, à produire un énoncé contraire à son expérience vécue, en lui faisant dire, par exemple : "Mon frère a une bicyclette verte", si l'élève n'a pas de frère, que le frère n'a pas de bicyclette ou que sa bicyclette est d'une autre couleur. Même dans les activités qui font pratiquer un point linguistique spécifique, les élèves répondent selon leur expérience personnelle. De plus, une grande partie des activités privilégient l'interaction entre deux partenaires ou des petits groupes.

9. Relation d'enseignement

• Interaction enseignant-apprenants

Ce qui compte le plus dans les rapports enseignant-apprenants, c'est l'attitude de l'enseignant vis-à-vis des apprenants, et le climat favorable ou non à l'apprentissage qu'il crée. Dans la plupart des cas, le professeur représente le seul accès à la culture de la langue seconde et symbolise, pour l'apprenant, cette culture, même si l'enseignant n'est pas un locuteur natif de cette langue. L'attitude favorable ou non vis-à-vis de la langue seconde dépendra donc, en grande partie, de la relation entre enseignant et apprenants.

On considère que toute approche doit tenir compte des besoins des enseignants aussi bien que de ceux des apprenants. Des professeurs robotisés ne peuvent pas motiver leurs élèves. Il est donc essentiel de donner aux enseignants une grande marge de manœuvre, tout en leur donnant du matériel souple, adaptable à leurs besoins et à leur propre style d'enseignant. Dans un cadre scolaire, on réfute donc le point de vue selon lequel le rôle principal du professeur réside dans sa capacité d'agir comme personne-ressource. L'enseignant motive ses élèves, fait les choix de contenus appropriés, adapte le matériel pédagogique, encourage le travail individuel ou en groupe, favorise la créativité.

L'approche intégrative attribue un rôle primordial au professeur. C'est, en effet, dans le rapport enseignant-apprenants que réside le succès ou l'échec de toutes les approches.

• Traitement de l'erreur

L'approche intégrative considère l'erreur comme inévitable, qu'il faut donc la tolérer dans certaines conditions, mais qu'il ne faut pas non plus la valoriser. La correction de l'erreur dépendra du type d'activité en cours. Dans une activité qui vise la communication libre, la correction des erreurs peut entraver la communication. On fera donc abstraction des erreurs pour favoriser des stratégies de communication efficaces. Par contre, dans des activités qui visent l'acquisition du code, on sera beaucoup moins tolérant vis-à-vis des erreurs, surtout si ces erreurs portent sur l'objet de l'étude.

CONCLUSION

De par sa conception même, l'approche intégrative se caractérise par sa constante évolution et remise en question. En effet, puisqu'elle considère comme indispensable l'interaction de toute théorie avec sa mise en application, avec les résultats des nouvelles recherches ainsi qu'avec les nouvelles tendances dans le monde de l'éducation, il s'ensuit qu'elle doit — comme le font la plupart des autres approches — confronter ses principes à ces nouvelles données. Trois conséquences peuvent en découler :
1. ces données ou tendances ne font que confirmer les principes existants. L'approche ne s'en trouve que renforcée et reste donc inchangée ;
2. ces données ou tendances sont considérées inexactes ou indésirables. L'approche les rejette et reste donc inchangée ;
3. ces données ou tendances, jugées valables, contredisent un élément de la théorie. Il faut donc modifier l'approche, de manière à en tenir compte, tout en en maintenant la cohérence sur tous les plans. Si on ne peut pas le faire, l'approche perd sa raison d'être.

D'autre part, puisque l'approche intégrative suppose une interaction constante entre la théorie et le contexte pédagogique, dont le professeur, le matériel pédagogique, le milieu géographique et social et l'apprenant, il s'ensuit que cette approche doit se réaliser différemment selon les milieux et les circonstances. Cette adaptation touche tous les aspects de l'apprentissage, depuis la place accordée au professeur ou à l'explication, jusqu'au contenu linguistique, éducatif et culturel des leçons.

B — Le curriculum multidimensionnel (Stern-LeBlanc)

En 1985, à la demande des membres de l'Association canadienne des professeurs de langues secondes (ACPLS), a été mise sur pied une étude d'envergure couvrant l'ensemble des provinces canadiennes, visant à examiner la situation de l'enseignement du français L2 en milieu scolaire régulier (les classes d'immersion étant donc mises à part) et à faire des recommandations, le cas échéant, afin d'apporter des éléments de solutions aux problèmes identifiés. C'est ainsi que H. H. Stern a été amené à approfondir les bases théoriques du "curriculum multidimensionnel" qu'il avait développé au cours des années 80, étude poursuivie par Raymond LeBlanc (suite au décès de Stern).

La clientèle visée, tant au niveau élémentaire que secondaire, est d'importance puisqu'elle représente de fait 90 % des élèves canadiens soumis à divers programmes d'apprentissage du français comme L2. Les périodes quotidiennes varient selon les provinces et les programmes, allant de 20 à 50 minutes de français par jour.

Le concept de curriculum multidimensionnel, présenté pour la première fois par Stern en 1983, trouve sa source dans les recommandations d'experts dans le domaine des programmes et du matériel pédagogique, réunis à Boston en 1980 sous l'égide de l'ACTFL (*American Council on the Teaching of Foreign Languages*). L'idée de base était qu'un renouvellement de l'enseignement des L2 se devait de passer par un retour aux valeurs éducatives et par la formulation claire d'objectifs en ce sens. C'est ainsi que la sélection et la gradation des éléments linguistiques à enseigner auraient intérêt à être pensées en termes de quatre syllabi intégrés : langue, culture, communicatif et formation langagière générale (R. LeBlanc, 1989, 1990a, 1990b).

1. Le syllabus langue

Le syllabus langue repose sur une conception de la communication langagière caractérisée par les traits suivants :
"1) elle est une forme d'interaction sociale ;
2) elle comporte un niveau élevé d'imprévisibilité et de créativité autant au niveau de la forme que du message ;
3) elle se déroule dans des contextes discursifs et socioculturels qui en contraignent l'utilisation, tout en fournissant des indices sur l'interprétation qu'il faut donner aux énoncés ;
4) elle est limitée par des conditions telles que la capacité de mémoire et la fatigue des interlocuteurs ;
5) elle est toujours orientée vers l'atteinte d'un but comme, par exemple, persuader ou promettre ;
6) elle implique l'utilisation d'un langage dit authentique ;
7) elle réussit lorsque le message est compris par l'interlocuteur."
(Canale, cité dans Painchaud, 1990, p. 2.)

Sur le plan pragmatique, c'est-à-dire de l'emploi du système linguistique par les usagers, on peut dire qu'il s'agit pour un locuteur d'amener son interlocuteur à saisir son intention de communication. C'est pourquoi le locuteur se doit de simplifier la tâche de son interlocuteur en prenant en compte la situation dans laquelle se déroule la communication. Quant à l'interlocuteur, il vise à saisir correctement l'intention de communication du locuteur, grâce en particulier aux mots choisis et à la situation commune de communication. L'apprentissage de la communication va donc bien au-delà du niveau de la phrase et de la seule maîtrise de formes linguistiques. L'intention de communication du locuteur ainsi que son interprétation par l'auditeur doivent également être prises en compte.

C'est ainsi que dans le syllabus langue, le message a primauté sur la forme linguistique, sans pour autant négliger cette dernière. Le contenu du syllabus langue comprend donc non seulement les unités phonologiques, morphologiques, syntaxiques et lexicales de la langue, mais aussi les unités fonctionnelles et leurs réalisations langagières (par exemple, à l'intention de communication "exprimer son désaccord" pourraient correspondre des énoncés comme "je ne suis pas d'accord" ; "je ne crois pas", etc.), ainsi que les unités discursives et conversationnelles permettant d'organiser la communication dans son ensemble (Painchaud, 1990, pp. 37-40). Quant aux contextes dans lesquels se déroule toute conversation, ils relèvent du syllabus communicatif/expérientiel.

2. Le syllabus communicatif/expérientiel

Les contextes d'usage de toute communication linguistique visent à permettre à l'apprenant "de développer son habileté à échanger des messages signifiants pour lui" (Tremblay et al., 1990, p. 45). Pour être considéré comme signifiant, un message doit être représentatif de l'emploi habituel de la langue utilisée à des fins de communication : par exemple, recourir à la langue pour exprimer ses sentiments, tenter de convaincre quelqu'un, s'objecter, etc. C'est afin de s'assurer de la transposition de la réalité communicative dans la classe que les auteurs de l'étude ont arrêté leur choix sur l'expérience des élèves.

L'expérience est définie comme "ce que la personne acquiert suite à des interactions répétées avec son environnement" (Tremblay et al., 1990, p. 44). En tant que milieu où se trouve la personne, l'environnement peut prendre plusieurs dimensions plus ou moins présentes lors d'une interaction verbale : physique, psychologique, sociale. Il y a interaction avec l'environnement en ce sens qu'il y a oscillation entre la volonté de satisfaire les désirs ou les besoins d'une personne, et les conditions imposées par l'environnement. L'expérience, fruit de ces interactions, est source de connaissances, de comportements et d'attitudes.

Ce sont bien entendu les expériences langagières qui sont ici privilégiées. C'est ainsi que, sur le plan des habiletés de compréhension en classe par exemple, le texte oral ou écrit suggéré se doit de correspondre à l'expérience de l'élève et présenter une certaine valeur pour lui. Sur le plan de la production langagière, ce qui est visé surtout est l'habileté d'adaptation du message à l'environnement et, bien entendu, à l'intention de communication. Sur le plan de la négociation, il s'agit de situations où l'un des deux partenaires ne partage pas l'avis de l'autre par exemple, ou bien veut l'influencer, etc.

Le contenu du syllabus communicatif/expérientiel comprend les domaines d'expérience des élèves, "c'est-à-dire les différentes dimensions des rapports d'un individu avec son environnement" (Tremblay et al., 1990, p. 51). Cinq dimensions ont été retenues par les auteurs de l'étude :

"1) la dimension physique, celle des domaines d'expérience reliés à la survie et au bien-être de la personne (l'alimentation, la protection de soi, l'hygiène) ;

2) la dimension sociale, celle qui s'intéresse à la vie et aux institutions sociales (la famille, les amis de cœur, les immigrants, les fêtes et célébrations) ;

3) la dimension civique qui touche également à la vie sociale mais en fonction des responsabilités et des privilèges qui en découlent (la conservation de l'environnement, les drogues, le crime et la violence) ;

4) la dimension ludique qui s'intéresse aux activités de la personne dans ses temps libres. Ces activités sont motrices, sensorielles ou éducatives (la vie dans la nature, les voyages et les excursions, les clubs et associations) ;

5) la dimension intellectuelle qui regroupe les activités portant sur divers aspects des arts et de la science" (R. LeBlanc, 1989, p. 85).

Bien entendu, chacune de ces dimensions est subdivisée en sujets utiles et adaptés au niveau des élèves.

3. Le syllabus culture

Le syllabus culture vise une introduction au contexte socioculturel de la langue par l'acquisition d'un niveau acceptable de compréhension et de connaissance culturelles. L'idée de s'attarder à un syllabus portant sur la culture vient du fait que, même si la plupart des auteurs s'accordent en théorie sur l'importance que doit occuper la culture dans l'acquisition d'une L2, peu s'y attardent dans les faits : "la culture est encore le plus souvent considérée comme accessoire dans le curriculum de langue, d'où le besoin de s'arrêter sur cette question" (C. LeBlanc, p. 28).

Les auteurs de l'étude ont opté pour une conception anthropologique de la culture, alors définie comme tout ce qui réfère au mode de vie, au cadre de vie, à la façon de se comporter, de penser d'une communauté, par rapport à une autre communauté. Dans le contexte canadien de la présente étude, cela signifie donc un intérêt particulier pour la culture seconde, c'est-à-dire les cultures secondes des communautés francophones du Canada et d'ailleurs (C. LeBlanc, p. 29).

La grande majorité des interprétations justes d'un message proviennent des implicites, c'est-à-dire des présuppositions, des croyances et des attitudes que partagent les personnes en présence, appartenant à une même culture. Pour interpréter correctement les messages qui lui sont adressés dans une L2, un apprenant de L2 se doit d'acquérir un bon niveau de

179

compréhension de la culture seconde. Il doit donc avoir accès à de nombreux faits culturels, non pas sous la forme d'un savoir encyclopédique mais bien par la présentation initiale de faits culturels locaux, allant graduellement vers les faits régionaux, provinciaux, nationaux et internationaux. De cette manière, croient les auteurs de l'étude, l'élève pourra en arriver à établir des liens entre la culture seconde et sa propre réalité culturelle.

Dans cette perspective, la source culturelle la plus accessible est la présence immédiate de la francophonie dans l'environnement même des apprenants de L2 : individus, familles, communautés. Présence aussi dans le temps, marquée par les noms de rues, d'édifices, de ponts, coutumes locales, etc. Présence dans l'histoire, dans la langue (par les différences dialectales par exemple), et surtout dans la vie quotidienne. Enfin, acquisition de la culture seconde par une sensibilisation de l'élève aux nouvelles valeurs sociales et culturelles que représente le bilinguisme canadien.

4. Le syllabus formation langagière générale

Par ce syllabus, les auteurs de l'étude visent à faire réfléchir l'apprenant sur ses apprentissages, à lui faire prendre conscience de ses moyens d'apprendre. Par là, ils comptent en arriver à élargir les horizons des apprenants et l'aider dans son processus d'apprentissage de la L2. C'est que la L2 est habituellement considérée comme une matière à part, susceptible de n'apporter qu'une faible contribution à l'éducation de l'élève. C'est afin de pallier cette lacune qu'un syllabus est consacré spécifiquement à la formation langagière générale par une triple prise de conscience : linguistique, culturelle et stratégique.

La prise de conscience linguistique s'intéresse aux aspects que la langue française partage avec les autres langues : "productivité, créativité, stabilité et changement, variation, réussite de la communication, etc." (Hébert, 1990, p. 5). Cela se fait sous la forme de liens à établir entre des phénomènes langagiers connus par l'élève dans sa L1 et ce qui se passe dans l'emploi de la L2.

La prise de conscience culturelle suit une même démarche : elle réfère aux expériences personnelles auxquelles l'élève participe pleinement.

Sur le plan des stratégies, il s'agit de faire prendre conscience à l'élève de ses propres stratégies d'apprentissage : "Pour ce faire, il faudra le rendre apte à reconnaître la nature du problème auquel il se trouve confronté, le rendre conscient qu'il existe des stratégies qui peuvent l'aider à résoudre son problème et le rendre apte à effectuer un choix raisonné des stratégies qu'il juge utiles pour lui" (Hébert, p. 26). Bien entendu, pareil contrôle d'activités d'apprentissage, de la part de l'apprenant, ne peut s'effectuer du jour au lendemain : il s'agit d'un long processus, faisant suite à des pratiques répétées.

5. L'intégration des contenus

Dans l'esprit des auteurs du curriculum multidimensionnel, il ne saurait s'agir de tout simplement additionner ou juxtaposer chacun des syllabi proposés. Les quatre syllabi doivent être intégrés de manière à former un tout cohérent. Le point de départ de l'intégration se trouve dans l'approche expérientielle, qui est de nature globale, et centrée plutôt sur le message que sur la forme langagière. De ce fait, l'approche expérientielle paraît donc bien adaptée à une conception communicative de la langue.

Afin de mieux voir comment sont intégrés les quatre syllabi présentés ci-dessus, il paraît opportun de se référer à une unité d'enseignement tirée du matériel pédagogique d'essai mis au point par les auteurs de l'étude, et s'adressant à des élèves de quinze ans environ. Il s'agit de l'unité "Se lancer en affaires avec un jeu" (Tremblay et *al.*, 1989, cité dans R. LeBlanc, 1989, p. 90). Les élèves doivent tout d'abord miser sur leur expérience personnelle des jeux afin de produire un jeu et d'en faire la mise en marché : pour cela, des documents d'information et des textes publicitaires doivent être consultés, et l'accent est mis sur le message, tant du point de vue de sa production que de sa réception et de sa négociation. En ce sens, c'est bien une approche globale de la communication qui est privilégiée.

Toutefois, afin de respecter la nature des autres syllabi, l'approche globale est complétée d'une approche analytique des phénomènes langagiers : un certain recul est pris vis-à-vis du fonctionnement proprement dit de la langue en situation de communication. Les deux approches, globale et analytique, sont vues comme tout à fait complémentaires. Par exemple, la rédaction des règlements d'un jeu oblige à une étude des caractéristiques de ce type de langage : directives, explications, simultanéité et postériorité, vocabulaire spécifique, etc. La question de la séquence des règlements n'a pas à être précisée, puisque cela fait normalement partie de l'expérience des élèves.

Sur le plan culturel, le jeu proposé est un jeu sur la francophonie, d'où la nécessité pour les apprenants de se documenter sur la question. Sur le plan de la formation générale, il est question, par exemple, du rôle du langage dans les jeux, de la comparaison des types et des modes de publicité entre les cultures, et des stratégies pour trouver de l'information dans des documents.

D'autres unités du même type ont été élaborées pour des enfants de treize ans (Duplantie et *al.*, 1988) et pour des élèves de onze ans (Beaudoin, 1989), de manière à montrer l'adaptation du curriculum multidimensionnel pour des élèves possédant divers niveaux de connaissance linguistique.

CONCLUSION

Trois implications peuvent être tirées de cette conception d'un curriculum multidimensionnel (R. LeBlanc, 1989, p. 92). Tout d'abord, compte tenu du fait que ce type de curriculum s'adresse à l'ensemble des provinces canadiennes, il va de soi que son implantation devra s'étendre sur bon nombre d'années. Ensuite, le changement d'approche pédagogique qu'il implique doit être précédé d'activités de formation adéquate chez ses éventuels utilisateurs. Enfin, du matériel pédagogique intégrant les quatre syllabi décrits antérieurement doit être mis à la portée des enseignants.

Quoi qu'il en soit, la présente étude mérite considération en ce qu'il s'agit d'une sérieuse réflexion d'envergure débouchant sur la démonstration de l'applicabilité du concept de curriculum multidimensionnel. De plus, comme le souhaite l'auteur du rapport de l'Étude, les conclusions "devraient permettre aux intervenants dans le domaine de contribuer, à leurs divers niveaux, à l'enrichissement des programmes de français de base en leur donnant le double objectif d'enseignement de la langue et d'éducation générale des apprenants" (R. LeBlanc, 1989, p. 92).

Document 22

L'APPROCHE INTÉGRATIVE

À notre avis, toute activité, quelle qu'elle soit, doit suivre le principe de l'association de la forme ET du sens — y compris les exercices de prononciation ou de conjugaison de verbes, par exemple. Les exercices "mécaniques" ne font pas partie de Bienvenue. *La compétence linguistique s'acquiert mieux en se développant en association avec la compétence de communication ; la forme s'acquiert mieux quand le sens en est le point de départ, c'est notre ferme conviction. En d'autres mots, c'est CE QUE les élèves veulent dire qui détermine COMMENT ils le disent...*

Obliger les élèves à dire [une phrase comme] "Mes sœurs mangent des pommes" *revient en quelque sorte à les faire mentir : certains n'ont qu'une sœur, d'autres n'en ont pas, d'autres ont des sœurs qui n'aiment pas les pommes. Cette phrase sera donc dissociée de la vie de ces élèves. Malgré qu'elle ait une signification en soi, on ne peut la qualifier de significative par rapport à l'expérience personnelle des élèves... [Par contre], pour les élèves, le fait de se faire poser une question à laquelle ils répondent selon leur vécu leur montre que le français n'est pas débranché de la réalité et qu'il est donc utile. Ils seront donc portés à écouter la réponse donnée par leur voisin, ne serait-ce que par curiosité... Les questions personnalisées, même à long terme, ne risquent pas de devenir répétitives ou prévisibles ; elles allégeront [le] travail, en augmenteront la pertinence et le rendront plus amusant...*

Nous nous sommes demandés... si les élèves perçoivent l'observation et l'application des règles de grammaire comme essentielles pour communiquer ou pour donner une réponse pertinente. D'après notre expérience, les élèves ne considèrent presque jamais l'utilisation de ma *au lieu de* mon *ou de* grande *au lieu de* grand *[dans* "Ma sœur est grande"] *comme un enjeu crucial dans la communication...*

Nous avons voulu faire prendre conscience aux élèves que le manque d'observation ou de logique peut avoir pour résultat un message inexact — et pas seulement une forme incorrecte... Dans Bienvenue, *réfléchir et raisonner constituent des méthodes essentielles pour apprendre...*

(Nemni, M., Merrick, S. et Preston, P., 1989, p. 2.)

Document 23

LE CURRICULUM MULTIDIMENSIONNEL :
le syllabus communicatif / expérientiel

L'idée d'inclure des activités communicatives/expérientielles ou non analytiques dans un cours de langue n'a rien en soi de révolutionnaire. [...] Ce qui est original dans la proposition de Stern c'est qu'il propose d'organiser ces activités en un syllabus, c'est-à-dire d'en faire un ensemble cohérent visant le développement de la compétence langagière...

(Duplantie, Monique et Tremblay, Roger, 1990, p. 44.)

Document 24

LE CURRICULUM MULTIDIMENSIONNEL :
le syllabus langue

Sur le plan des objectifs poursuivis, le syllabus langue met l'accent sur l'aspect formel de la langue mais toujours en fonction du contexte d'énonciation. Il se caractérise par l'importance qu'il accorde à la justesse de l'expression et de l'interprétation des messages et par la mise en relief du rapport entre la forme et la fonction. L'approche analytique est privilégiée par opposition à une approche plus intuitive ou expérientielle...

Une première distinction a été faite entre les unités de langue relevant de l'usage, le code linguistique, et celles requises pour l'emploi de la langue, le discours. Autant il a paru utile de mettre l'accent sur le développement de la maîtrise du code, la forme, autant il a été jugé essentiel de s'assurer, en même temps, du développement de la capacité de se servir des unités de langue pour communiquer de façon efficace. En effet, comme Widdowson (...) l'a si bien montré, un locuteur compétent doit certes être en mesure de faire des phrases correctes sur le plan grammatical, mais il doit aussi pouvoir utiliser les phrases appropriées au contexte d'énonciation. De cette prise de position découlent deux conséquences : l'identification des unités du discours et la prise en compte du contexte, entendu au sens des faits qu'il faut connaître pour pouvoir interpréter correctement un énoncé ou pour choisir adéquatement la façon de s'exprimer. Il y a donc là un élargissement non négligeable du contenu de l'inventaire traditionnel des unités de langue.

(Painchaud, Gisèle, 1990, pp. 55 et 57.)

Bibliographie

BEAUDOIN, Clément
1989 "J'ai faim !" : *Étude nationale sur les programmes de français de base*, Ottawa.

BRUMFIT, Christopher
1984 *Communicative Methodology in Language Teaching,* Cambridge, Cambridge University Press.

DUPLANTIE, Monique et TREMBLAY, Roger
1990 "Le syllabus communicatif/expérientiel, essai de synthèse", *Revue canadienne des langues vivantes* 47/1.

DUPLANTIE, Monique, LEBLANC, Raymond et TREMBLAY, Roger
1988 "Initiation au voyage", Ottawa : *Étude nationale sur les programmes de français de base.*

HÉBERT, Yvonne
1990 *Étude nationale sur les programmes de français de base — Le syllabus formation langagière générale*, Winnipeg, ACPLS et Éditions M.

1990 "The General Language Education Syllabus in Summary", *Revue canadienne des langues vivantes* 47/1.

LEBLANC, Clarence, COURTEL, Claudine et TRESCASES, Pierre
1990 *Étude nationale sur les programmes de français de base — Le syllabus culture*, Winnipeg, ACPLS et Éditions M.

LEBLANC, Clarence et COURTEL, Claudine
1990 "Executive Summary : The Culture Syllabus", *Revue canadienne des langues vivantes* 47/1.

LEBLANC, Raymond
1990a *Étude nationale sur les programmes de français de base — Rapport synthèse / National Core French Study — A Synthesis,* Winnipeg, ACPLS et Éditions M.

1990b "Le curriculum multidimensionnel : une synthèse", *Revue canadienne des langues vivantes* 47-1.

1989 "Le curriculum multidimensionnel : une approche intégrée pour l'enseignement de la langue seconde", *Études de linguistique appliquée* 75.

NEMNI, Monique et QUILLARD, Geneviève
1976 *Les Ensembles,* Prentice-Hall Canada Inc.

NEMNI, Monique, SZMIDT, Yvette, LECERF, Bernard et ROBINSON, Ian 1982, 1985,
1986 *Explorations I, II, III*, Prentice-Hall Canada Inc.

186

NEMNI, Monique, MERRICK, Scott, PRESTON, Paula et LECERF, Bernard
1988, 1989 *Bienvenue I, II, III,* Prentice-Hall Canada Inc.

NEMNI, Monique, MERRICK, Scott et PRESTON, Paula
1989 *Bienvenue I : Clic ! - Guide pédagogique - Livret A : Principes et Méthodologie,* Prentice-Hall Canada Inc.

PAINCHAUD, Gisèle
1990 "Les outils de la communication : Le syllabus langue", *Revue canadienne des langues vivantes* 47/1.

RIVERS, Wilga M. (réd.)
1987 *Interactive Language Teaching,* Cambridge : Cambridge University Press.

TREMBLAY, Roger, DUPLANTIE, Monique et HUOT, Diane
1990 *National Core French Study - The Communicative / Experiential Syllabus,* Winnipeg, ACPLS et Éditions M.

TREMBLAY, Roger, PAINCHAUD, Gisèle, LEBLANC, Raymond et GODBOUT, Renée
1989 "Se lancer en affaires avec un jeu" : *Étude nationale sur les programmes de français de base*, Ottawa.

Le courant linguistique :
méthodes centrées sur la nature de la langue

Chapitre 13

La méthode situationnelle

Les origines de la méthode "orale" ou "situationnelle" remontent aux linguistes appliqués britanniques des années 1920-1930, particulièrement Harold Palmer et A.S. Hornby (alors familiers avec les travaux du linguiste danois Otto Jespersen et du phonéticien britannique Daniel Jones, ainsi qu'avec la méthode directe). Ils veulent jeter les fondements scientifiques d'une approche orale qui ne repose pas, comme c'est le cas pour la méthode directe, sur l'intuition (voir document 25 : Henry Sweet). L'accent est surtout mis sur les principes de choix et d'organisation du contenu linguistique à enseigner. Cette méthode est reconnue vers les années 1950 comme la méthode orale britannique.

La méthode situationnelle britannique est encore fréquemment utilisée de nos jours dans certains milieux scolaires surtout pour l'enseignement de l'anglais comme L2, même si vers les années 75-80 plusieurs de ses fondements théoriques ont été ébranlés ou remis en cause, notamment avec l'avènement de l'approche communicative.

Conception de la langue

L'objectif général visé dans la méthode situationnelle est la communication orale.

L'enseignement de L2 commence avec la langue orale. L'oral est toujours enseigné avant l'écrit. Priorité est accordée à l'oral. La lecture et l'écriture ne sont présentées qu'une fois que des bases grammaticales et un vocabulaire suffisants ont été présentés. Les quatre habiletés sont cependant visées. L'écrit est dérivé de l'oral.

En cours de route, l'enseignant est invité à procéder à divers "tests de contrôle" du niveau atteint par les apprenants.

1. Nature de la langue

Dans le cadre du structuralisme linguistique britannique, une langue est vue essentiellement comme un phénomène oral, et c'est la structure syntaxique (ou le cadre syntaxique) qui est considérée comme le cœur même de la langue orale.

Toutefois, même si pareille conception présente beaucoup d'affinités avec la conception de la linguistique américaine de Charles C. Fries, c'est la notion de "situation" qui en fait l'originalité : la présentation et la pratique des structures syntaxiques orales doivent se faire en situation, contrairement à la tendance américaine, qui est non situationnelle. En d'autres termes, vraisemblablement sous l'influence de l'anthropologue Bronislaw Malinowski et des linguistes britanniques J.R. Firth et M.A.K. Halliday, les structures sont conçues comme devant être liées ou associées aux situations dans lesquelles elles sont censées être utilisées. Le terme de "situation", dans ce contexte, ne réfère donc pas ici, comme c'était le cas pour la méthode directe, à un critère de sélection du contenu à présenter, mais à un mode de pratique des structures orales, à l'aide d'images, de gestes, d'objets, etc.

2. Nature de la culture

Comme l'accent est mis sur la communication orale, on entend surtout par culture le comportement quotidien des gens parlant la langue cible.

Conception de l'apprentissage

3. Nature de l'apprentissage

La conception de l'apprentissage sous-jacente à la méthode situationnelle est une forme de théorie béhavioriste, centrée cependant sur le processus plutôt que sur les conditions externes de l'apprentissage (comme ce sera le cas du béhaviorisme américain). Pour Palmer, par exemple, l'apprentissage d'une L2 implique trois processus : recevoir la connaissance (ou le matériel à apprendre), la fixer dans la mémoire par la répétition, et l'utiliser dans la pratique jusqu'à ce qu'elle devienne une habileté personnelle.

En ce sens, l'apprentissage de L2 consiste en la formation d'habitudes linguistiques : des automatismes doivent être créés de manière à permettre à l'apprenant de mettre les mots appris dans les bons cadres structuraux, sans hésitation et même sans y penser (comme c'est le cas, sur ce plan, avec la méthode audio-orale).

4. Rôle de l'apprenant

L'apprenant exécute les directives de l'enseignant et répond à ses questions. Très peu d'initiative lui est laissé, sauf aux stades plus avancés, et ses besoins langagiers ne sont pas pris en compte. Au début, il ne fait qu'écouter et répéter ce que dit l'enseignant.

Conception de l'enseignement

5. Rôle de l'enseignant

Pour la présentation des éléments nouveaux, l'enseignant sert de modèle aux apprenants, met en place les situations nécessaires pour la pratique des structures enseignées, et donne le modèle des nouvelles structures à répéter. Puis, l'enseignant devient comme un chef d'orchestre : il pose des questions, donne des directives, fournit des indices pour faire produire des énoncés corrects, etc. La leçon est dès lors centrée sur l'enseignant.

Enfin, pour la phase pratique, l'enseignant exerce moins de contrôle sur les situations bien qu'il veille attentivement à la production correcte — sans erreur — de la prononciation et des structures. Il doit préparer des révisions du matériel enseigné, ainsi que des tests de contrôle. Au début, l'enseignant contrôle à peu près tout, mais il laisse graduellement de l'initiative à l'apprenant.

6. Rôle du matériel didactique

L'enseignant est essentiel pour le succès de la méthode : le rôle du matériel, vu comme un "guide" (ou "teacher's guide"), se limite à la description d'activités que l'enseignant se doit d'appliquer en classe. Le matériel est non seulement de nature livresque, mais peut consister en images, flashcards, posters, etc. L'élément visuel occupe une place importante.

Conception de la relation pédagogique

7. Relation didactique

• Sélection du contenu

Un sérieux contrôle est exercé sur le choix du vocabulaire. En effet, celui-ci est choisi en fonction de sa fréquence, telle qu'obtenue à la suite de vastes enquêtes portant sur la langue anglaise écrite, comme *A General Service List of English Words* de Michael West (1953), inspiré de *The Interim Report on Vocabulary Selection* par West et Palmer (1936).

La grammaire, c'est-à-dire les structures grammaticales ou syntaxiques (et non les catégories abstraites de la grammaire traditionnelle telles qu'utilisées dans la méthode grammaire-traduction), est également contrôlée : par exemple, "This is..., That is...". Entre autres auteurs, Palmer a tenté de développer des procédures pédagogiques pour enseigner oralement les structures grammaticales au moyen de "tables de substitution", qui peuvent être considérées comme l'ancêtre des "exercices structuraux" qui formeront plus tard un noyau important de toute méthode audio-orale (Hornby, 1963, p. XXXI) :

The ceiling	is	too	high	for	me you	to	touch.
The box	was		heavy		him her		lift.

Cette conception est fondée sur le postulat de l'universalité des grammaires, chaque langue particulière ne représentant qu'un choix parmi plusieurs combinaisons universelles possibles.

Le choix du contenu langagier des leçons est fait en fonction d'un nombre limité de mots de vocabulaire et de structures grammaticales à faire apprendre.

• Organisation du contenu

Les éléments grammaticaux (ou patterns structuraux) sont organisés méticuleusement, allant des formes les plus simples aux plus complexes.

• Présentation du contenu

Le principe de "présentation" fait suite aux principes de "sélection" et de "gradation". Les nouveaux points grammaticaux ou le vocabulaire sont présentés et pratiqués en situation.

L'apprentissage de la grammaire se fait de façon inductive : la signification des mots ou des structures est inférée de l'usage des formes linguistiques dans un contexte situationnel donné. Il n'y a pas d'explication comme telle, mais induction chez l'apprenant. Le vocabulaire et les structures sont appliqués à de nouvelles situations, tant en classe qu'à l'extérieur de la classe, par un processus de généralisation, suivant le modèle apparent de l'apprentissage de L1 par l'enfant.

8. Relation d'apprentissage

• Rôle de L1

Comme dans le cas de la méthode directe, la méthode situationnelle britannique ne recourt généralement qu'à la langue cible en salle de classe : la majorité des auteurs prônant cette approche bannissent la traduction, Palmer excepté.

• Activités pédagogiques

Plusieurs techniques sont utilisées : la répétition guidée, les activités de substitution à l'aide de tables élaborées à cet effet, la répétition en chœur, la dictée, les exercices structuraux ("drills"), la lecture contrôlée, etc.

9. Relation d'enseignement

• Interaction enseignant-apprenants

Au début, l'apprenant ne fait qu'écouter et répéter ce que dit l'enseignant, et répond aux questions. Il n'a pas de contrôle sur le contenu enseigné. Puis, graduellement, une participation plus active lui est demandée : questions par des apprenants à d'autres apprenants, etc., bien que sous le contrôle et l'initiative de l'enseignant.

Comme l'essentiel des interactions se produit entre l'enseignant et les apprenants, il y a peu d'interactions entre apprenants.

• Traitement de l'erreur

L'erreur n'est pas tolérée, tant en prononciation qu'en grammaire.

CONCLUSION

Un des principaux mérites de la méthode situationnelle est l'importance attribuée au concept de situation (le "contexte situationnel" de l'anthropologue Malinowski). Pourtant, cette méthode ne va pas sans quelques difficultés. Par exemple, contrairement au postulat de la priorité de l'oral sur l'écrit, de nos jours l'oral et l'écrit paraissent plutôt former deux modes parallèles et complémentaires de communication, selon les situations de communication en usage. De plus, le postulat de l'universalité des structures ou des cadres syntaxiques de surface est loin de faire l'unanimité parmi les linguistes.

Signalons également le recours à la psychologie béhavioriste comme fondement psychologique de l'apprentissage. De nos jours, avec la psychologie cognitive l'accent est plutôt mis sur l'activité cognitive de l'apprenant (et non seulement sur la fixation dans la mémoire par répétition), sur les mécanismes internes et non sur le conditionnement externe (pour une présentation de la psychologie cognitive, voir "Nature de l'apprentissage", chapitre 14 — L'approche communicative).

Enfin, dans la méthode situationnelle on tient peu compte des besoins et des intérêts de l'apprenant puisque ce qui guide le choix du contenu est de nature linguistique (fréquence du vocabulaire, facilité d'apprentissage du cadre structural).

Document 25

HENRY SWEET

Le principal postulat de la [linguistique] est que toute étude de la langue se doit d'être fondée sur la phonétique... La phonétique est la science des sons de la parole, ou, d'un point de vue pratique, l'art de la prononciation... (p. 4).

Le second postulat fondamental de la [linguistique] est que toute étude de la langue, soit théorique, soit pratique, se doit d'être fondée sur la langue parlée... (p. 49).

La première étape consiste à apprendre à isoler les sons et à les garder constants quelles que soient leurs combinaisons et leurs variations de quantité et d'accent... La seconde étape consiste à apprendre à analyser la façon dont les sons familiers sont formés. Cette analyse doit être aussi bien pratique que théorique... (p. 7).

Suite à l'analyse, le problème le plus important de la phonétique pratique est la notation des sons, ou l'épellation par les sons. Le premier avantage, le plus évident, de la notation phonétique, est que l'apprenant qui a déjà maîtrisé les sons élémentaires de la langue, avec les symboles élémentaires du système de notation qu'il utilise, est en mesure de déchiffrer à coup sûr n'importe quel texte écrit en phonétique sans avoir à surcharger sa mémoire de règles de prononciation... Un autre avantage de la notation phonétique est que, comme l'apprenant voit les mots dans une forme écrite qui représente leur forme réelle parlée, il est en mesure de les reconnaître relativement aisément lorsqu'il les entend — ou, en tout cas, il est mieux préparé à les reconnaître... (p. 9).

Le fondement psychologique de l'étude pratique de la langue est la grande loi de l'association... Tout le processus de l'apprentissage d'une langue consiste à faire des associations. Dans l'apprentissage de notre propre langue, nous associons des mots et des phrases aux pensées, aux idées, aux actions, et aux événements. Les mots eux-mêmes se regroupent en divers groupes associatifs...

Dès lors, la fonction de la grammaire est de regrouper les associations grâce auxquelles tous, nous comprenons et parlons notre propre langue, aussi bien que n'importe quelle langue étrangère qu'il nous est donné d'apprendre... (pp. 102-103).

(Sweet, © 1899-1964, traduction de C. Germain.)

Document 26

HAROLD E. PALMER

[...]

5. *L'importance cruciale des premières étapes*

[...] L'apprentissage d'une langue consiste essentiellement en un processus de formation d'habitudes, et dans la formation d'habitudes ce sont les débuts qui constituent l'étape importante. Si nous n'acquérons pas des habitudes d'observation précise, de reproduction et d'imitation dès les premières étapes, il est peu probable qu'elles puissent être acquises ultérieurement. Il est plus difficile de désapprendre que d'apprendre une chose...

6. *Les principes de l'enseignement des langues*

L'art d'élaborer un cours de langue en est au stade de l'enfance...

La liste qui suit, et qui pourrait renfermer quelques-uns de ces principes [de base d'un cours de langue], représente vraisemblablement les aspects sur lesquels semblent s'entendre tous ceux qui ont étudié la question :

1. *La préparation initiale de l'étudiant par l'entraînement de ses capacités spontanées d'assimilation d'une langue parlée.*

2. *La formation de nouvelles habitudes appropriées et l'utilisation des habitudes antérieures.*

3. *La précision dans l'étude, de manière à prévenir la formation de mauvaises habitudes.*

4. *La gradation de la matière, de manière à assurer un taux de progrès continu.*

5. *Une proportion juste des divers aspects et des diverses branches du sujet.*

6. *La présentation de la langue à apprendre de façon concrète plutôt qu'abstraite.*

7. *Assurer et maintenir l'intérêt de l'étudiant en vue d'un progrès accéléré.*

8. *Un ordre logique de progression suivant les principes de la psychologie de la langue.*

9. *Aborder le sujet simultanément sous plusieurs angles par des moyens différents et appropriés.* ▶

7. La préparation initiale

[...] L'apprentissage d'une langue consiste essentiellement en un processus de formation d'habitudes ; c'est pourquoi nous devons apprendre à former des habitudes. Par la méthode naturelle ou spontanée, l'apprentissage se fait de manière inconsciente ; dès lors, nous devons nous entraîner ou entraîner nos étudiants à former des habitudes de manière inconsciente.

Lorsque les capacités naturelles de formation d'habitudes inconscientes sommeillent chez un adulte, elles peuvent être réactivées grâce à des exercices appropriés, du type suivant :

a) ***des exercices d'entraînement auditif,*** *de manière à ce qu'il apprenne à percevoir correctement ce qu'il entend ;*

b) ***des exercices d'articulation,*** *de manière à habituer ses organes vocaux à produire des efforts musculaires appropriés ;*

c) ***des exercices d'imitation,*** *de manière à être en mesure d'imiter et de reproduire avec succès n'importe quel mot ou n'importe quelle suite de mots produits par un locuteur natif dont le parler sert de modèle... ;*

d) ***des exercices de compréhension immédiate,*** *de manière à en arriver à saisir le sens général de ce qui est entendu, sans qu'il soit nécessaire de recourir à la traduction mentale ou à l'analyse ;*

e) ***des exercices de formation d'associations justes entre les mots et leurs significations,*** *de manière à pouvoir exprimer ses pensées.*

8. Formation et adaptation d'habitudes

L'apprentissage d'une langue consiste essentiellement en un processus de formation d'habitudes. Si nous pouvons parler et comprendre de façon automatique, c'est grâce à la formation de bonnes habitudes. Aucun mot, aucune phrase n'est vraiment "connue" si l'étudiant ne peut la produire de manière automatique (c'est-à-dire sans hésitation ou sans réflexion consciente). Nul ne peut comprendre la langue parlée normalement par un locuteur natif en recourant à la réflexion (par exemple, la traduction ou l'analyse)...

(Palmer, © 1921-1969, pp. 130-133, traduction de C. Germain.)

Bibliographie

HAWKINS, E. W.
1981 *op. cit.* (p. 82)

HOWATT, A.P.R.
1984 *op. cit.* (p.17)

HORNBY, A. S.
1963 *The Teaching of Structural Words and Sentence Patterns,* London, Oxford University Press.

KELLY, Louis G.
1969 *op. cit.* (p. 17)

LARSEN-FREEMAN, Diane
1986 *op. cit.* (p. 151)

PALMER, Harold E.
© **1921-1969** *The Principles of Language-Study,* London, Oxford University Press.

© **1917-1968** *The Scientific Study and Teaching of Languages,* London, Oxford University Press.

RICHARDS, Jack C. et RODGERS, Theodore S.
1986 *op. cit.* (p. 17)

SWEET, Henry
© **1899-1964** *op. cit.* (p. 110)

WEST, Michael (réd.)
1953 *A General Service List of English Words*, London, Longman.

Chapitre 14

L'approche communicative

D'après Richards et Rodgers (1986), il faut voir dans les origines de l'approche communicative la remise en cause, en Grande-Bretagne du moins, de certains principes de l'approche situationnelle, à la fin des années 60 et au début des années 70. Cette remise en cause de l'approche situationnelle coïncide, en fait, avec l'avènement aux États-Unis de la linguistique chomskyenne (la grammaire générative-transformationnelle). Les critiques de Chomsky contre le type de linguistique qui avait alors cours dans les milieux linguistiques — et sur lequel reposaient à la fois la méthode audio-orale américaine et l'approche situationnelle britannique en didactique des langues secondes — allaient ébranler pour de bon les principes de l'approche situationnelle et de la méthode audio-orale.

Il faut cependant préciser que la linguistique chomskyenne n'est pas *directement* à la source de l'approche communicative puisque, selon les tenants de la grammaire générative-transformationnelle, une langue n'est pas conçue comme un instrument de communication, mais bien comme un moyen d'expression de la pensée. L'influence de Chomsky ne s'est fait sentir qu'*indirectement* en didactique des langues secondes. En effet, dans *Aspects of the Theory of Syntax* (1965), Chomsky fait la distinction entre "compétence" et "performance", la "compétence" linguistique étant définie comme la capacité innée que posséderait un "locuteur-auditeur idéal" de produire des énoncés nouveaux, jamais entendus auparavant. Il n'en fallait pas plus pour provoquer (dans un article intitulé "On communicative competence", en 1972) la réaction d'un sociolinguiste comme Hymes, qui a aussitôt reproché à Chomsky de ne pas tenir compte des aspects sociaux du langage pour ne s'en tenir qu'à une conception "épurée" en quelque sorte, de la langue. C'est ce qui a conduit bon nombre d'auteurs à s'intéresser à la nature des conditions sociales de production du langage.

Il faut dire aussi qu'à la même époque certains philosophes du langage (comme Austin et Searle) font porter l'objet de leurs réflexions sur le "langage ordinaire" alors conçu comme un instrument de communication. Par un autre biais, d'autres auteurs s'intéressent plus spécifiquement, quant à eux, aux aspects sémantiques du langage, à ce qui a été peu à peu désigné comme "l'intention de communication", devenue synonyme de "fonction langagière" (demander un renseignement, donner un ordre, etc.).

C'est la convergence de ces quelques courants de recherche ainsi que l'avènement de différents besoins linguistiques dans le cadre d'une Europe élargie (marché commun, Conseil de l'Europe, etc.) qui a en définitive donné naissance à "l'approche communicative". Il faut dire cependant que cette expression n'est apparue que vers les années 1975, quelque temps après l'avènement du mouvement communicatif même, dont les limites demeurent encore assez mal définies.

L'événement marquant qui allait donner l'occasion à quelques chercheurs de fondre en un tout l'ensemble des courants théoriques convergents dont il vient d'être question, est d'ordre politique. En effet, c'est en 1972 que le Conseil de l'Europe réunissait un groupe d'experts chargés de mettre sur pied des cours de langue pour adultes. C'est de là qu'allait sortir en 1975 le fameux *Threshold Level English* pour l'enseignement de l'anglais comme langue étrangère en contexte européen, d'où a été dérivé en 1976, pour le français langue étrangère, *Un niveau-seuil*. Une des caractéristiques de ce volumineux document est qu'il spécifie, pour chaque "acte de parole" ou "fonction langagière", une liste d'énoncés possibles : pour la fonction "demande à autrui de faire quelque chose", on peut trouver, par exemple, des énoncés aussi variés que : "Pouvez-vous fermer la porte, s.v.p. ?", "La porte !", "Auriez-vous la gentillesse de fermer la porte, s.v.p. ?", etc. Une autre caractéristique est que les auteurs mettent l'accent sur la nécessité, dans l'établissement de tout programme d'enseignement d'une L2, de prendre en compte les besoins langagiers des apprenants (voir Document 28).

Un autre ouvrage d'importance publié la même année (1976) par un de ces experts, David Wilkins, est *Notional Syllabuses*. Par la suite, de nombreux auteurs, britanniques pour la plupart, allaient se mettre à produire quantité d'ouvrages et d'articles sur l'approche communicative [33].

Conception de la langue

Les quatre habiletés linguistiques peuvent être développées, tout dépendant des besoins langagiers des apprenants. Dans certains ensembles pédagogiques communicatifs, il arrive, par exemple, que l'écoute soit privilégiée, alors que dans d'autres ouvrages didactiques, c'est l'expression orale, la compréhension, ou bien l'expression écrite, tout dépendant des intérêts, des désirs et des besoins des apprenants.

1. Nature de la langue

La langue est vue avant tout comme un instrument de communication, ou mieux comme un instrument d'interaction sociale. Les aspects spécifi-

---

33. Au Québec, les programmes ministériels de langue seconde (FL2 et AL2) tant au primaire qu'au secondaire sont des produits dérivés ou inspirés des documents du Conseil de l'Europe. C'est l'approche communicative qui est prônée.

quement linguistiques (sons, structures, lexique, etc.) constituent la compétence grammaticale, qui ne serait en fait qu'une des composantes d'une compétence plus globale : la "compétence de communication". Selon Canale et Swain (1980), les autres composantes sont la compétence sociolinguistique, comprenant une composante socioculturelle et une composante discursive, et la compétence stratégique (voir Document 27) [34].

En effet, un des principes de l'approche communicative est qu'il ne suffit pas de connaître les règles d'une L2 pour pouvoir communiquer dans cette langue. La connaissance des règles, du vocabulaire et des structures grammaticales est une condition *nécessaire* mais *non suffisante* pour la communication. Pour communiquer efficacement en L2 il faut, en plus, connaître les règles d'emploi de cette langue. Cela signifie savoir quelles formes linguistiques employer dans telle ou telle situation, avec telle ou telle personne, compte tenu de l'intention de communication (persuader, donner des ordres, faire une demande, etc.). En d'autres termes, on ne transmet pas un message de la même manière selon que l'on s'adresse à un subalterne, à un ami, à un collègue, ou à un supérieur.

Le but général est d'en arriver à ce que les apprenants communiquent de façon efficace en L2. Par rapport aux méthodes ou approches précédentes, les tenants de l'approche communicative considèrent qu'une communication efficace implique une adaptation des formes linguistiques à la *situation de communication* (statut de l'interlocuteur, âge, rang social, lieu physique, etc.) et à l'*intention de communication* (ou fonction langagière : demander d'identifier un objet, demander une permission, donner des ordres, etc.). C'est ce que l'on pourrait appeler "la double dimension adaptative de la langue" : la forme linguistique doit être adaptée à la fois à l'intention de communication et à la situation de communication. Pareille conception pourrait être illustrée à l'aide du schéma suivant (figure 7) :

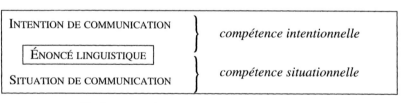

INTENTION DE COMMUNICATION } *compétence intentionnelle*

ÉNONCÉ LINGUISTIQUE

SITUATION DE COMMUNICATION } *compétence situationnelle*

Fig. 7 — La double dimension adaptative de la langue

Dans cette perspective, savoir communiquer signifierait être en mesure de produire des énoncés linguistiques conformes, d'une part, à l'intention de communication (comme demander une permission, etc.) et, d'autre part, à la situation de communication (statut, rang social de l'interlocu-

34. Selon Sophie Moirand, la compétence de communication comprendrait plutôt une composante linguistique, une composante discursive, une composante référentielle, et une composante socioculturelle (1982, p. 20).

teur, etc.). En ce sens, l'essentiel d'une compétence de communication résiderait dans les relations entre ces divers plans ou diverses composantes (Germain, 1991, p. 89).

De plus, le sens communiqué n'est pas toujours totalement identique au message que le locuteur a voulu transmettre. Le sens est vu comme le produit d'une interaction sociale, c'est-à-dire d'une "négociation" entre deux interlocuteurs plutôt qu'un simple produit qu'un locuteur désire transmettre.

Cette dernière remarque vaut d'ailleurs autant pour l'écrit que pour l'oral. À l'écrit, il y a négociation du message en ce sens que le lecteur essaie de comprendre les intentions du scripteur, alors que ce dernier écrit en ayant en vue les réactions d'un éventuel lecteur. Le sens ne réside donc pas exclusivement dans le texte proprement dit, mais est le produit d'une négociation entre au moins deux personnes.

2. Nature de la culture

Par culture, l'approche communicative fait surtout référence à la vie quotidienne, en tenant compte du comportement non verbal qui accompagne toute communication linguistique.

Conception de l'apprentissage

3. Nature de l'apprentissage

Apprendre une langue ne consiste pas, comme le croyaient les psychologues béhavioristes et, à leur suite, les tenants de la méthode audio-orale en L2, à former un ensemble d'habitudes. Au début des années 60, des psychologues cognitivistes, marqués par la linguistique chomskyenne (grammaire générative-transformationnelle), commencent à considérer l'apprentissage comme un processus beaucoup plus créateur, davantage soumis à des mécanismes internes qu'à des influences externes. Les êtres humains, commence-t-on à penser, n'apprennent pas une langue par simple imitation puisqu'ils sont amenés à produire des énoncés qu'ils n'ont jamais entendus auparavant. Apprendre une langue consisterait donc à apprendre à former des règles permettant de produire de nouveaux énoncés plutôt qu'à répéter des énoncés déjà entendus dans l'environnement extérieur. La pensée jouerait un rôle dans la découverte de ces règles de formation des énoncés, d'où le nom de psychologie "cognitive" ou "cognitiviste".

On pourrait définir très schématiquement la psychologie cognitive en disant qu'il s'agit avant tout d'une façon de prendre en compte la participation de l'individu à son propre apprentissage. L'apprenant n'est plus considéré comme un être recevant passivement de l'enseignant un ensemble de stimuli extérieurs, comme c'était le cas pour la psychologie béhavioriste. L'apprentissage est considéré comme un processus actif qui se déroule à l'intérieur de l'individu et qui est susceptible d'être influencé avant tout par cet individu. Le résultat de l'apprentissage est moins le produit de ce qui a été présenté par l'enseignant ou le matériel didactique utilisé que le produit conjoint de la nature de l'information présentée et de la manière dont cette information a été traitée par l'apprenant lui-même.

Ainsi, l'individu est considéré comme un être actif capable de traiter de l'information allant de l'intrant (ou *input*) à l'extrant (ou *output*). L'énergie physique reçue de l'environnement est envoyée au cerveau où elle subit une première transformation au niveau de la mémoire sensorielle : une partie de l'information est rejetée et la partie sélectionnée est acheminée vers la mémoire à court terme. Là, l'information est codée, c'est-à-dire qu'elle est intégrée à l'information déjà connue et stockée dans la mémoire à long terme en vue d'une éventuelle réutilisation (Duquette, 1989, pp. 27-28).

Quelques tentatives d'adaptation de la théorie cognitive du traitement de l'information — qu'il serait trop long de présenter ici plus en détail, compte tenu de la complexité des modèles — ont été faites pour la L2 : par exemple, le modèle de Bialystok (1978), la théorie de l'apprentissage de McLaughlin, Rossman et McLeod (1983), et le modèle de compréhension de l'oral de Nagle et Sanders (1986) [35].

Quant à la théorie des "schèmes" (surtout appliquée au domaine de la lecture), intégrée au modèle cognitif, elle met surtout en valeur le rôle des connaissances antérieures chez l'apprenant. La connaissance du monde serait faite de schèmes ou scénarios de base provenant de la connaissance préalable qu'un apprenant possède d'une situation donnée. Par exemple, le fait de commander un repas dans un restaurant rappelle des épisodes propres à cette situation, c'est-à-dire un ensemble d'actes déterminés posés suivant telle ou telle séquence : entrer, s'asseoir, commander, manger, régler la note, et sortir. La connaissance du monde s'articulerait autour de schèmes rappelant les épisodes propres à chaque situation.

Dans cette perspective, on comprend que certains schèmes préalables, ou schèmes de connaissance antérieurs, puissent parfois faire obstacle à la compréhension : il suffit par exemple qu'il y ait absence d'harmonie entre les prédictions de l'apprenant et l'information nouvellement reçue. Également, certains obstacles peuvent être liés à des aspects culturels, dans la compréhension d'un texte : il semblerait que la compréhension des textes dépende davantage du "background" culturel du lecteur que du niveau de complexité linguistique du texte même (Duquette, pp. 37-38).

Quoi qu'il en soit du détail de la psychologie cognitive ou de la théorie psychologique des schèmes, il reste que les fondements psychologiques

---

35. Pour une présentation relativement détaillée, en français, de ces modèles et théories, consulter l'article de Duquette (1989).

de l'approche communicative se situent pratiquement aux antipodes de la psychologie béhavioriste antérieure, qui avait servi de base à la méthode audio-orale de souche américaine. Mais, alors que la méthode audio-orale a été élaborée en prenant directement appui sur la psychologie béhavioriste, on ne trouve rien de semblable dans l'approche communicative : les références à la psychologie cognitive ont le statut de fondements *a posteriori,* élaborés après *Un niveau-seuil* par exemple, document qui ne renferme aucune considération d'ordre proprement psychologique.

4. Rôle de l'apprenant

L'apprenant est considéré comme un "communicateur", c'est-à-dire comme un partenaire dans la négociation du sens ou du message communiqué. De plus, l'apprenant est en grande partie responsable de son propre apprentissage, dans la mesure surtout où le rôle de l'enseignant est moins directif ou autoritaire que dans les méthodes ou approches traditionnelles.

Dans l'approche communicative, l'accent est nettement mis sur le processus plutôt que sur le produit de la communication.

Conception de l'enseignement

5. Rôle de l'enseignant

Avec l'avènement de l'approche communicative, les rôles de l'enseignant sont passablement diversifiés. De nombreux auteurs se sont interrogés sur cette question et les rôles varient en fonction de chaque auteur : un "modèle", un "facilitateur", un "organisateur" des activités de la classe, un "conseiller", un "analyste" des besoins et intérêts des apprenants, un "co-communicateur", etc.

Pour les besoins de la cause, qu'il suffise ici de rappeler les rôles de l'enseignant de L2, suivant le programme de FL2 (niveau secondaire) du ministère de l'Éducation du Québec :
— développer et maintenir chez l'apprenant une attitude positive face à l'apprentissage et face à l'emploi de L2. Pour cela, d'une part, il est encouragé à mettre l'accent sur le "message" plutôt que sur la "forme" linguistique et, d'autre part, il doit encourager l'apprenant à "prendre des risques" lorsque celui-ci s'exprime en L2 ;
— créer un environnement linguistique riche et varié afin de permettre à l'apprenant d'émettre ses propres hypothèses sur le fonctionnement de L2. L'enseignant se doit alors d'être un modèle, un "facilitateur", et un guide, un peu à l'image des parents vis-à-vis de leurs enfants lors de l'acquisition de la langue maternelle ;
— rendre l'apprentissage "signifiant" (non centré sur la seule forme linguistique) tout en tenant compte de l'âge, des intérêts, et des besoins des apprenants.

6. Rôle du matériel didactique

Une des caractéristiques de l'approche communicative est que l'enseignant recourt, dans la mesure du possible, à des documents dits authentiques, c'est-à-dire non expressément conçus pour être utilisés dans une classe de langue seconde : par exemple, un éditorial de journal, un calendrier, un menu de restaurant, un bulletin de nouvelles à la radio, etc. Le choix des documents authentiques se doit de correspondre aux besoins langagiers et aux intérêts des apprenants, conformément à l'un des grands principes de base de l'approche communicative.

Conception de la relation pédagogique

7. Relation didactique

• Sélection du contenu

Diverses formes linguistiques, destinées à transmettre un même message (par ex. : "Comment tu t'appelles ?" ; "Tu t'appelles comment ?" ; "Ton nom ?" ; "C'est quoi, ton nom ?", etc.) sont présentées, au moins au plan de la compréhension orale.

Le niveau du discours — c'est-à-dire de la relation entre les énoncés en situation de communication — est pris en compte, de sorte que les apprenants sont amenés à détecter, dans un texte, la "cohésion" (les relations entre deux énoncés), et la "cohérence" (les relations entre des énoncés et la situation extra-linguistique). Par exemple, entre les deux énoncés suivants on dira qu'il y a cohésion :
— "Est-ce que tu vas à Québec demain ?"
— "Non, je n'y vais pas."

Par ailleurs, entre la question et la réponse suivantes, on dira qu'il y a cohérence (mais non cohésion) :
— "Est-ce que tu vas à Québec demain ?"
— "Les employés d'Air-Canada sont en grève."

• Organisation du contenu

Les formes linguistiques les plus simples sont présentées en premier lieu, mais le choix de ces formes est plutôt arbitraire et intuitif.

• Présentation du contenu

La méthode communicative n'a pas encore réussi à faire l'unanimité quant à une démarche pédagogique spécifique. Toutefois, comme les directives émanant du ministère de l'Éducation du Québec renferment un ensemble cohérent de données sur la question, les paragraphes qui suivent s'inspireront largement de ces conceptions.

Dans le *Guide pédagogique* pour l'enseignement de l'anglais L2 au primaire (AL2), ainsi que dans le *Guide pédagogique* pour l'enseignement du français L2 (FL2) au primaire — guides publiés par le ministère de

l'Éducation du Québec — la "démarche pédagogique" suggérée en vue d'un enseignement du type communicatif comprend les cinq phases suivantes :
— la présentation,
— l'exercice,
— la communication,
— l'évaluation,
— la consolidation (phase facultative).

A. *La présentation*

La phase de présentation, très brève, sert à désigner ce que fait l'enseignant entre le moment où il entre en classe "et celui où les élèves commencent à s'exercer" (1981, AL2, p. 22). Cette phase consiste avant tout à s'assurer que les apprenants comprennent bien le contenu de ce qu'ils ont à apprendre. C'est pourquoi il est recommandé de recourir à la langue maternelle des apprenants. Au cours de cette phase l'enseignant fournit les expressions nouvelles et les mots nouveaux avec lesquels les apprenants auront à travailler, en tâchant de les relier le plus possible au contenu linguistique déjà appris. Du côté des apprenants, il s'agit d'une activité "d'écoute active". En bref, la phase de présentation :
— *"introduit les objectifs de base (fonctions, notions, lexique, énoncés),*
— *assure que les élèves ont compris le contenu de leur apprentissage,*
— *mise sur l'enseignant qui fournit le modèle dans la langue cible,*
— *prépare les élèves aux stades ultérieurs,*
— *est brève"* (AL2, 1981, p. 23).

B. *L'exercice*

Cette deuxième phase de la démarche pédagogique est définie comme "l'usage que les élèves font de la langue après y avoir été exposés" (AL2, p. 23). C'est au tour des apprenants d'utiliser la langue. Pour cela, l'enseignant dispose de deux stratégies. La première consiste à introduire des activités très contrôlées. C'est ainsi que l'enseignant fournit un cadre dans lequel les apprenants se doivent d'utiliser la langue. Dans le cas de l'enseignement d'une L2 à des enfants du primaire, cela peut vouloir dire faire faire des exercices de "répétition" d'une comptine ou d'une chanson, par exemple. L'enseignant aide alors chaque groupe à répéter sa partie de la chanson ou de la comptine.

La seconde stratégie consiste à recourir à une activité moins contrôlée : par exemple, il peut s'agir de poursuivre l'activité précédente mais en divisant les apprenants en groupes plus petits de manière à mieux suivre chacun. Au cours de cette activité, les apprenants peuvent aussi être amenés à agencer eux-mêmes, dans de nouvelles combinaisons, les éléments linguistiques déjà présentés : "Bien qu'on leur demande d'utiliser les mots et les expressions qu'on leur a imposés, le choix de l'agencement de la langue leur appartient" (AL2, p. 24). En somme, au cours de cette phase on retiendra les points suivants :

— *"s'attacher à manipuler les éléments de la langue en contexte et dans un but précis,*
— *permettre la répétition du contenu par différents moyens,*
— *utiliser la langue imposée par l'enseignant à des degrés divers,*
— *transférer graduellement à l'élève la responsabilité de l'emploi de la langue seconde"* (AL2, p. 25).

C. La communication

C'est l'étape cruciale de la démarche pédagogique proposée. L'initiative, exercée jusqu'ici par l'enseignant, est transmise aux apprenants. L'enseignant n'a plus qu'à les soutenir dans leur tentative d'utilisation de L2. Afin de conserver son caractère "communicatif", écrivent les auteurs des *Guides* ministériels, toute activité doit avoir un but, c'est-à-dire qu'elle doit comporter les trois caractéristiques suivantes :
"1. imprévisibilité de la réponse,
2. choix des énoncés,
3. besoin réel de savoir" (AL2, p. 25).

En d'autres termes, les activités proposées doivent refléter le type de langue utilisée dans la vie de tous les jours. Par exemple, l'enseignant peut proposer un jeu dans lequel les apprenants doivent donner les renseignements demandés pour pouvoir gagner. En ce sens, les apprenants sont amenés à "prendre des risques" dans leur utilisation de la langue. L'enseignant se charge surtout de créer un contexte susceptible de favoriser l'apprentissage de L2. En somme, la phase de communication :
"— doit être centrée sur l'élève qui utilise la langue seconde dans des activités non contrôlées dont les caractéristiques sont l'imprévisibilité de la réponse, le besoin de savoir et le choix des énoncés ;
— *crée des situations qui permettent d'utiliser la langue dans différents contextes ;*
— *permet à l'élève d'intégrer l'inconnu au connu ;*
— *favorise l'expression libre, c'est-à-dire des échanges où l'accent est mis sur la transmission du message plutôt que sur sa forme"* (AL2, p. 27).

D. L'évaluation

Comme cette phase fait l'objet de tout un guide — le *Guide d'évaluation* — il serait trop long de la reprendre en détail. Qu'il suffise ici de rappeler que, en règle générale, dans une perspective communicative l'erreur est vue comme un processus naturel d'apprentissage. Dans les *Guides pédagogiques* du ministère de l'Éducation du Québec, il est suggéré de relever (évaluer), essentiellement, deux types d'erreurs : les erreurs de contenu qui gênent la communication, et les erreurs liées à la structure, même si celles-ci ne nuisent pas à la communication, comme dans "I have 12 years old", dans l'apprentissage de l'anglais L2 par un francophone. Dans ce dernier cas, la correction de l'erreur s'impose sinon l'apprenant risque d'avoir éventuellement de sérieux problèmes dans l'usage du verbe "to be". Pour le traitement de ce type d'erreur, il faut alors se référer à la phase suivante : la consolidation.

E. La consolidation

La phase de consolidation, facultative, porte davantage sur la correction de la forme que sur le contenu. C'est pourquoi elle ne comporte pas d'éléments linguistiques nouveaux et peut, de fait, être introduite à n'importe quelle étape de la démarche. Cette phase peut consister, par exemple, à corriger une forme fautive ou à donner une nouvelle explication. En bref, la consolidation est une phase

"— ... qui consiste à réintégrer des éléments déjà couverts avec [les] élèves (leçons, unités, étapes, années antérieures) ;
— ... que l'on peut introduire à quelque moment que ce soit en fonction des difficultés particulières qu'éprouvent les élèves à employer la langue" (AL2, p. 28).

Les auteurs sont loin d'être unanimes quant au rôle et quant à la place de la grammaire dans le cadre de l'approche communicative. C'est ainsi que dans le chapitre intitulé : "Approche communicative et grammaire" (dans Boucher, Duplantie, et LeBlanc, 1986), Lise Desmarais et Monique Duplantie font état de trois grands types d'attitudes vis-à-vis de la grammaire.

Tout d'abord, il y a des méthodologues, comme les Américains Krashen et Terrell, ou les Britanniques Breen et Candlin, qui optent pour une position forte : selon eux, l'adhésion à une approche communicative implique le rejet d'un enseignement analytique, c'est-à-dire l'absence d'un enseignement de la grammaire.

Ensuite, il y des chercheurs, tels les Britanniques Munby et Brumfit, des Français comme Courtillon et certains collaborateurs de *Un niveau-seuil,* ou des didacticiens canadiens comme Tremblay, Massey et Nutbrown-Massey — auteurs de la méthode d'anglais L2 *Connecting* — qui optent pour une *position médiane.* Ces auteurs favorisent un enseignement à la fois analytique et non analytique de la langue : des activités de communication sont adjointes à un syllabus ou programme ayant un contenu spécifique.

Enfin, il y a ceux qui adoptent une *position faible* de l'approche communicative : la grammaire occupe toujours, dans cette optique, une place prioritaire dans les programmes de L2.

En règle générale, ceux qui accordent une importance à la grammaire dans un cadre communicatif s'entendent pour privilégier un mode inductif d'apprentissage, appuyé par un enseignement explicite de la grammaire.

8. Relation d'apprentissage

• Rôle de L1

De préférence, c'est la L2 qui est utilisée en salle de classe. Toutefois, à la limite, lorsque cela s'avère impossible ou irréaliste, le recours à la langue maternelle des apprenants est toléré. La traduction est acceptée dans certaines circonstances.

• Activités pédagogiques

Une des caractéristiques de l'approche communicative est que toute activité implique une intention de communication. Les activités privilégiées ne sont plus les "exercices structuraux" chers à la méthode audio-orale, ou les exercices de simple répétition, mais bien les jeux, les jeux de rôle, les simulations, les résolutions de problèmes, etc. En d'autres termes, il s'agit surtout de concevoir des activités pédagogiques susceptibles de conduire à une véritable communication, avec tout ce que cela implique comme adaptation, comme on l'a vu précédemment, des formes langagières à la situation de communication et comme adéquation à l'intention de communication.

D'après Morrow (1981), ce qui caractérise une activité communicative, c'est que :
1) elle transmet de l'information : cela se produit lorsqu'une personne pose une question à une autre (par exemple, "Comment t'appelles-tu" ?) et qu'elle ne connaît effectivement pas la réponse ;
2) elle implique un choix de ce qui est dit et de la manière de le dire : dans un exercice structural traditionnel, le contenu et la forme linguistique sont prédéterminés de sorte que l'apprenant n'est pas libre de donner une réponse de son choix ;
3) elle entraîne une rétroaction (un "feedback") : c'est par la réaction de son interlocuteur qu'un locuteur peut déterminer si son but est atteint ou non.

9. Relation d'enseignement

• Interaction enseignant-apprenants

C'est à l'enseignant que revient la tâche de suggérer diverses activités de communication. Il arrive donc que l'enseignant n'interagit pas avec les apprenants. Parfois, cependant, il agit en tant que co-communicateur avec les apprenants. Mais, en règle générale, il se contente de fournir un environnement linguistique riche et varié, de suggérer des situations de communication stimulantes, etc.

Dans l'approche communicative, les apprenants sont appelés à agir entre eux très souvent : dyades, triades, petits groupes, groupes moyens, etc.

• Traitement de l'erreur

Les psychologues cognitivistes, comme on l'a vu ci-dessus, attribuent à l'apprenant d'une L2 un rôle très actif dans son propre processus d'apprentissage. Par exemple, croit-on, l'erreur est inévitable et n'est que le signe de l'état de maîtrise provisoire de la langue par l'apprenant. C'est ainsi que chaque apprenant se construirait sa propre "interlangue", sorte de langue intermédiaire provisoire, différente à la fois de la langue de départ et de la langue cible. Par ses erreurs, l'apprenant montre qu'il teste continuellement les hypothèses qu'il fait sur la langue. L'erreur est vue comme un processus naturel d'apprentissage. Dans cette perspective, l'enseignant est amené à adopter une attitude de tolérance vis-à-vis de l'erreur.

CONCLUSION

Comme l'approche communicative est un mouvement relativement récent, il serait prématuré d'en faire une critique systématique. Parmi les quelques difficultés signalées jusqu'ici, on peut relever la question de la formation ou du perfectionnement des enseignants. En effet, le concept d'authenticité n'a peut-être pas la même résonance chez ceux qui enseignent leur langue maternelle (par exemple, des francophones qui enseignent le français comme L2) et chez ceux qui enseignent une seconde langue qu'ils ne maîtrisent pas toujours parfaitement (par exemple, certains francophones qui enseignent l'anglais comme L2 et qui, parfois, ne maîtrisent pas très bien l'anglais).

D'autre part, il n'est pas toujours facile pour un enseignant de L2 de se procurer des documents "authentiques" lorsqu'il enseigne dans un milieu où l'on ne parle à peu près pas cette langue.

De plus, il ne suffit pas de recourir à des documents dits authentiques pour développer une véritable pédagogie de l'authenticité, qui implique en fait une authenticité d'interaction verbale en salle de classe.

La question du niveau d'application se pose toujours avec une certaine acuité : avec des vrais débutants en L2, peut-on prétendre recourir à une approche communicative intégrale ?

Enfin, la place à accorder aux aspects formels de L2 (phonétique, vocabulaire, grammaire, aspects pragmatiques, etc.) par rapport aux aspects plus proprement communicatifs, est toujours l'objet de nombreux débats (à cet égard, voir le chapitre intitulé "La revue critique des principes de base" de l'approche communicative, dans C. Germain, 1991, pp. 75-90).

Document 27

LA COMPÉTENCE DE COMMUNICATION
(Canale et Swain)

La compétence de communication se compose minimalement d'une compétence grammaticale, d'une compétence sociolinguistique, et de stratégies de communication ou de ce que nous appellerons une compétence stratégique. Il n'y a pas de motifs théoriques ou empiriques solides qui nous permettraient de soutenir que la compétence grammaticale est plus centrale ou moins centrale pour une communication efficace, que la compétence sociolinguistique ou que la compétence stratégique. Le but premier d'une approche communicative doit être de faciliter chez l'apprenant l'intégration de ces types de savoirs...

La compétence grammaticale. *Cette composante sera comprise comme incluant la connaissance d'éléments lexicaux et de règles de morphologie, de syntaxe, de grammaire sémantique de la phrase, et de phonologie. Il ne va pas de soi que l'on puisse à l'heure actuelle choisir telle théorie grammaticale plutôt que telle autre pour caractériser la compétence grammaticale, tout comme on ne sait pas de quelle manière une théorie de la grammaire est directement pertinente pour la pédagogie des langues secondes (...), bien que la relation entre les deux questions ait été récemment soulevée dans des travaux sur la pédagogie de la grammaire...*

La compétence sociolinguistique. *Cette composante comprend deux ensembles de règles : des règles socioculturelles, et des règles du discours. La connaissance de ces règles sera centrale dans l'interprétation de la signification sociale des énoncés, particulièrement lorsqu'il y a opacité entre la signification littérale d'un énoncé et l'intention du locuteur. Les règles socioculturelles vont spécifier la façon dont les énoncés sont produits et compris de manière appropriée, suivant la perspective des événements de communication esquissée par Hymes... [Quant aux règles du discours], elles peuvent être conçues en termes de cohésion (i.e. de liens grammaticaux) et de cohérence (i.e. une combinaison appropriée de fonctions communicatives)...*

La compétence stratégique. *Cette composante sera constituée des stratégies verbales et non verbales qui peuvent être utilisées pour compenser les ratés de la communication dus soit à des variables au niveau de la performance, soit à une compétence incomplète...*

(Canale et Swain, 1980, pp. 27-30, traduction de C. Germain.)

Document 28

L'ANALYSE DES BESOINS LANGAGIERS
(Germain)

Dans la plupart des cas où l'élaboration des programmes est fondée sur une analyse de besoins, il s'agit pratiquement toujours de besoins de l'institution plutôt que de besoins de l'apprenant en tant qu'individu... Quant [aux] aspirations personnelles ou intérêts, et [aux] besoins socioculturels [de l'apprenant], ils sont pratiquement toujours laissés pour compte. Le caractère limitatif de ce type d'analyse saute aux yeux si l'on songe que les besoins identifiés pour un poste donné restent identiques quelle que soit la personne qui occupe le poste... Il est même à se demander, en fin de compte, si la prétendue pédagogie centrée sur l'apprenant ne serait pas, en fait, au-delà d'une terminologie trompeuse, une pédagogie centrée sur l'institution...

Le risque est donc peut-être plus grand qu'on ne le pense, si l'on se fie à ce qui précède, d'en venir à enseigner non plus la langue, mais bien la langue d'un métier. En d'autres termes, en bâtissant un enseignement sur mesure, comment espérer que l'apprenant en arrive à transposer ses connaissances dans la vie de tous les jours, hors de son milieu de travail ?... Il y a de quoi soulever des inquiétudes, surtout quand on songe que l'une des principales causes de l'échec de l'enseignement des langues à l'aide des méthodes structurales a été précisément cette incapacité des étudiants à transférer ou transposer dans leur milieu quotidien les connaissances acquises en salle de classe... Le problème a été déplacé : a-t-il pour autant été résolu ?...

Une saine pédagogie se devrait de tenir compte non seulement des besoins d'ordre institutionnel, mais également des besoins et aspirations de l'individu en tant qu'individu... Il semble préférable de faire une part de plus en plus grande aux aspirations, besoins subjectifs et intérêts des apprenants à mesure que l'on descend dans l'échelle scolaire. En d'autres termes, à l'inverse de ce qui se passe dans le milieu adulte, plus l'enfant est jeune, plus ce sont ses aspirations personnelles et ses intérêts qui devraient être mis au centre de son apprentissage, sans toutefois que même ses besoins ponctuels soient négligés comme c'était le cas jusqu'ici. Le risque paraît grand, en tout cas, de vouloir à tout prix ne faire reposer les programmes d'enseignement, à quel que niveau que ce soit, que sur des besoins institutionnels...

(Germain, 1979, pp. 14-15.)

Document 29

LE VOCABULAIRE
(Germain)

Une des options fondamentales de l'approche communicative repose sur la conviction que l'enseignement doit être centré sur l'apprenant. Or, c'est un fait que pour ce dernier, le vocabulaire... est d'une importance primordiale : la connaissance d'un nombre important de mots de vocabulaire est vue comme une nécessité (Galisson, 1983).

Pour nous en convaincre, il suffit de penser à notre propre expérience ou à celle de nos parents ou amis appelés à communiquer dans une langue peu connue : ne nous empressons-nous pas de recourir spontanément à un dictionnaire ou à un lexique afin de savoir comment se dit, dans l'autre langue, tel ou tel mot ? À la limite, avec une bonne connaissance du lexique une personne finit toujours par se débrouiller en langue seconde... Mais, même si le vocabulaire est une condition nécessaire pour communiquer, il reste cependant qu'il n'en est pas une condition suffisante...

Compte tenu du principe que le vocabulaire a une grande importance pour l'apprenant, et compte tenu du fait que l'enseignement est censé respecter jusqu'à un certain point les desiderata de l'apprenant, n'y aurait-il pas lieu alors de se soucier d'intégrer véritablement l'apprentissage du vocabulaire dans une perspective qui se veut communicative ?

Pour cela, il convient tout d'abord de s'interroger sur la pertinence des listes prédéterminées de vocabulaire. Doit-on, dans une approche communicative, continuer à choisir les éléments du lexique à enseigner en fonction de leur fréquence d'usage (et parfois de leur répartition) comme on le faisait autrefois ?... Doit-on plutôt choisir le lexique en fonction d'inventaires d'objets (du type "Maison et foyer", "Voyages et déplacements", etc.) et de notions générales (comme "avec, sans, sauf") et spécifiques (comme "ville, grand", etc.) tel que proposé dans Un niveau-seuil *?... Qu'il s'agisse d'un critère d'usage ou d'un critère de besoins langagiers, il est question dans les deux cas de spécifier au préalable le "quoi" enseigner...*

Dans une approche communicative qui se veut plutôt axée sur le recours à des documents authentiques tant oraux qu'écrits, et qui remet en cause, de ce fait, les principes de choix et de progression des éléments linguistiques à enseigner, la problématique du vocabulaire n'est plus la même : les inventaires lexicaux n'ont vraisemblablement plus leur place. Qu'advient-il, dès lors, de l'enseignement du vocabulaire ?

(Germain, 1984, pp. 8-9.)

Bibliographie

1987   *Annual Review of Applied Linguistics* 8, Cambridge University Press.

BESSE, Henri et GALISSON, Robert
1980   *Polémique en didactique — Du renouveau en question,* Paris, CLE International.

BESSE, Henri et PORQUIER, Rémy
1984   *Grammaires et Didactique des langues,* Paris, Hatier-Crédif.

BESSE, Henri
1985   *op. cit.* (p. 17)

BIALYSTOK, E.
1978   "A theoretical model of second language learning", *Language Learning* 28/1.

BREEN, M. et CANDLIN, C. N.
1980   "The essentials of a communicative curriculum in language teaching", *Applied Linguistics* 1/2.

BRUMFIT, C. J. et JOHNSON, K. (réd.)
1979   *The Communicative Approach to Language Teaching,* Oxford, Oxford University Press.

CALVÉ, Pierre et MOLLICA, Anthony (réd.)
1987   *Le Français langue seconde — Des principes à la pratique,* Welland, Ont., *La Revue canadienne des langues vivantes.*

CANALE, Michael et SWAIN, Merrill
1980   "Theoretical bases of communicative approaches to second language teaching and testing", *Applied Linguistics* 1/1.

COMPAIN, Jean
1990   *Étude de la production orale en langue seconde d'apprenants adultes dans un cours axé sur les habiletés réceptives,* thèse de Ph. D., Éducation, Université du Québec.

DESMARAIS, Lise et DUPLANTIE, Monique
1986   "Approche communicative et grammaire", in A.-M. Boucher, M. Duplantie et R. LeBlanc (réd.), *Propos sur la pédagogie de la communication en langues secondes,* Montréal, Centre éducatif et culturel.

DUQUETTE, Lise
1989   "Les habiletés réceptives : situation actuelle et perspectives pédagogiques", in R. LeBlanc, J. Compain, L. Duquette et H. Séguin (réd.), *L'Enseignement des langues secondes aux adultes : recherches et pratiques,* Ottawa, Les Presses de l'Université d'Ottawa.

ELLIS, R.
1986   *Understanding Second Language Acquisition,* Oxford, Oxford University Press.

FINOCCHIARO, Mary et BRUMFIT, C. J.
1983   *The Functional-Notional Approach : From Theory to Practice,* N.Y., Oxford University Press.

GALISSON, Robert
1980   *op. cit.* (p. 151)

1983   *Des mots pour communiquer,* Paris, CLE International.

GAONAC'H, Daniel
1987   *Théories d'apprentissage et Acquisition d'une langue étrangère,* Paris, Hatier.

GERMAIN, Claude
1979   "L'approche fonctionnelle en didactique des langues", *Revue canadienne des langues vivantes* 37/1.

1981   "Français fonctionnel, notionnel ou situationnel ?", in P. Léon et J. Yashinsky (réd.), *Options nouvelles en didactique du français langue étrangère,* Paris, Didier.

1981   "L'approche communicative : bibliographie descriptive (1975-1980)", *Bulletin de l'ACLA* [Association canadienne de linguistique appliquée] 3/1.

1984   "Quelques enjeux fondamentaux dans une pédagogie de la communication", *Études de linguistique appliquée* 56.

1991   *Le Point sur l'approche communicative en didactique des langues,* Montréal, Centre éducatif et culturel.

GERMAIN, Claude et LEBLANC, Raymond
1983   "Quelques caractéristiques d'une méthode communicative d'enseignement des langues", *Revue canadienne des langues vivantes* 38/4.

1986   "La pédagogie de la communication : essai de définition", in A.-M. Boucher, M. Duplantie et R. LeBlanc (réd.), *Propos sur la pédagogie de la communication en langues secondes,* Montréal, Centre éducatif et culturel.

HOWATT, A.P.R.
1988   *op. cit.* (p. 133)

HYMES, Dell
1972   *"On communicative competence",* in J.B. Pride et H. Holmes (réd.), *Sociolinguistics : Selected Reading,* Harmondsworth, Penguin Books.

LARSEN-FREEMAN, Diane
1986   *op. cit.* (p. 151)

LITTLEWOOD, William
1981 *Communicative Language Teaching,* Cambridge, Cambridge University Press.

McLAUGHLIN, B., ROSMAN, T. et McLEOD, B.
1983 "Second language learning : An information processing perspective", *Language Learning* 33/2.

MINISTÈRE DE L'ÉDUCATION
1981 *Guide pédagogique - Primaire - Anglais langue seconde [AL2],* Québec, ministère de l'Éducation du Québec.

1981 *Guide pédagogique — Primaire — Français langue seconde* [FL2], Québec, ministère de l'Éducation du Québec.

MOIRAND, Sophie
1982 *Enseigner à communiquer en langue étrangère,* Paris, Hachette.

MORROW, Keith
1981 "Principles of communicative methodology", in K. Johnson et K. Morrow (réd.), *Communication in the Classroom,* Harlow, Longman.

NAGLE, S.J. et SANDERS, S.L.
1986 "Comprehension theory and second language pedagogy", *TESOL Quarterly* 20/1.

NEMNI, Monique
1985 "Si communication savait... Si grammaire pouvait...", *Revue canadienne des langues vivantes* 42/5.

O'MALLEY, M., CHAMOT, A. et WALTER, C.
1987 "Some applications of cognitive theory to second language acquisition", *Studies in Second Language Acquisition* 9.

RICHARDS, Jack C. et RODGERS, Theodore S.
1986 *op. cit.* (p. 17)

WIDDOWSON, Henry G.
1979 *Teaching Language as Communication,* Oxford, Oxford University Press.

WILKINS, David
1976 *Notional Syllabuses,* Oxford, Oxford University Press.

YALDEN, Janice
1983 *The Communicative Syllabus : Evolution, Design & Implementation,* Oxford, Pergamon Press.

Le courant psychologique :
méthodes centrées sur l'apprentissage

Chapitre 15

La méthode communautaire
(Curran)

Les théories et les techniques psychologiques du "counseling", appliquées par le psychologue américain Charles A. Curran [décédé] (et quelques collaborateurs) au domaine de l'apprentissage en général, ont constitué le "Counseling-Learning Approach". C'est la transposition par Curran de cette dernière approche au domaine particulier de l'apprentissage des L2, dès 1961, à la Loyola University de Chicago, qui a conduit à l'élaboration de "la méthode communautaire des langues" ["Community Language Learning" — CLL] (Bégin, 1971). Cette méthode peut être rattachée au courant dit humaniste en éducation, courant inspiré de certains principes de l'éducateur Carl Rogers.

L'idée vient d'une observation de l'adulte mis en situation d'apprentissage. Lorsqu'il devient apprenant, l'adulte craint d'être diminué, de paraître ridicule, de faire des erreurs, etc. C'est pourquoi l'enseignant, dans la méthode communautaire des langues, est invité à devenir une sorte de "conseiller linguistique" auprès de l'apprenant adulte. Être conseiller signifie ici être compréhensif des difficultés à surmonter par l'adulte : il s'agit de comprendre les sentiments, les craintes, les conflits internes de l'apprenant de L2, de manière à les transformer en "énergie positive" pour la poursuite de son apprentissage.

Conception de la langue

Le but de la méthode est d'apprendre aux apprenants à utiliser L2 comme moyen d'interaction sociale, c'est-à-dire en arriver à communiquer comme des locuteurs natifs. De plus, la méthode vise à ce que les apprenants apprennent à apprendre et qu'ils deviennent peu à peu responsables de leur propre apprentissage. On songe ici à "l'autonomie de l'apprenant" de Henri Holec (1981).

La compréhension orale et la production orale sont les deux habiletés privilégiées. Quant aux éléments de lecture et d'écriture, ce sont ceux qui ont d'abord été exploités oralement.

1. Nature de la langue

La langue est conçue, non pas tant comme un instrument de communication (en dépit de ce qu'en dit Larsen-Freeman, 1986, p. 102), que comme un processus d'interaction sociale. C'est pourquoi l'accent n'est pas mis sur la langue mais bien sur l'interrelation entre les apprenants.

De plus, la langue est vue et exploitée comme un moyen de développer la pensée créatrice.

2. Nature de la culture

La culture, entendue au sens du comportement quotidien, fait partie intégrante de la langue.

Conception de l'apprentissage

3. Nature de l'apprentissage

Selon Curran, six éléments sont nécessaires pour favoriser un apprentissage détendu :
1. *la sécurité* (voir ci-dessous, "Rôle de L1") ;
2. *l'affirmation de soi* : les apprenants doivent avoir la chance de s'affirmer, de s'impliquer activement dans leur apprentissage ;
3. *l'attention* : une seule tâche à la fois ;
4. *la réflexion* sur la langue et sur le processus d'apprentissage ;
5. *la rétention* : l'intégration du nouveau matériel appris ;
6. *la discrimination* : un tri doit être opéré par l'apprenant parmi l'ensemble des éléments appris, et des relations doivent être faites entre les éléments retenus.

Apprendre une L2 implique une transformation de l'être, le développement d'une toute autre personnalité. Toute la personne est impliquée : contrairement à ce que l'on croit généralement, ce ne sont pas seulement les aspects intellectuels qui sont mis en œuvre, mais également les aspects émotifs et affectifs, et toute la personnalité de l'individu. Apprendre une L2 est considéré comme un acte d'engagement personnel.

Les étapes de cet apprentissage sont comparées par Curran aux cinq étapes du développement de la personne humaine :
1. *le stade infantile*, au cours duquel l'apprenant est totalement dépendant des personnes détenant le savoir ;
2. *le stade d'affirmation de soi*, c'est-à-dire de l'indépendance par rapport aux parents : l'apprenant s'affirme en utilisant des expressions et des énoncés entendus auparavant ;
3. *le stade de préadolescence* ("the separate-existence stage") au cours duquel l'apprenant commence à comprendre directement les autres en L2 ;
4. *le stade de l'adolescence* au cours duquel l'apprenant fonctionne de façon indépendante bien que sa connaissance de la langue soit encore rudimentaire ;
5. *le stade de l'autonomie* au cours duquel l'apprenant perfectionne sa connaissance de l'usage de la langue : maîtrise des registres de langue, de la grammaire, etc. Il peut à son tour devenir conseiller d'autres apprenants.

4. Rôle de l'apprenant

Les apprenants sont considérés comme les membres d'une communauté et apprennent par interactions avec les autres membres de cette communauté : les autres apprenants et l'enseignant. L'apprentissage n'est pas considéré comme un acte individuel, mais comme un acte réalisé avec l'aide de la collectivité entière. L'apprentissage engage totalement l'individu.

Conception de l'enseignement

5. Rôle de l'enseignant

L'enseignant est avant tout un conseiller, et non un thérapeute, mais ses rôles peuvent varier au cours des cinq stades de développement énumérés ci-dessus. Il peut être amené à structurer certaines activités, à donner des directives, etc. Il aide l'élève à comprendre ses difficultés, à résoudre ses problèmes. Il vise à assurer un lien entre les aspects proprement affectifs et cognitifs de l'apprentissage d'une L2. Il doit veiller à fournir un environnement sécuritaire, favorisant ainsi l'apprentissage. La méthode n'est centrée ni sur l'enseignant, ni sur l'apprenant, mais sur les deux.

Selon Curran, il est important que l'enseignant et les apprenants se fassent mutuellement confiance.

6. Rôle du matériel didactique

Au début, le contenu est celui fourni par les apprenants mais, par la suite, l'enseignant peut recourir à du matériel pédagogique courant. Toutefois, comme il n'y a pas de matériel préétabli, le matériel consiste surtout en résumés des énoncés mis au tableau ou au rétroprojecteur.

Conception de la relation pédagogique

7. Relation didactique

• Sélection du contenu

Au tout début, le contenu ne provient que des apprenants : il est constitué des messages que les apprenants veulent se transmettre ("Comment t'appelles-tu ?" — "Où habites-tu ?", etc.). Ces messages sont cependant dits dans L1 puis sont traduits par l'enseignant qui se place derrière l'apprenant désireux de transmettre un message. L'apprenant reproduit alors son message dans L2, sections par sections ("Comment...", puis "t'appelles-tu ?"), en l'enregistrant au magnétophone. En ce sens, chaque cours élabore son propre "programme". Par la suite, cependant, l'enseignant peut recourir à des manuels.

Les éléments sonores proviennent des productions des apprenants. Les éléments grammaticaux exploités en classe sont tirés des productions des apprenants. Le lexique provient également des productions des apprenants.

• Organisation du contenu

Il n'y a pas, à proprement parler, de principe d'organisation ou de progression. Dans les faits, la "progression" suivie est celle qui est liée aux messages transmis par les apprenants.

• Présentation du contenu

La méthode recourt aux techniques dites humanistes (prônées en particulier en L2 par Gertrude Moskowitz, 1978). L'accent est mis sur les activités pouvant favoriser l'estime de soi, l'acceptation de soi, le sens de l'autre, le partage, etc. Autrement dit, sont favorisés non seulement les formes linguistiques et les habitudes de comportement mais également les exercices susceptibles d'engager toute la personne, y compris les émotions et les sentiments.

Les énoncés émis et enregistrés antérieurement par les apprenants sont analysés par l'enseignant et pratiqués par les apprenants. Occasionnellement, une sorte d'analyse de la langue est faite, analyse portant sur certaines formes linguistiques spécifiques : lexique et grammaire.

8. Relation d'apprentissage

• Rôle de L1

L'apprenant transmet tout d'abord ce qu'il veut communiquer aux autres dans sa langue maternelle afin de s'assurer que le message à transmettre est bien compris de tous. Comme tous comprennent, tous se sentent plus en sécurité. L'enseignant traduit alors le message en le disant à l'oreille de l'apprenant en question qui tente alors de répéter le message traduit, sections par sections : par exemple, "Comment..." (l'apprenant tente de répéter, en enregistrant sa réponse au magnétophone central) ; puis, l'enseignant traduit la suite de la phrase : "... allez-vous ?" (l'apprenant répète en enregistrant la suite), et ainsi de suite.

À la phase d'écoute, ces bouts de phrases mis à la suite forment une sorte de conversation, transcrite au tableau, puis retraduite en L1 et alors reproduite au tableau. Cette transcription de la conversation des apprenants devient une sorte de "texte" à exploiter par l'enseignant : conjugaison des verbes, par exemple, création de nouveaux énoncés à l'aide d'une nouvelle combinaison d'éléments, etc.

De plus, les activités au cours desquelles les apprenants disent ce qu'ils ressentent ou expriment leurs sentiments par rapport aux activités vécues, se déroulent dans leur langue maternelle.

Aux niveaux plus avancés, la place accordée à la langue maternelle tend à diminuer.

Dans le cas des classes multilingues (plusieurs langues sources différentes), tout se déroule dès le début dans L2. Ce sont alors la pantomime et les gestes qui servent à transmettre les significations.

• Activités pédagogiques

Les exercices de conversation libre sont utilisés.

Aux niveaux plus avancés, les apprenants sont encouragés à écrire des petites pièces de théâtre ou des saynètes parfois accompagnées d'images, de musique, de marionnettes, etc.

Pour les aspects sonores de la langue, l'activité "ordinateur humain" ("Human Computer") permet à l'apprenant de choisir d'imiter les énoncés dont il veut améliorer la prononciation. L'enseignant-ordinateur répète jusqu'à ce que l'apprenant soit satisfait et lui indique alors d'arrêter.

9. Relation d'enseignement

• Interaction enseignant-apprenants

Dans cette méthode, l'apprenant est considéré par l'enseignant comme une personne "à part entière" et non tout simplement comme une personne douée d'une intelligence et d'une affectivité. Il s'agit donc de tenir compte des réactions physiques des apprenants, de leur désir d'apprendre, etc. Par exemple, les apprenants sont invités à dire comment ils se sont sentis au cours d'une activité qui se termine.

De plus, afin de ne pas intimider les apprenants, l'enseignant doit veiller à ne pas s'imposer, avec son savoir et son pouvoir : c'est pourquoi il se tient derrière les apprenants plutôt que devant la classe, en dehors du cercle formé par l'ensemble des apprenants (appelés clients). C'est l'apprenant qui décide quoi dire, et quand le dire.

En outre, l'enseignant accepte ce que les apprenants disent et montre qu'il les comprend de manière à créer une atmosphère de liberté et de relaxation, et afin d'éviter de la part des apprenants le recours à des mécanismes de défense susceptibles d'inhiber l'apprentissage.

Dans cette méthode il est important que l'enseignant soit en relation très intense avec les apprenants. Il doit veiller à les "sécuriser" en expliquant, par exemple, les activités à faire, en donnant un temps limite d'exécution, et en rappelant le temps qui reste pour achever une activité : par exemple, il leur dit qu'il reste cinq minutes pour l'activité en cours. Il ne fait travailler que sur une seule activité à la fois.

L'enseignant doit profiter des occasions qui se présentent pour encourager l'initiative et l'indépendance des apprenants : par exemple, lorsqu'il veut écrire la traduction en L1 des énoncés qui se trouvent déjà au tableau en L2, il fait un temps de pause pour inciter les apprenants à suggérer leur propre traduction.

L'enseignant doit laisser aux apprenants des temps de pause, des temps de réflexion : il peut y avoir des moments de silence au cours desquels les apprenants réfléchissent à ce qu'ils vont dire (La Forge, 1983). Aussi, l'enseignant lit trois fois la transcription au tableau des messages des apprenants produits oralement un peu plus tôt, et les apprenants relaxent et écoutent en silence.

De plus, l'enseignant traduit à l'oreille de l'apprenant qui veut communiquer, le message que ce dernier veut transmettre mais il ne traduit que sections par sections de manière à ne pas aller au-delà des limites de l'apprenant.

Le temps venu, un des rôles de l'enseignant consiste à bien structurer les activités : par exemple, il demande aux apprenants de former un demi-cercle, face au tableau.

Les apprenants choisissent, pour améliorer leur prononciation, les énoncés qu'ils veulent pratiquer au cours de l'activité "ordinateur humain", au cours de laquelle c'est l'apprenant qui "contrôle", pour ainsi dire, l'enseignant-ordinateur. Par exemple, celui qui éprouverait des difficultés à prononcer "Je vais à l'université" n'aurait qu'à prononcer sa phrase à voix haute, et l'enseignant-ordinateur répéterait la phrase (en la corrigeant, au besoin) ; l'apprenant pourrait alors décider de répéter son énoncé et l'enseignant répéterait autant de fois que l'apprenant le jugerait utile.

Au début, les apprenants sont très dépendants de leur conseiller mais ils doivent viser à devenir graduellement autonomes. Cinq étapes ont été identifiées, dans ce passage de la dépendance à l'autonomie (voir ci-dessus, "Nature de l'apprentissage"). À la quatrième étape, les rôles changent : l'apprenant n'a plus besoin des encouragements de l'enseignant et se sent beaucoup plus en sécurité.

Les apprenants travaillent en sous-groupes (par exemple, trois, six ou douze) pour développer leur sentiment d'appartenance au groupe — à la "communauté" — et pour apprendre des autres membres du groupe. Tout cela se fait non pas dans un esprit de compétition mais bien de coopération.

Les apprenants lisent leurs phrases devant les autres membres du groupe afin de développer leur sentiment d'appartenance à la "communauté" de la classe. De plus, en sous-groupes, ils fabriquent de nouvelles phrases à partir des mots transcrits au tableau.

• Traitement de l'erreur

L'enseignant ne corrige pas les erreurs et évite d'attirer l'attention sur celles-ci. Il reprend tout simplement l'énoncé fautif, créé par l'apprenant, en le disant correctement.

CONCLUSION

D'après Richards et Rodgers (1986), le concept de sécurité ne va pas nécessairement de soi. Il est à se demander jusqu'à quel point certains apprenants n'apprennent que sous pression, en vue d'un examen par exemple. De plus, l'absence de structure rigide ou de séquence en ce qui a trait à la présentation du lexique et de la grammaire risque d'être quelque peu déroutant pour certaines personnes, habituées à apprendre dans des cadres beaucoup plus rigides. Il est possible, d'ailleurs, que le concept de sécurité soit un concept culturel : ce qui pourrait sembler être sécuritaire dans une culture pourrait être source d'anxiété dans une autre.

Les exigences sont très grandes de la part de l'enseignant : qualité de conseiller, etc. C'est pourquoi des stages de formation sont recommandés.

L'absence de programme prédéterminé rend difficile l'évaluation, habituellement requise dans les milieux scolaires réguliers. Dans cette même veine, le fait que l'essentiel du contenu de l'apprentissage soit déterminé par les apprenants risque de conduire à une formation comportant d'importantes lacunes sur le plan culturel.

En outre, il n'est pas facile, semble-t-il, de mettre en application la méthode communautaire dans une classe régulière, compte tenu de la rigidité des programmes, voire des modalités d'enseignement. Il existe peu d'études empiriques montrant la possibilité d'une mise en pratique de la méthode dans des classes régulières. À cet égard, dès 1969, à l'Université Laval (Québec), une étude empirique a été entreprise afin de mesurer l'impact de la méthode de Curran, à comparer à l'approche alors en usage à l'École française d'été de cette université (la méthode SGAV). Neuf sujets volontaires — tous des anglophones — ont formé le groupe expérimental (ne faisant pas partie de l'École française d'été), recourant à la méthode communautaire de Curran, et neuf autres sujets — également anglophones — ont fait partie du groupe de contrôle, recevant l'enseignement habituel donné à l'École d'été. Dans les deux cas, l'enseignement s'est donné à raison de quatre heures par jour, cinq jours par semaine, durant six semaines (Bégin, 1971).

Il convient cependant de préciser que, dans le groupe expérimental, d'une part, l'un des apprenants maîtrisait déjà assez bien le français, de sorte qu'il a plutôt agi comme "conseiller" auprès des autres apprenants du groupe, et d'autre part, sept francophones d'origine, comprenant la langue anglaise, ont été engagés comme "conseillers" auprès des huit étudiants restants. Autrement dit, dans le groupe expérimental il y a eu huit "conseillers", sous la direction d'un "expert", pour huit apprenants, comparativement à un seul enseignant par classe pour les sujets faisant partie du groupe de contrôle. Il y a là une variable certes non négligeable.

Pourtant, en dépit de ces conditions assez exceptionnelles, d'après les résultats obtenus aux post-tests, à comparer aux pré-tests, il ressort que les deux groupes ont fait des gains égaux dans leur apprentissage proprement dit de la langue française. Par ailleurs, la motivation des étudiants du groupe expérimental s'est légèrement accrue au cours de la période testée, ainsi que leur attitude émotionnelle vis-à-vis de la culture francophone québécoise et de l'apprentissage de la langue française en général ; dans le groupe contrôle, la situation concernant ces aspects de l'apprentissage est restée plutôt stable (Bégin, 1971).

Plus récemment (1989), une expérience d'enseignement du japonais à l'aide de la méthode communautaire, comparée à la méthode audio-orale, en milieu universitaire américain, a révélé qu'il était possible d'implanter la méthode de Curran dans le cadre des programmes réguliers sans qu'il soit nécessaire de tout chambarder.

Par ailleurs, les résultats de cette étude expérimentale n'ont pas montré une différence statistiquement significative entre les deux groupes (expérimental et de contrôle) en ce qui a trait aux variables affectives. Sur ce plan, les deux groupes ont abouti à des résultats tout à fait comparables. Cela pourrait être dû, selon l'auteur de l'étude, K. K. Samimy, au fait que la nouveauté de l'approche a pu créer un certain malaise au sein du groupe expérimental : "Il serait erroné de croire, écrit-il, que les étudiants sont toujours prêts à apprendre une langue seconde à l'aide d'une nouvelle approche. De fait, certains d'entre eux peuvent résister au changement en dépit de leur déception avec les méthodes traditionnelles d'enseignement des langues" (1989, p. 76, traduction de C. Germain).

Quoi qu'il en soit, il reste que l'intérêt premier de la méthode de Curran réside surtout dans l'idée de centrer nettement l'apprentissage sur les intentions des apprenants et de prendre en considération les aspects humains, affectifs par exemple, assez souvent négligés lorsqu'il est question d'apprentissage d'une L2.

Document 30

LA MÉTHODE COMMUNAUTAIRE
DES LANGUES
(Curran)

La méthodologie utilisée se démarque des méthodes habituelles d'enseignement des langues en ce qu'elle est calquée sur le modèle des techniques du counseling et adaptée à l'angoisse particulière et à la menace aussi bien qu'aux problèmes personnels et linguistiques qu'une personne rencontre dans l'apprentissage d'une langue étrangère. Autrement dit, les difficultés à affronter et à surmonter lors de l'apprentissage d'une langue étrangère ont été considérées comme étant similaires aux problèmes rencontrés et maîtrisés en counseling personnel...

Un... résultat [de la méthode communautaire] a été une conscience accrue du fait qu'une langue, ce sont des "personnes". Autrement dit, l'accent a été mis non pas sur la "grammaire" et la "formation de phrases", comme on trouve dans les manuels, mais sur un sens approfondi de la communication personnelle. La langue est devenue un lieu d'échanges et d'appartenance. Le concept de "communion" a retrouvé sa fonction de communication, tout d'abord grâce à l'accueil et à la compréhension de la part des conseillers, puis grâce au développement d'un sentiment d'appartenance et de liberté à l'intérieur du groupe...

Un autre résultat fondamental de cette recherche semblerait indiquer que le processus d'apprentissage d'une langue étrangère présente beaucoup de points communs avec le processus du counseling en psychologie. Il commence à un même stade d'émotion négative marquée par les conflits et le trouble et rendant la personne incapable de faire face à son problème linguistique, tout comme un client débutant se sent frustré, voire démuni devant un aspect particulier de ses difficultés personnelles. Suit alors le cheminement graduel vers une activité langagière autonome, acquise avec assurance et perspicacité. Cela conduit le client sur la voie d'une dépendance de moins en moins grande vis-à-vis de son conseiller.

On assiste aussi à un changement dans l'image que l'on a de soi... Le client qui apprend une langue commence avec une vision négative de lui-même, vu sa crainte de la langue étrangère ou sa résistance à celle-ci. Il commence lentement à se percevoir en tant que locuteur de cette langue étrangère, et il en ressort avec une manière positive de se voir, par rapport à la langue étrangère...

(Curran, 1961, reproduit dans Blair, 1982, pp. 119 et 133, traduction de C. Germain.)

229

---- **Bibliographie** ----

BÉGIN, Yves
   1971   *Evaluative and Emotional Factors in Learning Foreign Language,* Paris-Tournai, Desclée, et Montréal, Bellarmin.

CURRAN, Charles A.
   1961   "Counseling skills adapted to the learning of foreign languages", *Bulletin of the Menninger Forum,* mars, reproduit dans R. W. Blair (réd.), 1982, *Innovative Approaches to Language Teaching,* Rowley, Mass., Newbury House.

   1976   *Counseling-Learning in Second Languages,* Apple River, Ill, Apple River Press.

HOLEC, Henri
   1981   "Autonomie dans l'apprentissage et apprentissage de l'autonomie", *Études de linguistique appliquée* 41.

LAFARGA, Juan
   1966   *Learning Foreign Languages in Group-counseling Conditions,* Ph.D., Chicago, Loyola University.

LA FORGE, Paul G.
   1983   *Counseling and Culture in Second Language Acquisition,* Oxford, Pergamon Press.

LARSEN-FREEMAN, Diane
   1986   *op. cit.* (p. 151)

MOSKOWITZ, Gertrude
   1978   *Caring and Sharing in the Foreign Language Classroom,* Rowley, Mass., Newbury House.

RARDIN, Jennybelle
   1977   "The language teacher as facilitator", *TESOL Quarterly* 11/4.

RICHARDS, Jack C. et RODGERS, Theodore S.
   1986   *op. cit.* (p. 17)

SAMIMY, Keiko Komiya
   1989   "A Comparative Study of Teaching Japanese in the Audio-Lingual Method and the Counseling-Learning Approach", *The Modern Language Journal* 73/2.

STEVICK, Earl W.
   1973   Review of Charles A. Curran, *Counseling Learning : A Whole-Person Model for Education, Language Learning* 23/2.

   1980   *Teaching Languages : A Way and Ways,* Rowley, Mass., Newbury House.

TAYLOR, B.P.
   1979   "Exploring Community Language Learning", in C. Yorio et al. (réd.), *On TESOL 79,* Washington, D.C., TESOL.

Chapitre 16

La méthode par le silence
(Gattegno)

La méthode prônée par Caleb Gattegno (décédé en 1988), "The Silent Way" — la méthode par le silence — se caractérise par le recours à des réglettes ou bâtonnets de couleur, et à différents tableaux de correspondance : tableau des sons-couleurs ("sound-color chart"), tableau de mots, et tableau des correspondances sons-lettres ("fidel charts"). De fait, cette conception est le produit de l'éducateur européen Georges Cuisenaire, qui prône le recours à des réglettes de couleur — la "méthode Cuisenaire" — pour enseigner les mathématiques. C'est à Gattegno que revient le mérite d'avoir tenté, dès 1963, d'appliquer cette technique à la didactique des L2 ou étrangères.

Conception de la langue

La méthode par le silence vise à habiliter l'apprenant à utiliser la langue comme moyen d'expression personnelle de ses pensées, perceptions et sentiments.

Avant tout, écrit Gattegno, l'apprenant doit apprendre à apprendre une L2. De plus, l'apprentissage d'une L2 est censé contribuer au processus de développement de la personne, notamment l'indépendance, l'autonomie, et la responsabilité.

Gattegno encourage la prise de conscience par l'apprenant de ses activités d'apprentissage et de ses propres erreurs à partir de critères internes personnels qu'il développe au cours de son apprentissage. Par là, Gattegno vise plus que l'apprentissage d'une L2 : il vise à ce que l'apprenant retrouve son plein pouvoir, tout son potentiel, qu'il récupère pour ainsi dire toute son "humanité", etc.

Une importance égale est accordée aux quatre habiletés, mais l'oral est présenté d'abord. L'accent est mis sur une prononciation correcte et une bonne maîtrise des éléments prosodiques (rythme, intonation, mélodie, accent, etc. — ce qui apparente cette approche, par ce côté, à la méthode SGAV).

La maîtrise de la grammaire de la langue est aussi un objectif important dans la méthode par le silence.

La lecture est introduite dès les premiers cours, mais consiste à lire ce qui a d'abord été appris oralement : un tableau de correspondance sons-lettres est utilisé à cet effet.

L'apprentissage est évalué continuellement par l'enseignant, tâche quelque peu facilitée par le fait que celui-ci est, autant que possible, silencieux. Si les apprenants peuvent transférer dans de nouveaux contextes les matériaux appris, ils sont considérés comme ayant réussi.

1. Nature de la langue

La langue est avant tout conçue comme un moyen d'expression personnelle : sentiments, émotions, etc. Elle est également l'expression de tout un groupe particulier d'individus.

Gattegno insiste sur l'importance de bien saisir "l'esprit" d'une langue et non tout simplement ses éléments. Par là, il veut dire la façon dont chaque langue se compose d'éléments sonores et prosodiques (ou "supra-segmentaux", tels le rythme, l'intonation, l'accent, la durée, etc.) qui donnent à chacune un système de sons et une mélodie particulières.

Dans les faits, l'organisation de la langue est conçue à la manière des structuralistes : la langue est vue comme un ensemble de sons associés arbitrairement à des significations particulières, le tout organisé en phrases régies par des règles grammaticales.

2. Nature de la culture

La culture, qui fait référence aux activités de tous les jours, fait partie intégrante de la langue.

Conception de l'apprentissage

3. Nature de l'apprentissage

Le processus d'apprentissage de L2, selon Gattegno, est très différent du processus d'apprentissage de L1, étant donné que l'apprenant possède déjà une connaissance du monde lorsqu'il entreprend l'étude d'une seconde langue. C'est pourquoi il serait vain de viser à adopter une approche "directe" ou "naturelle" : par la force des choses, apprendre une L2 ne peut se faire que de façon artificielle et contrôlée.

Par là, Gattegno entend une approche fondée sur le principe qu'un apprentissage efficace signifie une implication de la personne au moyen d'une prise de conscience silencieuse, suivie d'un essai actif. Il accorde donc une très grande importance à la personne en tant que personne, au respect de ses priorités, etc. En ce sens, le silence, contrairement à la répétition, favorise la concentration, la vivacité, et l'organisation mentale. Le silence facilite également la rétention.

Il s'agit de partir de ce qui est déjà connu des apprenants : par exemple, partir des voyelles qu'ils connaissent déjà, ou partir de leurs noms pour enseigner des sons nouveaux.

La méthode favorise la découverte par l'apprenant de la langue à apprendre, plutôt que l'imitation ou la répétition.

L'association à des objets et à des couleurs est préférée à la répétition, de manière à renforcer la mémoire, c'est-à-dire faciliter la rétention des éléments linguistiques appris.

4. Rôle de l'apprenant

Les apprenants sont amenés à faire des choix personnels concernant les mots à faire produire par les autres apprenants, à partir soit du tableau des sons-couleur, soit du tableau des mots. De plus, ils doivent recourir le plus possible à ce qu'ils connaissent déjà, et se concentrer véritablement sur leur tâche d'apprentissage.

À différentes périodes prévues à cette fin, les apprenants sont incités à donner leurs réactions sur le contenu des leçons ou sur la manière de procéder.

Conception de l'enseignement

L'enseignement doit être subordonné à l'apprentissage.

En recourant à différents tableaux (des sons-couleur, de mots, et de correspondances lettres-sons), l'attention de l'apprenant est détournée de l'enseignant, de manière à ce que l'apprenant explore autant que possible la langue elle-même.

5. Rôle de l'enseignant

L'enseignant ne sert pas de modèle dont l'apprenant n'aurait qu'à imiter la prononciation. L'apprenant est tenu responsable de ses propres productions, suite aux façons de faire indiquées par l'enseignant, surtout à l'aide de gestes montrant les différentes positions de l'appareil phonatoire.

L'enseignant ne fournit aux élèves que le strict nécessaire, de manière à favoriser le développement de leur autonomie. Par exemple, il met en place une mini-situation, lance une structure (comme "Take a ... rod"), et garde silence. La majorité des activités restent cependant contrôlées par l'enseignant, qui est vu avant tout comme un technicien ou un ingénieur, susceptible de fournir de l'aide lorsque les apprenants en ont besoin, en tenant compte de leur acquis antérieur.

L'enseignant est attentif aux sentiments des apprenants et, au besoin, intervient. De façon générale, toutefois, il agit comme un juge impartial, indifférent aux bonnes réalisations des apprenants ou à leurs erreurs.

Enseigner consiste en définitive à présenter les éléments une fois, en recourant à des moyens non verbaux pour faire comprendre la signification. Il s'agit aussi de créer un environnement visant à faciliter l'apprentissage.

L'enseignant est comme un auteur dramatique qui écrit le scénario, choisit les décors et le ton, désigne les acteurs, et critique les performances.

6. Rôle du matériel didactique

Avec la méthode par le silence, l'enseignant recourt, en plus des réglettes de couleur, à trois types d'aides visuelles se présentant sous le forme de tableaux : tableau des sons-couleurs, tableau de mots, et tableau des correspondances sons-lettres.

Les réglettes peuvent jouer plus d'un rôle. Elles peuvent servir à enseigner les nombres et les couleurs, mais aussi des structures complexes pour l'emploi de certaines prépositions (par exemple, "La réglette bleue est entre la verte et la jaune"), du conditionnel ("Si tu me donnais une réglette bleue, je t'en donnerais deux vertes"), ou pour d'autres activités, comme enseigner à dire l'heure, ou faire des plans de maisons à décrire, etc.

Des tableaux de correspondance sons-lettres (huit tableaux dans le cas de l'enseignement de l'anglais) sont utilisés pour faciliter l'apprentissage de l'écriture des mots appris oralement : par exemple, les différentes façons d'écrire un même son, codées d'une même couleur, sont regroupées.

En plus du tableau des sons-couleurs pour l'enseignement de l'anglais, la méthode compte 12 tableaux de mots comprenant environ 500 mots dont les lettres sont écrites de diverses couleurs.

Tous ces auxiliaires pédagogiques visent à centrer l'attention de l'apprenant sur la langue plutôt que sur l'enseignant. Celui-ci doit d'ailleurs veiller à parler peu, de manière à donner le plus de chances possible aux apprenants de parler.

Occasionnellement, les objets physiques sont utilisés afin de faciliter l'apprentissage.

Il est cependant à souligner que, intentionnellement, aucun manuel n'est disponible : la responsabilité de choisir les éléments à enseigner, de les organiser, et de construire les leçons incombe à l'enseignant.

Conception de la relation pédagogique

7. Relation didactique

• Sélection du contenu

Il n'y a pas de programme préétabli. L'enseignant part de l'acquis et construit ses leçons à partir de cet acquis. Le programme se développe en fonction des besoins des apprenants. Mais, dans les faits, le contenu consiste en structures linguistiques (en plus des sons de L2) et en éléments de vocabulaire à faire acquérir par les apprenants.

Gattegno accorde beaucoup d'importance au vocabulaire, qu'il divise en différentes classes : le vocabulaire à demi spécialisé ("semi-luxury vocabulary"), qui réfère aux éléments de la vie courante (nourriture, vêtements, voyage, etc.), le vocabulaire spécialisé (par exemple, vocabulaire de la politique, de la philosophie, etc.), et enfin — le plus important selon Gattegno — le vocabulaire "fonctionnel", qui peut ne pas avoir d'équivalent dans la L1 de l'apprenant et qui représente, à proprement parler, "l'esprit" même d'une langue : par exemple, en français on dit "Il traversa la rivière à la nage" mais en anglais on dit "He swam across the river", en mettant l'objet à la fin de la phrase, contrairement au français.

Le vocabulaire est choisi en fonction de ses possibilités d'insertion dans les structures grammaticales et en fonction de ses facilités d'utilisation en salle de classe. Sont également présentés assez tôt dans le cours les prépositions, les nombres, les pronoms, les quantificateurs, les termes exprimant les relations temporelles, et les mots de comparaison car ces unités linguistiques, selon Gattegno, réfèrent à la personne et aux autres dans leurs relations quotidiennes.

• Organisation du contenu

Les sons de L2 sont considérés comme importants. C'est pourquoi la prononciation est développée dès les premiers cours. On accorde de l'importance à la mélodie de la phrase.

Ce sont d'abord les sons apparentés entre L1 et L2 qui sont présentés, après quoi sont enseignés les sons qui n'existent que dans L2. Toutefois, même dans ce cas, ce sont les sons dont la prononciation se rapproche le plus de L1 qui servent de point de départ.

Les nouveaux éléments linguistiques à présenter se greffent peu à peu sur les éléments déjà appris : la coordination, par exemple, ou la présentation du pluriel à partir de formes déjà connues.

L'enseignant organise sa leçon autour de petites situations susceptibles de faire utiliser telle ou telle structure de la langue et ces structures sont introduites en fonction de leur degré de complexité : par exemple, l'impératif est présenté dès les débuts, vu sa simplicité et sa facilité de compréhension. Une seule structure est présentée à la fois.

Toutefois, même si le programme se compose de structures linguistiques à faire apprendre, le mode de progression n'est pas linéaire mais cyclique (retours fréquents sur l'acquis).

• Présentation du contenu

Chaque son de la langue à apprendre est représenté par un petit rectangle de couleur différente, ces rectangles étant posés sur un carton (noir) affiché sur le tableau de la classe. Les petits rectangles sont disposés en rangées et en colonnes et les rangées du haut représentent les voyelles alors que les rangées du bas représentent les consonnes. C'est le tableau des sons-couleurs.

Sans rien dire, l'enseignant pointe successivement à l'aide d'une baguette chacun des rectangles de couleur correspondant respectivement aux voyelles *a, e, i, o, u* (que des Portugais et des Brésiliens apprenant l'anglais, pour reprendre l'exemple de Larsen-Freeman, connaissent déjà dans leur L1). Il répète le processus à quelques reprises, toujours en silence, puis émet le son correspondant à la couleur de la voyelle pointée : par exemple, il émet le son "a" en pointant le petit rectangle dont la couleur correspond, par convention, au son "a" (la couleur blanche, par exemple). Il reproduit ce processus pour les autres voyelles en question. Peu à peu, il invite les apprenants à répéter à l'unisson chacune des voyelles lorsqu'il pointe le rectangle de couleur correspondante.

Plus tard, lorsque vient le temps de présenter des nouveaux sons, qui n'existent pas dans la L1 des apprenants, l'enseignant recourt à la même procédure : il pointe sur la carte des sons-couleurs le son dont la prononciation se rapproche le plus du son à apprendre et, à l'aide de gestes, montre comment l'appareil phonatoire doit être placé pour reproduire ce nouveau son.

Puis, l'enseignant produit des voyelles dans la L2 (dans l'ordre, puis dans le désordre) et quelques apprenants viennent désigner sur la carte le rectangle correspondant au son émis. À chaque son est ainsi associé un petit rectangle de couleur.

Enfin, pour l'association des blocs de couleur avec les consonnes, l'enseignant se sert des lettres ("sons") des noms des apprenants qu'il "épelle" oralement.

Pour enseigner la signification d'un nouvel élément lexical, comme *rod* ("réglette"), des bâtonnets de couleur et de dimension différentes sont déposés sur une table devant quelques apprenants. L'enseignant pointe une des réglettes puis montre sur le tableau des sons-couleurs, dans l'ordre, les rectangles dont la couleur correspond aux sons successifs du mot. Dans le cas de *rod* par exemple, il désigne le rectangle correspondant au son "r", suivi des rectangles correspondant aux sons "o" et "d". Comme les correspondances couleur-son ont déjà été apprises, certains apprenants tentent de dire "r - o - d". L'enseignant répète le processus, et tous sont amenés à associer la réglette au mot anglais *rod*.

Pour l'article "a" [dans "a rod"], l'enseignant fait produire la voyelle déjà apprise, *a*, et montre comment il s'agit d'en modifier la prononciation pour arriver à produire une nouvelle voyelle orale, /ə/. Il procède alors à une nouvelle association avec un petit rectangle sur le tableau des sons-couleurs.

Quand les apprenants ont maîtrisé "a rod", l'enseignant désigne une réglette de couleur bleue par exemple, et dit : "a blue rod". Il indique alors le mot *blue* sur le tableau des mots. Un apprenant montre la réglette bleue, dit "a blue rod", et indique où se trouvent, dans l'ordre, les mots *a, blue* et *rod*. D'autres apprenants font de même. Une nouvelle couleur est ensuite présentée (par exemple, "green") en suivant la même procédure.

Au besoin, l'enseignant recourt aux gestes pour faire comprendre la signification des nouveaux éléments linguistiques (par exemple, pour "Take", etc.) ou, parfois, pour faire supprimer un élément dans la phrase : par exemple, pour faire supprimer le second "take" dans "Take a blue rod and take a green rod", afin d'arriver à "Take a blue rod and a green rod".

D'après Larsen-Freeman (1986, p. 61), tout se déroule en salle de classe : il n'y a pas de "devoirs" faisant suite aux leçons de la classe (mais pas d'après Richards et Rodgers, 1986, p. 109).

La grammaire est apprise par induction.

8. Relation d'apprentissage

• Rôle de L1

La présentation de la méthode à un nouveau groupe de débutants se fait dans L1. La traduction est évitée et la signification est acquise au moyen de perceptions, visuelles surtout.

La L1 des apprenants est aussi utilisée au cours des sessions de retour sur les activités : ce que les apprenants pensent de ce qui a été vu, leurs sentiments, etc.

• Activités pédagogiques

La technique de résolution de problème, considérée comme une activité créatrice, est encouragée afin de faciliter l'apprentissage.

9. Relation d'enseignement

• Interaction enseignant-apprenants

En grande partie, l'enseignant reste silencieux. Lorsqu'il intervient, ce n'est pas pour servir de modèle aux apprenants mais bien pour donner des indices.

Des moments de silence visent donc à encourager l'autonomie et l'initiative de la part des apprenants, ainsi que la coopération entre eux. Afin de devenir de plus en plus autonomes, les apprenants sont encouragés à développer leurs propres critères de correction.

Les apprenants sont encouragés à s'entraider, dans un climat de coopération plutôt que de compétition. En parlant le moins possible, l'enseignant favorise d'ailleurs cette entraide. De plus, cela est censé favoriser un climat positif d'apprentissage, dans la joie et la détente.

• Traitement de l'erreur

Les apprenants sont incités à développer leurs propres critères de correction. Suivant les hypothèses courantes de certains psycholinguistes, les erreurs sont considérées comme inévitables et susceptibles de renseigner l'enseignant sur l'état de développement de L2 de l'apprenant. Les erreurs les plus fréquentes lui indiquent les points à travailler : "Je ne corrige pas les erreurs des apprenants", écrit Gattegno. Les apprenants doivent s'autocorriger. Il faut qu'ils apprennent à s'écouter et à comparer leurs propres productions à leurs critères internes de développement. En cas de difficulté, les autres apprenants qui peuvent les aider sont incités à le faire et, seulement en dernier recours, l'enseignant peut intervenir.

CONCLUSION

Le contexte social d'utilisation de la langue n'est pas pris en compte, et la langue est enseignée par le biais de situations artificielles représentées par des réglettes (Richards et Rodgers, 1986, p. 101).

De plus, les leçons suivent un ordre de progression fondé sur la complexité grammaticale, et le matériel linguistique nouveau, tant lexical que grammatical, est décomposé en éléments présentés un à un (p. 101). La phrase est l'unité de base de l'enseignement et c'est la signification de la phrase, plutôt que ses aspects plus proprement communicatifs, qui est prise en considération. Il convient toutefois de faire remarquer que le caractère peu communicatif de la méthode s'explique sans aucun doute par le fait qu'elle a été mise au point dès le début des années 60, au moment même où, en milieu américain, tous les espoirs étaient mis dans la méthode audio-orale. C'est ce qui explique aussi le fait que, réagissant contre les excès de l'imitation et de la répétition, Gattegno en arrive à proposer le silence comme moyen de rétention.

D'après Richards et Rodgers, l'originalité de la méthode vient surtout de la façon dont les activités se déroulent en classe, du rôle effacé de l'enseignant, de la responsabilité donnée aux apprenants, et de la nature du matériel utilisé pour enseigner et faire pratiquer la L2.

Document 31

LA MÉTHODE PAR LE SILENCE
(Gattegno)

Ce qu'il y a de significatif est que l'ensemble des réglettes a contribué à :
- *éviter le recours à la langue maternelle ;*
- *créer des situations langagières simples, totalement contrôlées par l'enseignant ;*
- *transférer au niveau des apprenants la responsabilité des énoncés décrivant les objets montrés ou les actions exécutées ;*
- *permettre à l'enseignant de se concentrer sur ce que les apprenants disent et sur la manière de le dire, attirant leur attention sur les différences au niveau de la prononciation et le débit des mots ;*
- *engendrer une situation de jeu sérieuse dans laquelle il y a accord implicite sur les règles grâce à la signification attribuée aux gestes et à la mimique de l'enseignant ;*
- *permettre presque au tout début de délaisser la voix solitaire de l'enseignant au profit de plusieurs voix recourant à la langue étrangère. Cela permet de faire intervenir les phénomènes de hauteur, de timbre et d'intensité qui réduisent constamment l'impact d'un locuteur unique ; dès lors, il y a moins d'imitation et plus d'incitation à des productions verbales personnelles ;*
- *fournir un appui, grâce à la perception et à l'action, aux tentatives de découvertes de la signification des sons étrangers, misant ainsi sur l'expérience déjà acquise dans l'usage de la langue maternelle ;*
- *donner le temps aux apprenants de produire spontanément des énoncés à partir desquels l'enseignant et les apprenants peuvent travailler pour en arriver à produire une mélodie semblable à celle entendue, fournissant ainsi dès le départ un schème mélodique intégré...*

(Gattegno, © 1963-1972, reproduit dans Blair, 1982, pp. 198-199, traduction de C. Germain.)

─────── **Bibliographie** ───────

ARNOLD, F.
  1981   *College English : A Silent-Way Approach*, Nara, Japan, Dawn Press.

DILLER, Karl C.
  1975   "Some new trends for applied linguistics and foreign language teaching in the United States", *TESOL Quarterly* 9.

FANSELOW, John F.
  1977   Review of C. Gattegno, *The Common Sense of Teaching Foreign Languages*, in *TESOL Quarterly* 11.

GATTEGNO, Caleb
© **1963-1972** *Teaching Foreign Languages in Schools : The Silent Way*, 2ᵉ éd., New York, Educational Solutions, reproduit dans Blair, R. W. (réd.) 1982, *Innovative Approaches to Language Teaching*, Rowley, Mass., Newbury House.

  1976   *The Common Sense of Teaching Foreign Languages*, New York, Educational Solutions, extrait reproduit dans Blair, R. W. (réd.), 1982, *Innovative Approaches to Language Teaching*, Rowley, Mass., Newbury House.

LANTOLF, James P.
  1986   "Silent Way in a University Setting : An Applied Research Report", *Revue canadienne des langues vivantes* 43/1.

LARSEN-FREEMAN, Diane
  1986   *op. cit.* (p. 151)

MADSEN, Harold
  1979   "Innovative methodologies applicable to TESL", in Marianne Celce-Murcia et Lois McIntosh (réd.), *Teaching English as a Second or Foreign Language*, Rowley, Mass., Newbury House.

RICHARDS, Jack C. et RODGERS, Theodore S.
  1986   *op. cit.* (p. 17)

ROSSNER, R.
  1982   "Talking shop : a conversation with Caleb Gattegno, inventor of the Silent Way", *ELT Journal* 36/4.

STEVICK, Earl W.
  1974   Review of *Teaching Foreign Languages : The Silent Way*, *TESOL Quarterly* 8.

  1980   *Teaching Languages : A Way and Ways*, Rowley, Mass., Newbury House.

VARVEL, T.
  1979   "The Silent Way : panacea or pipedream ?", *TESOL Quarterly* 13/4.

Chapitre 17

L'approche naturelle
(Krashen-Terrell)

L'idée de développer une méthode "naturelle" vient de l'expérience de Tracy Terrell, professeur de langue espagnole dans une université de Californie (à Irvine). C'est en 1977 qu'il expose sa conception de l'enseignement des langues dans un article de la revue américaine *Modern Language Journal,* intitulé : "A natural approach to the acquisition and learning of a language". À partir de cette date, plusieurs expériences de sa méthode sont faites à différents niveaux d'enseignement (classes du primaire, niveaux avancés, etc.) et portent sur différentes langues.

Parallèlement à ces essais pratiques, Terrell s'associe avec Stephen D. Krashen (de l'Université de Southern California) qui, de son côté, était déjà reconnu, depuis 1975, pour avoir développé une conception originale de l'acquisition des L2. C'est ainsi que les intuitions et les pratiques pédagogiques de Terrell trouvent dans les vues de Krashen un appui précieux au niveau des fondements théoriques. Le fruit de la collaboration de ces deux auteurs paraît en 1983 dans un ouvrage intitulé : *The Natural Approach* (New York, Pergamon Press), dont les parties théoriques ont été rédigées par Krashen, et les parties traitant des applications pédagogiques, par Terrell. L'intérêt majeur que suscite cette méthode naturelle provient en grande partie de la très grande renommée dont jouit Krashen à l'époque.

Le qualificatif de "naturel" donné à la méthode vise à mettre en valeur l'absence de tout enseignement d'ordre grammatical ainsi que l'absence de recours à la L1.de l'acquérant (strictement parlant, conformément à la terminologie de la méthode naturelle, les élèves doivent être désignés comme des "acquérants" plutôt que comme des "apprenants"). De fait, la méthode "naturelle" telle que conçue par Krashen et Terrell est fondée avant tout sur la façon dont les adultes réussissent à acquérir une L2 en milieu naturel. L'enseignement d'une L2 en milieu scolaire se doit, selon les auteurs, de reproduire en quelque sorte cette façon, "naturelle", d'acquérir une L2. Il est à remarquer que dans son sens traditionnel, le qualificatif de "naturel", même pour l'enseignement d'une L2, fait habituellement référence à la façon — dite naturelle — dont les jeunes enfants acquièrent leur L1. De plus, avec la méthode naturelle de Krashen et Terrell, l'accent est mis avant tout sur la compréhension plutôt que sur l'expression.

Conception de la langue

La méthode naturelle est destinée aux débutants et vise à les rendre à un niveau intermédiaire. Son objectif général est le développement des habiletés personnelles communicatives de base, à la fois à l'oral et à l'écrit.

Selon les auteurs de l'approche, l'acquisition en milieu scolaire ne peut être profitable qu'à des débutants. Pour les acquérants de niveau intermédiaire qui ont la chance d'être exposés à L2 dans un environnement naturel, la salle de classe est peu rentable. En ce sens, les séjours linguistiques en milieu étranger peuvent même être considérés comme nuisibles aux vrais débutants puisque dans un pareil cas ceux-ci risquent d'être inutilement exposés à des activités dépassant leur niveau de compréhension ("incomprehensible input"). Par contre, une classe de débutants peut fournir une dose concentrée d'activités appropriées de compréhension.

L'apprenant devrait être en mesure de fonctionner adéquatement dans une situation donnée. Par exemple, il devrait pouvoir comprendre les locuteurs parlant la L2, quitte à demander des éclaircissements, et formuler ses demandes et ses idées sans insulter ses partenaires.

Le but fondamental de la méthode est de promouvoir la compréhension et la communication. L'accent est nettement mis sur les activités favorisant la compréhension orale et la compréhension écrite, à partir du postulat qu'une langue ne s'acquiert ni par de nombreux exercices de production, ni par des listes de vocabulaire apprises par cœur mais bien par ce que l'on entend et comprend. Selon les auteurs, la compréhension précède nécessairement la production, tant à l'oral qu'à l'écrit. L'habileté à parler va "surgir" d'elle-même c'est-à-dire qu'elle n'a pas à être enseignée en tant que telle, une fois que l'acquérant aura acquis une compétence à l'aide d'activités de compréhension.

Les objectifs spécifiques ne sont pas précisés dans la méthode naturelle même puisque ce type d'objectifs, selon les auteurs, relève plutôt des besoins et des intérêts des acquérants impliqués, de la nature des habiletés visées (compréhension orale, compréhension écrite, expression orale, expression écrite), ainsi que du niveau d'enseignement. L'ordre habituel (compréhension orale / production orale / lecture et écriture) est rejeté au profit d'une priorité accordée à la compréhension, tant orale qu'écrite.

De plus, une liste de situations et de sujets, s'adressant au niveau des débutants en L2, est suggérée. C'est ainsi que les buts communicatifs sont exprimés en termes de situations (dans un hôtel, par exemple) et de sujets (par exemple, la recherche d'un gîte pour la nuit). Les fonctions langagières (par exemple, une demande de renseignement) ne sont pas spécifiées puisqu'elles sont considérées comme découlant des situations et des sujets.

Il est à remarquer que les auteurs considèrent qu'il est important de communiquer aux acquérants non seulement ce qu'ils doivent attendre d'un cours de langue concernant tant les buts visés que la méthodologie suivie et les stratégies de compréhension mises en œuvre, mais aussi ce qu'ils ne doivent pas en attendre : par exemple, ne pas s'attendre à parler comme un locuteur natif, à comprendre des locuteurs parlant entre eux...

Pour la compréhension de l'écrit, il est recommandé de laisser les élèves choisir leurs livres ou textes de lecture et de leur accorder des périodes consacrées spécifiquement à la lecture silencieuse de ce qui les intéresse, en L2 bien entendu (Krashen, 1985).

Comme les deux éléments clés de la méthode naturelle de Krashen et Terrell sont d'une part la quantité de compréhension significative ("comprehensible input"), et d'autre part la force du filtre affectif, la question de l'évaluation se pose avec une certain acuité. En effet, la quantité d'éléments significatifs à comprendre relève de l'enseignant, et la qualité du filtre affectif échappe à la mesure. C'est pourquoi les tests devraient plutôt être conçus de manière à encourager le recours à des activités d'acquisition. Il va de soi que les tests en usage se doivent de mesurer avant tout la compétence de communication des acquérants (cette dernière comprenant la compétence linguistique). C'est pourquoi ce sont surtout les habiletés de compréhension et de communication des idées qui doivent être testées.

1. Nature de la langue

Krashen et Terrell accordent de fait peu d'importance à une théorie ou conception de la langue. Toutefois, comme toute méthode implique une conception, avouée ou inavouée, de la langue, on peut faire remarquer que dans leur conception sous-jacente, la primauté est accordée à la signification : une grande importance est donnée au vocabulaire, ce qui laisse entendre qu'une langue est conçue *avant tout* comme un ensemble de mots et d'énoncés signifiants.

Ce qui ne signifie pas que les structures soient totalement négligées. En effet, il importe, selon les auteurs, que la langue présentée comprenne toujours quelques structures déjà connues, suivant la formule "I + 1", c'est-à-dire un "input" comprenant des structures toujours légèrement au-dessus [+ 1] du niveau actuel de compétence de l'acquérant. En ce sens, maîtriser une langue consiste à en maîtriser non seulement le vocabulaire mais aussi les structures grammaticales, sans qu'il soit nécessaire de recourir à l'analyse ou à des règles grammaticales.

La fonction primordiale d'une langue est la fonction de communication. Ce qui est communiqué, ce sont avant tout des significations ou des messages. Conséquemment, il n'y a acquisition linguistique que dans la mesure où les gens comprennent les messages qui leur sont transmis.

En somme, les auteurs de la méthode naturelle conçoivent une langue comme un ensemble d'éléments lexicaux, de structures, et surtout, de messages (Richards et Rodgers, 1986, p. 130).

2. Nature de la culture

Aucune mention particulière n'est faite de la culture, si ce n'est que l'un des buts possibles de l'acquisition d'une L2 est le développement d'une plus grande conscience d'une autre culture. Toutefois, comme les auteurs mettent l'accent sur la communication de messages et comme tout ce qui est disponible, tant à l'écrit qu'à l'oral, peut servir comme source de "compréhension d'un sens nouveau", on pourrait dire que la culture est tout ce qui est associé au mode de vie de L2.

Conception de l'apprentissage

3. Nature de l'apprentissage

La méthode naturelle de Krashen et Terrell fait partie de l'ensemble des méthodes récentes fondées avant tout sur un modèle psychologique d'acquisition de la langue. La difficulté de la méthode audio-orale, selon eux, provient précisément du fait qu'il s'agit d'une méthode fondée sur une conception linguistique de la structure de la langue plutôt que sur une conception psychologique de l'apprentissage ou de l'acquisition d'une langue. Les auteurs font d'ailleurs continuellement référence aux recherches théoriques et empiriques qui sous-tendent leur méthode.

Essentiellement, la conception de l'apprentissage/acquisition d'une L2 est fondée sur la théorie de l'apprentissage/acquisition élaborée par Krashen. En voici les grandes lignes (tirées à la fois du résumé qui en est fait en anglais dans Richards et Rodgers, 1986, et de l'article "La théorie du moniteur de Krashen : aspects critiques", de Bibeau, 1983).

En 1975, Krashen propose son hypothèse du moniteur ("The Monitor Hypothesis") comme modèle de performance en L2, d'abord sous la forme d'articles, puis dans deux ouvrages successifs : *Second Language Acquisition and Second Language Learning* (1981), et *Principles and Practice in Second Language Acquisition* (1982).

Le modèle du moniteur est destiné à expliquer et à prévoir le mode d'acquisition de L2 par les adultes. Dans le développement de la compétence, deux processus distincts interviendraient :
a) un processus implicite, inconscient, axé sur le sens : l'acquisition ;
b) un processus explicite, conscient, axé sur la forme ou la grammaire : l'apprentissage.

Pour un usage efficace de la langue, il faudrait activer le processus de l'acquisition. L'apprentissage, c'est-à-dire une accumulation de connaissances sur la langue, ne conduit pas à l'utilisation normale ou "naturelle" de la langue : cela pourrait même la gêner. Il s'agirait de deux processus mentaux différents.

Le modèle du moniteur de Krashen repose sur cinq hypothèses :

1. L'hypothèse de l'opposition "apprentissage"-"acquisition"

Dans le sens de Krashen, "acquisition" réfère à l'acquisition d'une L2 qui serait analogue à la façon dont l'enfant acquiert sa L1, de façon "naturelle", sans attention portée à la forme linguistique. L' "apprentissage" référerait à un développement linguistique conscient, surtout en milieu scolaire, c'est-à-dire à la connaissance de règles grammaticales.

L'acquisition est un processus inconscient ("sub-conscious") qui conduit à une compétence inconsciente : les usagers ne sont pas conscients des structures acquises. Les sujets ne s'intéressent qu'au sens et acquièrent inconsciemment la forme, c'est-à-dire les règles de la langue : ils n'ont qu'une impression de grammaticalité.

Acquisition est synonyme d'apprentissage implicite, informel ou naturel. Apprentissage est synonyme d'explicite, de formel, et de réflexif (ou attribué à l'enseignement). L'apprentissage est un processus grâce auquel les apprenants sont conscients des faits de langue, attentifs, et capables d'en parler. Ils jugent de la grammaticalité des énoncés.

Pareille distinction part de l'observation que la correction des erreurs en L1 n'influence pas l'acquisition. Autrement dit, le développement du langage chez l'enfant se fait en suivant diverses étapes nécessaires, en dépit des corrections apportées, par exemple, par les parents. Le même mécanisme inconscient se retrouverait en L2. Chez l'adulte, les deux processus coexistent, et il n'y a pas d'utilisation courante sans acquisition.

Selon Krashen, l'apprentissage ne devient jamais de l'acquisition : il n'y a pas de passage d'un processus à l'autre. Il s'agit de deux processus indépendants, qui ne s'influencent nullement.

2. L'hypothèse de l'existence d'un ordre naturel d'acquisition

Il existerait un ordre naturel d'acquisition des structures grammaticales en L1. En L2, l'ordre d'acquisition serait similaire. Cette hypothèse est fondée sur un certain nombre d'observations empiriques, tant dans le domaine de L1 que de L2.

Dans le cas de l'acquisition de la L1, les travaux de Brown (1973) et de Jill et Peter de Villiers (1973) ont fait ressortir cette idée que les enfants auraient tendance à faire l'acquisition des morphèmes grammaticaux de l'anglais (comme le pluriel en *-s* comme dans "two hat*s*", la forme progressive en *-ing* comme dans "He is go*ing* to work", etc.) dans un certain ordre.

Pour ce qui est de l'acquisition de l'anglais comme langue seconde, ce sont surtout les travaux de Dulay et Burt (1973 ; 1974) qui ont montré que les enfants avaient tendance à suivre pratiquement le même ordre que celui identifié par Brown dans l'acquisition des morphèmes grammaticaux en L1, quelle que soit la L1 des sujets (l'espagnol et le chinois). D'autres études montreraient que, dans certaines conditions, même des adultes acquérant une L2 suivraient le même ordre.

À l'aide de ces données, Krashen a tenté d'établir l'ordre d'acquisition (prévisible, donc) des morphèmes grammaticaux de l'anglais, suivant les quatre étapes suivantes :
— première étape : le progressif (*-ing*), le pluriel (*-s*) et la copule (*be*) ;
— deuxième étape : l'auxiliaire et l'article ("a", "the") ;
— troisième étape : le passé irrégulier des verbes ;
— quatrième étape : le passé régulier des verbes, la 3e personne du singulier (*-s*) comme dans "she sing*s*", et le possessif (*-'s*) comme dans "it is John*'s* hat".

Dans cette perspective, l'erreur est considérée comme un processus inévitable de développement naturel. Les mêmes erreurs de développement se produiraient chez tous les acquérants, quelle que soit leur L1.

3. L'hypothèse de l'existence d'un "moniteur" chez l'adulte

Tout adulte dispose, selon Krashen, d'un "moniteur", jouant le rôle d'une sorte d'"éditeur" qui corrige ou modifie la forme des énoncés lorsqu'ils sont émis. La correction peut se faire non seulement après, mais avant l'émission. Le moniteur est "l'ensemble des connaissances explicites, des règles formulées, de la compétence consciente de l'apprenant qui se manifeste surtout au moment de l'énonciation et seulement pour contrôler la grammaticalité des énoncés, le moniteur ne pouvant enclencher lui-même un énoncé" (Bibeau, 1983, p. 103).

Il faut préciser que, pour que le moniteur fonctionne, trois conditions sont nécessaires :
a) la connaissances des règles : le sujet doit connaître les règles grammaticales impliquées et ces règles doivent être le plus simple possible (par exemple, le pluriel anglais en *-s*, ou la règle française *de + le = du*) ;
b) l'accent sur la correction ou sur la forme : le sujet doit prêter attention à la correction ou à la forme linguistique ;
c) le temps : le sujet doit disposer de suffisamment de temps pour choisir et appliquer une règle, comme cela se produit surtout dans le cas de l'écriture.

Krashen postule également que l'aptitude linguistique serait une variable significative dans le cas de l'apprentissage, alors que ce serait l'attitude qui serait le meilleur prédicteur de succès de l'acquisition.

4. L'hypothèse de la préséance de la sémantique sur la grammaire

Dans l'acquisition, il s'agit tout d'abord de comprendre un sens nouveau, au cours d'une "période silencieuse" ; ce n'est que suite à cette compréhension que peut être acquise une structure nouvelle. Dans les cas d'apprentissage, ce sont les structures qui sont apprises avant que le sens ne soit communiqué.

5. L'hypothèse de l'existence d'un filtre affectif

D'après Krashen, il existe une sorte de "filtre affectif", qui s'interpose entre le mécanisme d'acquisition et les données sémantiques exposées à l'acquérant. Ce filtre affectif se compose de trois éléments : la motivation-attitude (le fait, par exemple, d'avoir une attitude positive vis-à-vis des locuteurs de L2), la confiance en soi, et l'absence d'anxiété (par exemple, avoir de bons contacts avec l'enseignant, entretenir des relations amicales avec les autres acquérants, ne pas être sur la défensive). Plus faible est le filtre, plus forte est l'acquisition, et inversement. Dans l'acquisition, le filtre affectif serait un meilleur prédicteur de succès que l'aptitude.

Les hypothèses qui précèdent sont valables pour tous les individus. Toutefois, des variations individuelles sont possibles en ce qui concerne à la fois le taux et le degré d'acquisition, tout dépendant de la quantité de compréhension significative, et de la force du filtre affectif.

4. Rôle de l'apprenant

L'acquérant doit être immergé d'activités de compréhension. Il s'agit alors de traiter en quelque sorte les informations présentées et de tenter d'attribuer une signification au matériel linguistique soumis. Le rôle de l'acquérant est appelé à être modifié suivant son niveau de développement. L'une des décisions importantes qui incombe à l'acquérant est le choix du moment où il se sent prêt à parler : de quoi parler, à qui parler, quelles expressions utiliser, etc.

Au niveau de la "pré-production", l'acquérant n'a qu'à écouter ce qui lui est présenté oralement, sans se sentir obligé de parler. Il peut surtout répondre physiquement aux ordres donnés (se lever, s'asseoir, etc. — à la manière de la méthode par le mouvement, de Asher [voir chapitre suivant]), désigner les individus mentionnés, les objets ou les images, etc. Les nouveaux mots, toujours présentés en contextes signifiants, peuvent être écrits au tableau et copiés par les acquérants dans un cahier personnel.

Au niveau des "premières productions", l'acquérant est amené à répondre aux questions en utilisant des mots simples et des expressions courtes, à compléter des tableaux ou des formulaires, à utiliser des expressions figées (comme "Ça va bien, merci"), etc.

Au niveau de la "production proprement dite", l'acquérant peut s'adonner à des jeux, à des simulations, à des jeux de rôles, etc., c'est-à-dire à toute activité lui permettant d'exprimer son opinion, de donner des informations, de participer à la résolution de problèmes, etc.

Selon Krashen et Terrell, quatre types de responsabilités incombent à l'acquérant :

a) informer l'enseignant de ses besoins et intérêts, de manière à ce que les situations et les sujets choisis répondent à ses attentes ;

b) jouer un rôle actif lorsque lui sont présentées les activités de compréhension ;

c) décider du moment où il se sent prêt à commencer à parler, et du moment où les étapes suivantes peuvent être franchies ;

d) lorsque des exercices d'apprentissage proprement dits sont au programme, négocier avec l'enseignant le temps relatif consacré à ce type d'activités, voire décider de les réaliser et de les corriger seul.

Conception de l'enseignement

La conception de l'enseignement sous-jacente à la méthode naturelle découle exclusivement de la conception de l'acquisition telle que présentée ci-dessus : par exemple, présenter des activités favorisant la compréhension, créer en classe un climat de détente pour contribuer à l'émergence d'un faible filtre affectif, etc.

En milieu naturel, l' "input" est souvent beaucoup trop complexe pour des débutants en L2. Le milieu de la salle de classe est considéré comme susceptible de favoriser l'acquisition d'une L2 chez des débutants : il est en effet possible de fournir des "doses concentrées" d'input de compréhension significative, à un niveau légèrement au-dessus du niveau de compétence des acquérants [I + 1].

5. Rôle de l'enseignant

Dans la méthode naturelle de Krashen et Terrell, le professeur de langue joue trois rôles essentiels. Tout d'abord, c'est l'enseignant qui est la principale source de compréhension. L'essentiel de la classe de L2 doit être consacré à fournir de "l'input" de compréhension visant à favoriser l'acquisition. C'est l'enseignant qui est le principal instigateur de cet "input" : il s'agit d'exposer massivement l'acquérant à la langue cible, tout en lui fournissant le plus grand nombre d'indices possibles (contexte, situation, gestes, etc.) de manière à en faciliter l'interprétation. Dans cet esprit, le recours à des locuteurs natifs est encouragé, en tant que source complémentaire de compréhension pour les acquérants.

De plus, l'atmosphère de la salle de classe doit être la plus relaxante possible de manière à favoriser un très faible filtre affectif. C'est pourquoi les acquérants ne sont incités à parler qu'au moment où ils se sentent prêts à le faire : l'enseignant ne doit jamais forcer un acquérant à parler avant que la personne en question ne se sente prête. Pour les mêmes raisons, les erreurs ne sont jamais corrigées. Les sujets proposés doivent répondre aux intérêts et aux besoins des acquérants.

Enfin, c'est à l'enseignant que revient la tâche de choisir et de coordonner un très grand ensemble d'activités, impliquant une grande variété de groupes, de contenus, etc.

C'est encore l'enseignant qui doit veiller à trouver les matériaux didactiques appropriés aux besoins et aux intérêts des acquérants, et à en planifier l'usage.

6. Rôle du matériel didactique

Le matériel didactique est conçu comme un élément du contexte extralinguistique visant à favoriser la compréhension de la signification des activités proposées en classe. Le matériel doit viser à faire le lien entre les activités de la classe et le monde extérieur, et à encourager la communication entre les acquérants. La radio et la télévision (par exemple, l'enregistrement de brefs messages publicitaires) sont des médias dont l'usage est fortement recommandé en classe.

Le but fondamental de la méthode étant de promouvoir la compréhension et la communication, le matériel didactique doit proposer des activités en conséquence. L'emploi d'images ou de tout autre matériel visuel est encouragé, dans la mesure où ce matériel présente du contenu pour la communication, c'est-à-dire facilite la présentation d'un grand nombre de mots de vocabulaire.

Également, le recours à tout matériel "authentique", c'est-à-dire non produit expressément pour être utilisé en salle de classe, est encouragé : brochures, journaux, revues, posters, éditoriaux, annonces, livres, cassettes, etc. Les jeux sont aussi recommandés.

Conception de la relation pédagogique

7. Relation didactique

• Sélection du contenu

Le contenu à acquérir se doit de répondre aux besoins et aux intérêts des acquérants. Il doit aussi être le plus intéressant possible (récits d'aventures, par exemple), compréhensible, et favoriser une atmosphère amicale et détendue (non angoissante), de manière à créer un filtre affectif faible.

De plus, le contenu choisi doit permettre la plus grande exposition possible au vocabulaire susceptible d'être utile dans les communications de base personnelles.

L'accent ne doit, en aucune manière, être mis sur les structures grammaticales, comme c'était le cas avec la méthode audio-orale. Selon les auteurs de l'approche naturelle, les structures grammaticales nécessaires vont se trouver inévitablement dans le matériel de compréhension présenté, et vont porter sur une très grande variété de sujets. De fait, chaque leçon est organisée autour de sujets d'intérêt, négociables avec les acquérants : par exemple, les cadeaux, le salaire, les albums photos, etc.

• Organisation du contenu

Ce qui importe avant tout est de fournir aux acquérants de L2 suffisamment d'activités de compréhension pour que toutes les structures utiles de la langue cible soient présentées. En ce sens, il n'est donc pas nécessaire d'organiser la grammaire et les structures de L2 suivant un mode de progression quelconque.

Compte tenu du fait que les acquérants ne sont invités à parler qu'au moment où ils se sentent prêts, suite à une "période silencieuse", les auteurs de la méthode naturelle suggèrent, en pratique, d'adopter le mode de progression suivant : avec des débutants, ne recourir tout d'abord qu'à des questions demandant de répondre par oui ou non, puis passer à des questions qui impliquent un choix parmi des réponses possibles ("either/or questions"), pour en arriver à des questions permettant de faire utiliser les mots déjà entendus.

L'enseignant ne doit pas s'attendre à ce qu'un acquérant utilise un mot avant de l'avoir entendu à de très nombreuses reprises.

• Présentation du contenu

Ce qu'il importe avant tout, dans la méthode naturelle, est que le maximum d'activités de compréhension soient proposées aux acquérants. L'accent doit être mis, en salle de classe, sur les activités visant la compréhension orale et, selon les besoins ou les intérêts, la compréhension écrite. De plus, afin de susciter un faible filtre affectif, l'accent est mis sur le sens des messages transmis plutôt que sur la forme linguistique.

Comme le choix du contenu à acquérir doit être fait surtout en fonction des besoins et des intérêts des acquérants,il n'y a pas de sélection prédéterminée des éléments à enseigner.

Aucune activité particulière n'est recommandée pour l'enseignement de la phonétique. Il est tout simplement suggéré de fournir un environnement linguistique riche, et de créer une atmosphère de détente. De l'avis des auteurs, la création de mauvaises habitudes articulatoires dont il serait difficile de se départir n'est pas à craindre puisque cela n'a pas été démontré empiriquement. Au contraire, il semble qu'avec le temps il soit possible d'améliorer sensiblement sa prononciation.

La présentation de mots de vocabulaire en contextes, à l'aide d'images, de posters, de cartes, etc. occupe une grande place, surtout au stade de la pré-production (au plan de la compréhension).

Les activités de la classe ne sont pas organisées à partir d'un syllabus grammatical. Les structures grammaticales occupent, de fait, une très faible place. La grammaire doit être réservée pour les situations où elle n'interfère pas avec la communication, ou pour les acquérants désireux d'apprendre effectivement la grammaire. En règle générale, la production d'énoncés parfaitement grammaticaux est reléguée au second plan, au profit de la compréhension d'énoncés signifiants. Pour des débutants, la simple production de mots de vocabulaire appropriés est considérée comme suffisante, dans certaines situations, comme au restaurant, par exemple.

Au niveau de l'école primaire, il ne devrait y avoir aucune composante grammaticale. Par contre, il devrait y en avoir un peu au niveau secondaire et davantage au niveau collégial. Dans le cas des adultes, il devrait s'agir d'une composante optionnelle.

Dans les cas où un apprentissage d'ordre grammatical est prescrit, les explications grammaticales orales en classe sont évitées puisqu'elles privent alors les acquérants d'activités vouées à l'acquisition proprement dite de la langue. C'est pourquoi, dans ces cas, il est plutôt recommandé de recourir à un manuel ou à une grammaire, hors de la salle de classe.

8. Relation d'apprentissage

• Rôle de L1

L'accent étant mis sur la compréhension d'activités signifiantes, la langue utilisée en salle de classe par l'enseignant est toujours la langue cible et non la L1 des acquérants, tout comme dans la méthode directe.

Bien que cette pratique ne soit pas encouragée, le recours par les acquérants à la L1 est cependant toléré, de manière à leur permettre de se concentrer véritablement sur la compréhension.

• Activités pédagogiques

Strictement parlant, conformément à la terminologie de la méthode naturelle, il faudrait plutôt parler d'activités d'acquisition (et non d'apprentissage). Quoi qu'il en soit, comme on l'a vu ci-dessus, l'accent est mis sur les activités de compréhension, tant à l'écrit qu'à l'oral, et sur les activités d'acquisition centrées sur le sens plutôt que sur la forme. C'est ainsi que quatre grandes catégories d'activités d'acquisition sont proposées par les auteurs de la méthode naturelle :
1. les activités d'ordre affectif-humaniste, à l'aide de dialogues, d'interviews, d'activités faisant appel à l'imagination, etc. ;
2. les activités de résolution de problèmes ;
3. les jeux ;
4. les activités centrées sur le contenu : par exemple, des présentations de diapositives, des tables rondes, des visites de locuteurs natifs, des nouvelles à la télévision, etc.

Il faut aussi préciser que plusieurs techniques d'enseignement recommandées par les auteurs sont empruntées à d'autres méthodes. Par exemple, les activités de commandement sous la forme de verbes ou de phrases à l'impératif, centrées sur la compréhension, viennent de la méthode par le mouvement de Asher. Le recours aux gestes, à la mimique et à la situation extralinguistique visant à favoriser la production de réponses par oui ou non, est inspiré de la méthode directe. Plusieurs activités de groupe recommandées (par exemple, partager de l'information) sont apparentées aux techniques suggérées dans la méthode communautaire de Curran.

Comme le font remarquer Richards et Rodgers (1986, p. 136), sur le plan des techniques pédagogiques et des procédures, il n'y a vraiment rien de vraiment nouveau dans la méthode naturelle. Ce qu'il y a de particulier, est son but : favoriser un degré maximal de compréhension d'activités signifiantes, avant la production.

9. Relation d'enseignement

• Interaction enseignant-apprenants

De fait, comme l'enseignant se doit de présenter de très nombreuses activités de compréhension, auxquelles les acquérants ne répondent que par oui ou non, par des mouvements physiques, ou par des mots simples, il s'agit d'un enseignement du type très directif. C'est en effet à l'enseignant que revient la tâche de choisir le matériel à présenter, les activités de compréhension, et ainsi de suite.

On s'attend, dans cette méthode, à ce que les acquérants prennent part à des activités de communication entre eux, particulièrement sous la forme de petits groupes. Également, le travail deux à deux, le travail de groupe, ainsi que des discussions impliquant la classe entière sont des modalités d'interactions suggérées par les auteurs.

• Traitement de l'erreur

L'erreur n'est nullement corrigée : elle est considérée comme une étape nécessaire dans le développement d'une langue, susceptible même de renseigner l'enseignant sur le niveau de développement de l'acquérant. Par son attitude permissive face à l'erreur, l'enseignant laisse place à l'ordre naturel d'acquisition et favorise l'émergence d'un faible filtre affectif. La correction des erreurs en classe est vue comme susceptible d'entraver les tentatives de communication personnelle des acquérants.

CONCLUSION

Pour les besoins de la cause, et comme il serait beaucoup trop long de reprendre ici en entier la critique faite par Bibeau de chacune des hypothèses de Krashen, seule sera exposée ici la critique de la distinction entre acquisition et apprentissage.

Krashen n'est pas le premier à parler de cette distinction entre l'acquisition (c'est-à-dire les constructions intérieures, implicites ou inconscientes) et l'apprentissage. Mais il serait le premier à ne pas mettre en rapport ces deux phénomènes impliquant par là que l'inconscient ne peut communiquer avec le conscient, ce qui va à l'encontre de la conception courante à la fois des usagers et des psychologues.

A — Du point de vue de l'usager

On ne sait pas comment L1 a été acquise mais on sait que cela s'est fait de façon inconsciente. Par expérience, on sait qu'on peut aller chercher dans notre inconscient tout ce dont on a besoin pour exprimer une idée dans une forme et un style que l'on peut choisir consciemment. Il y aurait donc un rapport entre le conscient et l'inconscient.

Aussi, on sait par expérience que lorsqu'on fait des efforts conscients pour comprendre ou pour apprendre, cela fonctionne mais on sait aussi que l'on perd aussitôt la conscience de ce que l'on a fait, tout en sachant que l'on pourra réutiliser les résultats de cet apprentissage. On sait que le conscient peut s'alimenter dans l'inconscient à volonté.

De plus, selon Stern (1983) pareille distinction restreint l'usage du terme "apprentissage" à l'environnement scolaire, alors que chacun sait que beaucoup d'autres types d'apprentissage se font en dehors du milieu scolaire.

B — Du point de vue des scientifiques

Freud a fait des distinctions entre le conscient, l'inconscient profond et le subconscient. La thérapie freudienne consiste précisément à rappeler dans le conscient des souvenirs refoulés dans l'inconscient.

On pourrait également évoquer — ce que Bibeau ne fait pas — la psychologie de Jung dont l'interprétation des rêves est fondée précisément sur les relations complexes entre la conscience de l'individu et un inconscient collectif supra-individuel.

De plus, les spécialistes de la psychologie cognitive et de l'acquisition/apprentissage du langage assument une continuité nécessaire entre différents niveaux possibles d'inconscience et le niveau de la conscience. Même Piaget a montré la solidarité entre le mouvement d'intériorisation et le mouvement d'extériorisation de l'action.

Bref, pour que sa théorie soit compréhensible, Krashen devrait définir le sens de "conscient" et "inconscient" et expliquer le lien entre le conscient, les règles de grammaire et les structures formelles de l'intelligence, et les raisons pour lesquelles il exclut ces dernières (les structures formelles de l'intelligence) de l'inconscient.

Sur quoi est fondée la distinction de Krashen ? Sur le fait que les usagers jugent de la grammaticalité des énoncés de façon différente selon le cas : ceux qui ont acquis la langue (donc inconsciemment) le font grâce à leur impression (*feel*), et ceux qui l'ont apprise (donc consciemment) le font par application de leurs connaissances linguistiques. Ceci est attesté par l'opinion — grâce à la méthode introspective — de quelques étudiants de L2, à qui les chercheurs ont demandé comment ils jugeaient de la grammaticalité des énoncés qu'ils avaient produits. Certains se rendent compte des erreurs commises et connaissent les règles violées ; d'autres disent se corriger d'instinct, sans pouvoir expliquer pourquoi, ce qui est un fait bien connu.

Mais, on ne peut conclure que dans un cas il y a eu nécessairement apprentissage conscient et, dans l'autre, apprentissage inconscient car les conditions d'apprentissage ou d'acquisition chez des adultes ne sont jamais homogènes.

De plus, l'explication d'une règle par un étudiant n'exclut pas l'intervention de son "impression", tout comme le fait de ne pas pouvoir exprimer la règle violée n'exclut pas un degré ou un autre de connaissance linguistique formelle.

Le problème, c'est que la dichotomie de Krashen exclut toute nuance et toute possibilité de réapparition d'une continuité entre les deux termes de l'opposition. Il est certes évident que nous acquérons beaucoup de choses sans en avoir conscience. Mais le rapport entre les phénomènes conscients et inconscients reste obscur. De fait, il s'agit d'une mauvaise explication qui SIMPLIFIE à outrance le processus d'acquisition des connaissances et divise en deux ce qui pourrait bien, de fait, n'être qu'un seul processus.

Sur le plan empirique, les seules recherches auxquelles font allusion Krashen et Terrell dans leur ouvrage *The Natural Approach* (1983) ne portent pas sur des expériences de leur méthode naturelle en tant que telle, mais se réfèrent aux expériences portant sur le rendement — très positif selon les auteurs — de la méthode par le mouvement de Asher. C'est pourquoi, sur cette question, on voudra bien se reporter plutôt au chapitre suivant, traitant de la méthode par le mouvement de Asher.

Enfin, comme le rappelle J. C. Catford (1987), il serait utopique de croire qu'une personne puisse en arriver un jour à apprendre à jouer de la guitare en se contentant de lui faire écouter de la musique jouée à la guitare, sans lui montrer comment il faut placer les doigts sur celle-ci. Pourquoi en serait-il autrement dans le cas de l'apprentissage d'une L2 ?

Document 32

L'APPROCHE NATURELLE
(Terrell)

Dans la version initiale de l'article relatif à l'Approche naturelle, j'ai proposé trois principes sur lesquels l'enseignement des langues étrangères devrait se baser :

1. la salle de classe devrait être le théâtre principal des activités qui produisent l'acquisition (les activités qui favorisent l'apprentissage devraient se dérouler dans le cadre de travaux individuels) ;

2. l'enseignant ne devrait pas corriger les erreurs produites par les étudiants pendant l'énonciation ;

3. les étudiants devraient être autorisés à répondre dans l'une ou l'autre des langues en présence, ou une alternance des deux...

L'expérience a montré que le principe le plus important consiste à faire, de la salle de classe, le théâtre des activités d'acquisition. En plus de permettre l'assimilation de connaissances acquises en faisant appel à des stratégies cognitives conscientes, les activités d'acquisition favorisent le développement naturel de la compétence communicative. Les deux autres principes fournissent des exemples particuliers de techniques qui créent un environnement favorable à l'acquisition...

Les publications récentes en didactique des langues présentent de solides arguments en faveur de l'établissement d'une distinction très claire entre ce que Krashen et d'autres auteurs ont appelé l'"acquisition" (la formulation inconsciente des principes grammaticaux) et l'"apprentissage" (l'étude de la grammaire basée sur des processus cognitifs conscients), ces deux systèmes permettant d'intérioriser la connaissance de la langue... Dans une proposition initiale j'affirmais que ces deux modes d'assimilation constituent des voies importantes vers la maîtrise du langage. Cependant, étant donné que l'étudiant en langue étrangère (...) n'a que de maigres chances d'être exposé au processus d'acquisition à l'extérieur de la salle de classe, le professeur doit lui fournir un environnement favorable. L'apprentissage, par contre, élément secondaire dans le développement de la compétence communicative, devrait être moins exploité et probablement réservé à des activités qui se déroulent en dehors du contexte de la salle de classe. Il faut retenir que les activités destinées à promouvoir l'acquisition sont absolument indispensables pour tout étudiant. Les activités d'apprentissage jouent un rôle beaucoup plus limité pour les débutants...

▶

Krashen avance des arguments très puissants pour que les "règles apprises", par opposition aux "règles acquises," n'offrent qu'une aide limitée à l'étudiant ; pour certains apprenants, ces "règles apprises" servent de "moniteur" c'est-à-dire qu'elles constituent un mécanisme d'"édition" permettant de faire des changements ou des corrections mineures dans des énoncés qui, la plupart du temps, sont produits sur la base d'une connaissance ou d'une compétence résultant d'un processus d'acquisition. La recherche appuie l'hypothèse de Krashen selon laquelle ce moniteur ne peut être activé que dans des circonstances limitées. Le locuteur doit :

1. connaître la règle ;
2. être centré sur la forme de l'énoncé ;
3. avoir le temps d'appliquer la règle...

Dans une situation de communication :
1. l'accent de l'échange est sur le message ;
2. l'apprenant doit comprendre le message — et
3. l'apprenant doit être dans un état de faible anxiété.

Puisque la capacité de comprendre des phrases nouvelles dans la langue cible est une condition nécessaire pour que l'acquisition se produise, nous avons essayé de développer une série de techniques qui exposent l'apprenant à des expériences de compréhension auditive dans les premiers stades de l'acquisition du langage. Ces activités ne requièrent pas de la part de l'étudiant qu'il utilise activement la langue cible... Les enfants qui acquièrent leur langue maternelle apprennent à comprendre avant de parler (...). En effet, pour tous les locuteurs, la compétence de compréhension précède la compétence de production... Je recommande un niveau de connaissance d'environ cinq cents mots avant que l'étudiant n'aborde le stade de la production orale initiale...

Ma recommandation d'éviter de corriger les erreurs de l'étudiant a été reçue comme une position radicale et a donné lieu à de nombreuses contestations... Je suggérais alors qu'il n'existe aucune preuve établissant que la correction des erreurs de discours est nécessaire ou aidante dans le cadre de l'acquisition du langage (...). Cette affirmation est encore valide. Cinq années d'expérience de la salle de classe au cours desquelles les erreurs en expression orale n'ont pas été corrigées systématiquement m'ont convaincu du fait que la pratique de la correction immédiate des erreurs d'expression n'est pas seulement inutile, mais également dommageable au progrès dans un contexte d'acquisition du langage...

(Terrell, 1984, traduction française dans Calvé et Mollica.)

Bibliographie

BIBEAU, Gilles
    1983   "La théorie du moniteur de Krashen : aspects critiques", *Bulletin de l'ACLA* [Association canadienne de linguistique appliquée] 5/1.

CATFORD, J. C.
    1987   "Phonetics and the Teaching of Pronunciation", in Joan Morley (réd.), *Current Perspectives on Pronunciation,* Washington, D.C., TESOL.

COURCHÊNE, Robert J.
    1989   "The relevance of the learning/acquisition distinction for teaching adult L2 learners", in R. LeBlanc, J. Compain, L. Duquette et H. Séguin (réd.), *L'Enseignement des langues secondes aux adultes : recherches et pratiques,* Ottawa, Les Presses de l'Université d'Ottawa.

KRASHEN, Stephen D.
    1985   *Inquiries & Insights,* Hayward, CA, Alemany Press.

KRASHEN, Stephen D. et TERRELL, Tracy D.
    1983   *The Natural Approach : Language Acquisition in the Classroom,* New York, Pergamon Press.

    1982   *Principles and Practice in Second Language Acquisition,* New York, Pergamon Press.

    1981   *Second Language Acquisition and Second Language Learning,* New York, Pergamon Press.

LARSEN-FREEMAN, Diane
    1986   *op. cit.* (p. 151)

RICHARDS, Jack C. et RODGERS, Theodore S.
    1986   *op. cit.* (p. 17)

STERN, H. H.
    1983   *op. cit.* (p. 110)

TERRELL, Tracy D.
    1977   "A natural approach to the acquisition and learning of a language", *Modern Language Journal* 61, reproduit dans Blair, R. W. (réd.) 1982, *Innovative Approaches to Language Teaching,* Rowley, Mass., Newbury House.

    1985   "The natural approach to language teaching : an update", *Modern Language Journal* 41/3, traduit en français dans P. Calvé et A. Mollica (réd.), *Le français langue seconde — Des principes à la pratique,* Welland, Ont., *Revue canadienne des langues vivantes* (RCLV / CMLR).

Chapitre 18

La méthode par le mouvement
(Asher)

La méthode par le mouvement ("Total Physical Response Method") a été conçue vers 1965 par James Asher, professeur de psychologie à San Jose State University (Californie). Elle est parfois appelée l'approche axée sur la compréhension ("the comprehension approach") puisqu'elle accorde une très grande importance à la compréhension orale. Contrairement aux autres méthodes dans lesquelles l'apprenant est toujours incité à produire ou à parler dès les premières leçons en L2, la méthode par le mouvement, tout comme l'approche naturelle, s'attarde dès les débuts de l'apprentissage de L2 à la compréhension orale.

La méthode peut être considérée comme un prolongement de *English Through Actions* de Harold Palmer et Dorothy Palmer (1925). Elle présente aussi plusieurs affinités avec les vues de Krashen : importance accordée à la compréhension, à l'absence de stress, à l'activité motrice, etc. (voir le chapitre précédent sur "L'approche naturelle").

Conception de la langue

Il s'agit de montrer à parler à des débutants en L2. La compréhension est un moyen. Le but ultime reste la production orale. La méthode par le mouvement vise en définitive une communication linguistique orale non inhibée, et compréhensible par des locuteurs natifs.

L'ordre de présentation recommandé, pour les quatre habiletés, est le suivant :
1. compréhension orale (d'ordres ou de commandements) ;
2. production orale lorsque les apprenants en sentent le besoin, c'est-à-dire se sentent prêts à le faire, soit au bout de 10 à 20 heures d'enseignement ;
3. compréhension écrite des formes apprises oralement, de manière à les renforcer ;
4. expression écrite.

Il est à noter que cet ordre est le même que dans la méthode audio-orale. Toutefois, dans la méthode par le mouvement, le délai entre les habiletés 1 et 2 est très grand : ce n'est qu'à la suite de plusieurs heures d'écoute et d'exécution, par des mouvements corporels, des commandements et des ordres donnés (se lever, sauter, pointer du doigt, etc.) que les apprenants sont invités à reproduire oralement, puis par écrit, ces formes linguistiques. Mais, précise Asher, la production ne peut pas s'enseigner directement, comme on ne montre pas à marcher à un enfant. Il s'agit d'un phénomène d'ordre développemental et par conséquent, différent selon chaque individu : on peut tout au plus en préparer l'avènement par des activités de compréhension, associées à des gestes physiques.

La compréhension est jugée acquise par observation des activités physiques des apprenants, qui se lèvent lorsqu'ils entendent "Levez-vous", et ainsi de suite. Si un ordre est correctement exécuté, on peut présumer que la signification de l'énoncé a été comprise. L'évaluation formelle peut consister à donner des ordres et à en vérifier l'exécution. Aux niveaux plus avancés, les saynètes créées par les apprenants peuvent également servir de base d'évaluation.

1. Nature de la langue

Primauté est accordée à la langue orale, suivant le modèle d'acquisition de L1 par l'enfant. C'est d'ailleurs pour cette raison que les formes impératives sont privilégiées dès les débuts de l'apprentissage, vu leur fréquence d'occurrence chez l'enfant qui apprend sa première langue. Toutefois, ce ne sont pas les formes linguistiques en tant que telles qui sont privilégiées, mais bien les significations à interpréter à partir d'activités motrices (toucher un livre, découper du papier, manger une pomme, etc.). C'est donc la fonction incitative de la langue (les ordres, les commandements) qui est privilégiée, comme source d'activités de comportement physique. Par là, la langue est toujours liée à une action physique observable.

Asher ne discute pas véritablement de la nature et de l'organisation de la langue. Son approche s'apparente au structuralisme linguistique ou aux approches grammaticales : l'élément crucial de la langue est le verbe (cela rappelle la conception de François Gouin, vers la fin du 19e siècle), à la forme impérative toutefois. Avant de présenter les parties abstraites de la langue, il faut attendre que l'apprenant ait maîtrisé une bonne partie des structures grammaticales, par les formes impératives (voir plus loin, "Présentation du contenu").

2. Nature de la culture

La culture est associée au mode de vie de L2.

Conception de l'apprentissage

3. Nature de l'apprentissage

Les vues de Asher comprennent les trois hypothèses suivantes :

1. Il existe chez l'individu un bio-programme inné d'apprentissage linguistique, tant pour L1 que pour L2, suivant une séquence particulière (la

compréhension avant la production) et suivant un mode particulier (synchronisme du langage et des mouvements physiques). Pareille conception de l'apprentissage s'apparente aux conceptions des psychologues béhavioristes.

a) La façon d'apprendre L2 qui est prônée dans la méthode physique provient en fait d'une observation de la façon dont les enfants acquièrent L1 (ce qui rappelle les fondements de la méthode directe, ou des "séries" de Gouin). En effet, les enfants sont exposés à la compréhension orale de leur L1 — surtout des ordres — bien longtemps avant qu'ils aient la possibilité (ou mieux : la capacité) de parler eux-mêmes. L'enfant se met à parler non pas quand on lui dit de parler, mais bien lorsqu'il est prêt à le faire.

b) Si les enfants réussissent à développer leur habileté à la compréhension orale, c'est qu'ils apprennent à répondre physiquement aux ordres de leurs parents ("Viens ici !", "Tiens-toi droit !", "Lève-toi !", etc.). Il semble que l'apprentissage de L1 soit conçu selon le modèle béhavioriste "stimulus — réaction".

c) Une fois acquise une base en compréhension orale, la langue orale évolue de façon naturelle et sans effort.

2. La latéralisation du cerveau définit différentes fonctions d'apprentissage, dans les deux hémisphères : le gauche pour la langue, et le droit pour les activités motrices. Selon Asher, une langue doit s'acquérir grâce à l'activité de l'hémisphère droit, avant même qu'elle ne soit traitée par l'hémisphère gauche, dont le rôle consiste à observer et à apprendre lorsque l'hémisphère droit est en action. Ce n'est que lorsqu'une quantité suffisante d'apprentissage a été réalisée par l'hémisphère droit que le gauche peut entrer de fait en action.

Une importante place est accordée à la mémoire, activée par le geste associé au mot : l'hémisphère droit du cerveau, par la réponse physique de l'apprenant, est ainsi activé. Pareille conception remonte à la théorie psychologique des "traces" : plus un lien est fait dans la mémoire de façon intense ou fréquente, plus l'association mémorielle sera forte et, partant, meilleures seront les chances de se souvenir.

3. Le stress agit comme un filtre affectif et peut bloquer l'apprentissage : moins le stress est grand, meilleur est l'apprentissage. L'apprentissage de L1 par l'enfant se fait sans stress et sans anxiété : d'où l'importance de la relaxation chez l'adulte qui acquiert une L2. S'inspirant de la pédagogie dite humaniste, Asher accorde une grande importance à la création d'un climat de détente et de plaisir, de manière à réduire le stress qui accompagne inévitablement tout apprentissage de L2.

Dans cette même veine, afin d'éviter de créer un climat d'anxiété, on ne force pas les apprenants à parler : on attend qu'ils se sentent prêts à le faire. C'est aussi pourquoi on ne corrige pas, du moins dans les premières étapes de l'apprentissage, les erreurs linguistiques.

4. Rôle de l'apprenant

Les apprenants doivent avant tout écouter et agir. Ils ont à exécuter physiquement les actions dictées par l'enseignant puis, éventuellement, par d'autres apprenants. Il faut également qu'ils observent les actions des autres afin de pouvoir les reproduire éventuellement.

Les apprenants n'ont pas d'influence sur la détermination du contenu à enseigner, qui est choisi uniquement par l'enseignant. Toutefois, lorsqu'ils se mettent à parler, les rôles sont renversés : un apprenant donne des ordres que l'enseignant, ainsi que d'autres apprenants, exécutent.

Conception de l'enseignement

5. Rôle de l'enseignant

Dans la méthode par le mouvement, l'enseignant est vu comme un metteur en scène, et les apprenants comme les acteurs. Au début, l'enseignant est très directif, et les apprenants imitent ses actions. Il donne les ordres à exécuter par les apprenants, qui imitent ainsi ses actions. C'est lui qui décide à la fois du contenu et des rôles à jouer par les apprenants.

6. Rôle du matériel didactique

Il n'y a pas à proprement parler de manuel dans cette approche. Toutefois, le matériel authentique (objets, images, etc.) joue un rôle de plus en plus grand à mesure que les leçons avancent, ainsi que le matériel semblable à des décors de cinéma, pour construire des petites saynètes (se déroulant dans un magasin, dans les pièces d'un appartement, etc.), ce qui permet des énoncés comme "Juan, va jusqu'au sofa !".

Conception de la relation pédagogique

7. Relation didactique

• Sélection du contenu

Le vocabulaire et les structures grammaticales, dans lesquelles sont insérées les formes verbales impératives, sont privilégiés. Toutefois, c'est davantage la signification qui sert de critère de choix du vocabulaire et des structures que les formes linguistiques elles-mêmes. Ce qui guide ce choix, ce sont aussi les situations d'utilisation possibles en salle de classe (et non la fréquence ou le besoin, par exemple). Le critère, selon Asher, s'énonce comme "la facilité d'utilisation par les apprenants". Au besoin, il est même conseillé de renoncer tout simplement à des formes qui, à l'essai, pourraient paraître trop difficiles.

Dans le cas de la grammaire, les impératifs sont présentés d'abord, auxquels sont associés certains substantifs, choisis en fonction de leur disponibilité : les objets physiques de l'environnement, un peu comme dans la méthode directe.

• Organisation du contenu

Il est recommandé de présenter trois éléments de vocabulaire nouveau à la fois. Lorsque les impératifs et les substantifs qui y sont associés paraissent maîtrisés par les apprenants, l'enseignant introduit alors de nouvelles combinaisons des éléments connus (dans une proposition coordonnée, par exemple). Dans une classe d'une heure, il est possible de faire assimiler de 12 à 36 éléments lexicaux, tout dépendant du nombre d'apprenants et de leur état d'avancement.

Aux niveaux plus avancés, l'enseignant peut recourir à des séries successives d'ordres, comportant plus de trois ordres suivis (ce qui n'est pas sans rappeler les "séries" de Gouin).

• Présentation du contenu

L'ordre des commandements n'est pas toujours le même, de manière à éviter de fixer dans la mémoire un ordre fixe de présentation (comme c'était cependant le cas avec les "séries" de Gouin).

C'est l'action ou l'activité physique qui est vue comme le facteur principal de compréhension des éléments nouveaux de L2, non seulement pour le lexique pris isolément mais pour les verbes (à l'impératif) et les substantifs mis dans des énoncés.

Dans Winitz et Reeds, et dans *The Learnables* de Winitz, pendant que les apprenants écoutent des mots, des expressions et des phrases enregistrés, ils regardent des images qui accompagnent ces enregistrements. Ce sont les images qui sont censées représenter la situation d'utilisation du langage, de manière à faire saisir la signification des énoncés.

De plus, pour les mots abstraits (comme "honneur", "gouvernement", etc.), il est recommandé de les reporter le plus tard possible, une fois que bon nombre de structures grammaticales ont été présentées à l'aide de mots concrets de vocabulaire. Le cas échéant, les mots abstraits peuvent être traités comme des mots concrets : par exemple, le mot *gouvernement* est écrit sur un carton rigide (avec son équivalent en L2 au verso), et le carton est présenté comme le mot lui-même ("Maria, mets *gouvernement* sur ta tête, et apporte-moi *honneur*" ; "Sandy, mets *justice* sur le livre rouge").

À un niveau plus avancé, un mot abstrait peut aussi être présenté de manière contextuelle, en expliquant dans la langue cible ce qu'il signifie.

Une troisième façon suggérée par Asher consiste à vérifier la compréhension d'un concept abstrait en l'associant à une activité physique :

par exemple, "Si le président Lincoln est un membre officiel du gouvernement, levez la main droite !".

Quant à la grammaire, elle peut être présentée au moyen des formes impératives. Par exemple, pour l'apprentissage du temps passé en français : "Sandra, touche la table — David, touche la table que Martin a touchée." ; "Michel, mets ton stylo sur le plancher — Cathy, ramasse le stylo que Michel a mis sur le plancher.", et ainsi de suite avec d'autres formes grammaticales. La grammaire est apprise de façon inductive.

8. Relation d'apprentissage

• Rôle de L1

Même si les fondements de la théorie d'apprentissage de la méthode par le mouvement sont apparentés à ceux de la méthode directe, il reste que dans la méthode par le mouvement le recours à L1 en classe est autorisé. contrairement à l'un des principes fondamentaux de la méthode directe : dans ses réponses aux questions du professeur, l'apprenant peut aussi bien recourir à L1 — bien que cela ne soit pas encouragé — qu'à L2. Le motif invoqué : permettre à l'apprenant de se concentrer véritablement sur la compréhension orale.

De plus, lors du premier cours, les explications concernant le type d'approche utilisé sont normalement données dans la L1 des apprenants.

• Activités pédagogiques

Dans la méthode par le mouvement, l'activité principale consiste en activités physiques correspondant à des formes impératives. Des dialogues de conversation sont prévus, après 120 heures d'enseignement. Le recours à d'autres activités, comme les jeux de rôle, les saynètes, et les présentations de diapositives suivies de questions, est également encouragé.

Asher ne s'oppose pas à ce que l'on recourt parfois à sa méthode conjointement avec d'autres méthodes.

9. Relation d'enseignement

• Interaction enseignant-apprenants

Il est à remarquer que l'enseignant interagit à la fois avec des petits groupes d'individus, avec des apprenants pris individuellement, puis avec la classe entière.

Lorsque les apprenants se mettent à parler, ils donnent des ordres non seulement à l'enseignant et à quelques groupes d'apprenants, mais également à d'autres apprenants pris individuellement, mais c'est généralement l'enseignant qui garde l'initiative.

• Traitement de l'erreur

L'enseignant ne corrige pratiquement aucune erreur — sauf les erreurs majeures — durant la phase de communication orale, un peu comme les parents vis-à-vis de leur enfant, afin d'éviter les inhibitions. L'accent est mis sur la réussite plutôt que sur l'échec. Si une erreur se produit, l'enseignant répète le commandement en faisant de nouveau le geste auquel correspond le commandement. Toutefois, à mesure que L2 se développe, le degré de tolérance de l'erreur est de moins en moins grand.

CONCLUSION

On dispose de quelques études empiriques sur l'utilisation en salle de classe de la méthode par le mouvement. Des études de nature expérimentale montrent que des enfants apprenant la langue russe atteignent un degré de rétention supérieur lorsqu'ils *agissent* en réponse à des ordres ou des commandements, comparativement à ceux qui se contentent d'observer les activités physiques présentées comme modèle, du moins lors des tests de rétention. D'autres expériences menées cette fois avec des adultes aboutissent aux mêmes résultats, tant pour le russe que pour le japonais (Asher, 1977-1979, pp. 5-10).

Une autre étude empirique, faite en 1972, concerne des adultes inscrits à des cours du soir en langue allemande. Au bout de 32 heures d'apprentissage à l'aide de la méthode par le mouvement, ces apprenants ont obtenu des résultats supérieurs à des étudiants de niveau collégial ayant suivi 75 ou même 150 heures d'enseignement, lors d'un test de compréhension orale, et ont obtenu des résultats à peu près égaux dans les autres habiletés. Cette même étude a également montré que :
1. l'ensemble des éléments grammaticaux d'une langue (comme l'allemand, en tout cas) peut être présenté par le biais de l'impératif ;
2. la compréhension orale de L2 peut être acquise sans qu'il soit nécessaire de recourir à la L1 des apprenants ;
3. il y a un transfert positif qui s'effectue de la compréhension orale aux autres habiletés (parler, lire et écrire).

Des résultats semblables ont été obtenus dans différents milieux, pour d'autres langues (l'anglais comme L2, l'arabe, l'espagnol, le français, l'hébreu, le japonais et le russe) et pour des enfants aussi bien que pour des adultes.

En 1978, à l'Université du Texas, Janet K. Swaffer et Margaret Woodruff ont expérimenté la méthode avec des étudiants apprenant la langue allemande. À la fin du premier semestre, les apprenants du groupe expérimental (recourant à la méthode) ont obtenu, en compréhension orale et en compréhension écrite, des résultats équivalents aux résultats qu'obtiennent habituellement au bout de *deux* semestres ceux qui apprennent à l'aide d'une méthode audio-orale traditionnelle. De plus, au-delà de 75 % des étudiants ont décidé de poursuivre leur apprentissage au second semestre, comparativement au 50 % habituel.

Toutefois, en dépit de ces résultats apparemment assez spectaculaires, il convient de souligner que les études empiriques de Asher et de ses disciples laissent parfois quelque peu à désirer en ce qui concerne le protocole expérimental (Richards et Rodgers, 1986, p. 97). Autrement dit, comme cela se produit souvent dans les recherches empiriques portant sur l'enseignement et l'apprentissage, il est possible que certaines variables n'aient pas pu être effectivement contrôlées.

De plus, comme c'est à peu près toujours le cas pour les nouvelles méthodes ou approches, tous les efforts ne portent que sur les premières étapes de l'apprentissage : on sait en définitive peu de choses sur le recours à pareille méthode pour les niveaux intermédiaire et avancé. Comment en arriver à enseigner, sans recourir à des procédures lourdes et sophistiquées, les concepts abstraits d'une langue ? À quel moment convient-il d'introduire la langue écrite, et de quelle manière ?

En outre, les besoins et intérêts des apprenants sont négligés dans cette approche. On peut en effet se poser la question de la pertinence d'énoncés comme "assoyez-vous sur la table", "touchez la chaise", ou "mettez les mains sur vos hanches".

Enfin, sur le plan théorique, la méthode par le mouvement repose sur certaines hypothèses encore très fragiles. Par exemple, le mode d'apprentissage de L2 est directement calqué sur le mode d'apprentissage de L1 par l'enfant, sans tenir compte de la présence de L1 au moment de l'apprentissage de L2 (alors que l'enfant qui apprend sa L1 appréhende le monde en même temps que sa langue).

De plus, le type de psychologie neurofonctionnelle adopté par Asher n'a pas encore été l'objet de validations empiriques et serait un peu simpliste. À l'heure actuelle, il semble plutôt que, de l'avis de certains chercheurs, l'hémisphère droit du cerveau soit lié aux formules stéréotypées du langage, alors que l'hémisphère gauche serait plutôt réservé aux fonctions analytiques et créatrices du langage. Ce n'est donc pas tout le langage qui serait localisé du côté gauche (Genesee, 1982).

En définitive, la méthode par le mouvement a peut-être surtout le mérite d'insister d'une part sur l'importance pour l'apprenant de ne parler qu'au moment où il se sent prêt à le faire (tout comme on ne doit pas forcer, précise Asher, un enfant à marcher), et d'autre part sur le bien-fondé d'accompagner le langage d'activités physiques en vue d'en faciliter la rétention. À ce titre, la méthode par le mouvement apparaît comme une intéressante technique pédagogique pouvant facilement et utilement être utilisée conjointement avec d'autres approches, comme le recommande d'ailleurs Asher lui-même.

Document 33

LA MÉTHODE PAR LE MOUVEMENT
(Un témoignage)

L'idée de base du TPR est qu'on demande à l'étudiant de réagir par le mouvement à un commandement ou à la mise en application de la stratégie impliquée. Le TPR stimule non seulement l'enthousiasme de la salle de classe mais il favorise surtout le développement spontané de l'expression orale aussitôt que l'étudiant se sent prêt...

Le professeur utilisera progressivement des structures plus complexes, par exemple : "Richard, quand je frapperai le bureau avec mon crayon, levez le bras ; quand je le frapperai à nouveau baissez-le". On pourra pousser plus loin la difficulté en engageant la conversation avec le groupe d'étudiants...

L'apprenant s'engage à fond. On lui demande uniquement d'observer une attention scrupuleuse et de faire l'action. Par conséquent, il n'est pas distrait par le besoin de bien prononcer, de répéter ou de formuler une réponse (souvent pour la première fois). Le résultat est l'absence de stress et d'inquiétude. Un deuxième avantage réside dans le sentiment de réussite qu'éprouvent les étudiants puisqu'ils sont capables de faire ce qu'on leur dit de façon répétée et de faire des progrès très rapides en compréhension auditive. Les étudiants développent leur confiance en eux et acquièrent l'assurance qu'ils peuvent réussir à apprendre la langue seconde de la même façon qu'ils ont appris leur langue maternelle...

Le professeur peut demander à un ou à plusieurs de ses apprenants de mimer un incident, un accident ou encore une histoire avec un peu d'action. Là encore, ils apprennent dans le cadre d'une situation qu'ils écoutent et qu'ils miment. Il est également possible de faire jouer une ballade moderne pendant qu'un ou plusieurs étudiants en donnent une interprétation gestuelle...

Le TPR permet aux étudiants de travailler en groupes de deux ou trois — l'un d'entre eux donnant les commandements et les autres exécutant les actions...

Pour utiliser la technique correctement, une série de commandements devraient être préparés par écrit. Bien entendu, au fur et à mesure que le professeur se perfectionne dans cette technique, il lui devient plus facile d'improviser... Des dons d'acteur se révéleront utiles...

(Gagnon, 1988, pp. 16-19.)

Bibliographie

ASHER, James J.
    1965   "The strategy of total physical response : an application to learning Russian", *IRAL 3.*

    1969   "The total physical response approach to second language learning", *The Modern Language Journal* 53.

© **1977-1979** *Learning Another Language through Actions : The Complete Teacher's Guidebook,* Los Gatos, CA : Sky Oaks Productions.

GAGNON, Nicole
    1988   "L'apprentissage d'une langue par les mouvements du corps (TPR : Total Physical Response)", *Bulletin de l'AQEFLS* [Association québécoise des enseignants de français langue seconde] 9/4.

GARY, Judith Olmstead
    1981   "Caution : Talking may be dangerous to your linguistic health", *IRAL* 19.

GENESEE, Fred
    1982   "Experimental neuropsychological research on second language processing", *TESOL Quarterly* 16.

KUNIHIRA, S. et ASHER, James J.
    1965   "The strategy of the total physical response : an application to learning Japanese", *IRAL* 3.

LARSEN-FREEMAN, Diane
    1986   *op. cit. (*p. 151)

MARQUEZ, Nancy
    1984   *L'enseignement par le mouvement* (Beginning lessons in French, based on the Total Physical Response method of teaching), Los Gatos, CA, Sky Oaks Productions.

RICHARDS, Jack C. et RODGERS, Theodore S.
    1986   *op. cit.* (p. 17)

WINITZ, Harris et REEDS, James
    1975   *Comprehension and Problem Solving as Strategies for Language Training,* The Hague, Mouton.

WINITZ, Harris
    1978   *The Learnables,* Kansas City, Mo., International Linguistics.

    1981   (réd.) *The Comprehension Approach to Foreign Language Teaching,* Rowley, Mass., Newbury House.

YORIO, C.
    1980   "Conventionalized language forms and the development of communicative competence", *TESOL Quarterly* 14/4.

Chapitre 19

La méthode suggestopédique
(Lozanov)

La suggestopédie, ou suggestologie appliquée au domaine de l'enseignement — ou de la pédagogie — vient de Georgi Lozanov de Sofia (Bulgarie, vers 1965). L'idée sous-jacente est qu'il est possible d'apprendre une L2 beaucoup plus rapidement — au moins 25 fois plus rapidement, prétend-il — qu'on ne le fait habituellement. Pour cela, écrit Lozanov, il suffit de détruire les barrières psychologiques qui bloquent l'apprentissage. Par manque de confiance en soi, ou par crainte de ne pas réussir par exemple, l'individu échoue ou, en tout cas, donne un rendement de beaucoup inférieur à ce qu'il pourrait obtenir s'il savait surmonter ses barrières psychologiques. Le secret consiste à exploiter toutes nos capacités humaines, en général sous-exploitées. Il se pourrait que nous n'utilisions habituellement qu'environ 4 % de nos capacités mentales.

Afin de faire une meilleure utilisation de nos réserves ou capacités mentales, croit Lozanov, il faut nous "désuggestionner". La suggestopédie vise précisément à libérer l'apprenant de sa crainte de l'échec, à lever les barrières qui bloquent son apprentissage.

Les origines historiques lointaines de la suggestopédie ont été retracées par Robert Galisson (1983). On y apprend, entre autres choses, que la suggestologie et la suggestopédie ont vu le jour grâce à des pratiques médicales comme le magnétisme animal, l'hypnotisme, la psychothérapie suggestive, etc. (p. 15).

Conception de la langue

L'objectif général consiste à activer — ou accélérer — le processus grâce auquel les apprenants apprennent à utiliser une L2 à de fins de communication. Pour cela, il faut libérer leur pouvoir mental en levant les barrières psychologiques qui les empêchent de fonctionner à pleine capacité.

Dans la suggestopédie, on vise une connaissance pratique de la langue. À cette fin de nombreuses paires de mots sont mémorisées.

Les quatre habiletés sont développées, mais c'est la communication orale qui est privilégiée.

L'évaluation se fait en cours de route et non à l'aide de tests formels susceptibles de créer des tensions.

1. Nature de la langue

Le processus de communication se réalise sur deux plans : un plan proprement linguistique, et un plan paralinguistique ou non verbal (la façon de s'habiller — afin de sauvegarder l'idée du prestige de l'enseignant — les gestes, la mimique, etc.) qui influence d'ailleurs le message linguistique.

L'accent est mis sur le message à communiquer plutôt que sur la forme linguistique. C'est pourquoi une atmosphère de jeu est créée de manière à détourner l'attention de l'apprenant des formes linguistiques.

En fait, Lozanov ne fait référence à aucune théorie ou conception particulière de la langue. Il met l'accent sur la mémorisation de listes de paires de mots (mots en L2 accompagnés de leur traduction en L1). Une langue semble être conçue par Lozanov comme un ensemble de mots de vocabulaire et de règles de grammaire permettant d'organiser ce vocabulaire.

2. Nature de la culture

Dans la suggestopédie, la culture comprend non seulement la façon de vivre des locuteurs natifs, mais également les arts en général : musique, théâtre, etc.

Conception de l'apprentissage

3. Nature de l'apprentissage

Comme on perçoit dans notre environnement énormément de choses dont nous ne sommes pas conscients, Lozanov soutient que l'affichage de tableaux grammaticaux (conjugaison de verbes, par exemple) facilite aussi l'apprentissage, par imprégnation pour ainsi dire, sans qu'il y ait concentration de l'attention.

Le recours à une musique de fond (Mozart, Bach, etc.) agit sur le subconscient, en "suggérant" que l'apprentissage d'une L2 peut être une activité à la fois facile et plaisante. L'écoute de musique classique, les yeux clos, pendant que l'enseignant lit un texte à voix haute vise à lever les barrières psychologiques, à placer les apprenants dans un plus grand état de réceptivité de la langue. De plus, une décoration plaisante et agréable, à l'aide d'affiches ou de posters plaisants, contribue à la détente.

Les beaux-arts (musique, art, théâtre, chant) permettent à la suggestion d'atteindre le subconscient. C'est pourquoi ils sont intégrés au processus d'apprentissage de L2, comme agents de renforcement.

En fait, il y a deux types de suggestions : directe et indirecte. Il y a suggestion directe lorsque l'enseignant dit aux apprenants qu'ils vont réussir, qu'ils en ont la capacité, etc. Quant à la suggestion indirecte, plus puissante, elle fait plutôt appel au subconscient de l'apprenant : musique, environnement agréable et confortable, "suggérant" que l'apprentissage d'une L2 peut être une activité agréable et relaxante.

4. Rôle de l'apprenant

La dramatisation, en permettant une "dépersonnalisation" totale et une "re-personnalisation" dans un nouveau personnage, vise à lever toute barrière psychologique associée à la personne. Chaque apprenant se donne une nouvelle identité, un nouveau nom, un nouvel emploi, se crée un personnage en quelque sorte. Le procédé permet la fantaisie : un peu plus loin dans le cours, les apprenants sont invités à créer toute une biographie du personnage qu'ils ont décidé d'incarner. Ils parlent ou écrivent au sujet de leur ville fictive, de leur enfance fictive, de leur famille fictive, etc.

Conception de l'enseignement

5. Rôle de l'enseignant

L'enseignant est le représentant de l'autorité en salle de classe. C'est pourquoi les apprenants doivent lui faire confiance et le respecter. En ce sens, l'apprenant devient un peu comme un enfant vis-à-vis de l'adulte auprès duquel il se sent en confiance et en sécurité et, partant, moins inhibé.

L'enseignant doit donc mettre les apprenants en confiance : la confiance et le respect de l'autorité de l'enseignant sont censés faciliter la rétention de l'information. Du coup, l'apprenant est placé dans un état "d'infantilisation". De plus, l'enseignant doit profiter des occasions qui se présentent pour montrer aux apprenants qu'ils sont en mesure de réussir, qu'ils peuvent accomplir de grandes choses.

L'imagination des apprenants doit être stimulée car elle est souvent atrophiée chez l'adulte alors qu'elle peut favoriser l'apprentissage.

Des stages particuliers de formation sont nécessaires avant d'utiliser la méthode suggestopédique.

6. Rôle du matériel didactique

Il faut souligner qu'une place aussi grande est accordée à l'environnement matériel qu'au matériel pédagogique proprement dit.

Conception de la relation pédagogique

7. Relation didactique

• Sélection du contenu

Les textes choisis (dialogues) doivent être avant tout intéressants, avec un contenu émotif intense. Ces dialogues sont très longs : environ 1 200 mots chacun (une dizaine de pages).

L'accent est mis sur le développement du vocabulaire.

• Organisation du contenu

L'organisation du contenu des dialogues est fonction des mots de vocabulaire et de la grammaire qu'ils contiennent.

• Présentation du contenu

De très longs dialogues écrits à la fois dans la langue cible et dans la langue source (traduction) servent de point de départ à la leçon proprement dit, suite à une phase de "désuggestion" et de relaxation. Les textes, distribués aux apprenants, comprennent des notes concernant le vocabulaire et la grammaire du dialogue.

La présentation du dialogue est accompagnée de musique classique. Lors de la première étape (réceptive), les apprenants suivent sur leur copie écrite pendant que l'enseignant lit le dialogue en ajustant sa voix et son intonation au rythme de la musique de fond, de manière à activer les deux hémisphères du cerveau : le siège de la langue, prétendent les neuro-linguistes, se trouve dans l'hémisphère gauche du cerveau, alors que le siège de la musique se trouve plutôt dans l'hémisphère droit.

Puis, les apprenants mettent de côté leur texte et se relaxent pendant que l'enseignant lit de nouveau le dialogue en suivant cette fois un débit normal, toujours accompagné de musique pré-classique ou baroque. De plus, on incite les apprenants à lire le dialogue une fois avant le coucher et une autre fois au lever.

Lors de la deuxième phase — active — les apprenants se livrent à diverses activités comme la dramatisation, les jeux, les chants, et les questions-réponses.

Dans la suggestopédie, on vise à développer la capacité d'utiliser L2 quotidiennement, plutôt qu'une connaissance explicite de ses règles. Une certaine importance est quand même accordée à la grammaire.

8. Relation d'apprentissage

• Rôle de L1

La traduction est utilisée pour faire comprendre la signification des nouveaux éléments linguistiques.

De plus, au besoin, l'enseignant peut recourir à L1 surtout dans les débuts du cours. Graduellement, les explications et les directives sont données en L2.

• Activités pédagogiques

La dramatisation, les simulations et les jeux de rôle occupent une place importante dans la suggestopédie.

9. Relation d'enseignement

• Interaction enseignant-apprenants

L'initiative des interactions entre l'enseignant et l'ensemble des apprenants, et entre l'enseignant et les apprenants pris individuellement, revient à l'enseignant.

À mesure qu'ils progressent dans leur maîtrise de L2, les apprenants peuvent prendre eux-mêmes l'initiative des interactions.

De fait, une relation de prestige et de confiance doit être créée entre l'enseignant et les apprenants.

Les apprenants, formant demi-cercle afin de faciliter les échanges en face à face, sont assis dans des fauteuils confortables, l'éclairage est tamisé, et une musique douce crée une atmosphère de détente. Pareil environnement, précise Lozanov, facilite la relaxation, laquelle facilite l'apprentissage.

• Traitement de l'erreur

Au début, les erreurs ne sont pas corrigées immédiatement afin de ne pas détourner l'attention du contenu à transmettre. En ce sens, on peut dire que les erreurs sont tolérées. Toutefois, lorsque des erreurs se produisent, l'enseignant est invité à réutiliser, un peu plus tard dans le cours, la forme correcte pour que les apprenants soient exposés à l'usage correct.

CONCLUSION

Le Canada est l'un des pays à avoir eu l'occasion d'essayer à quelques endroits, et en particulier en milieu adulte au Bureau des langues de la Commission de la Fonction publique d'Ottawa, la suggestopédie. C'est pourquoi, en conclusion, nous allons nous référer au rapport de Recherche E2 intitulé : *La suggestopédie au bureau des langues,* "Commentaires sur une expérience d'enseignement avec la méthode suggestopédique". Ce rapport de recherche fait partie du *Rapport de l'étude indépendante sur les programmes de formation linguistique de la Fonction publique du Canada* publié en 1976, en 12 volumes, sous la direction de Gilles Bibeau.

Trois principes de base gouvernent la suggestopédie :

A — Le cerveau n'est utilisé qu'à 4 % de ses capacités

Il semblerait que 96 % des capacités de notre cerveau ne soient pas utilisées. Toutefois, contrairement à ce que laissent croire certains défenseurs de la suggestopédie, il ne s'agit pas là de faits scientifiquement établis ou observés. Comme l'écrit Bibeau, il ne s'agit pas de "découvertes anatomiques et physiologiques" mais bien d'une hypothèse, certes alléchante et stimulante, mais d'une simple hypothèse quand même. En fait "personne ne sait encore quelle est la proportion du cerveau qui est active par rapport à l'ensemble, ni l'endroit, dans le cerveau, où cette activité a lieu, ni si le reste est utilisable" (Bibeau, p. 12).

B — On peut utiliser davantage le cerveau humain

C'est un fait que certaines personnes ont une mémoire phénoménale ou peuvent rivaliser avec les ordinateurs en termes d'opérations mentales. Toutefois, fait observer Bibeau, même si certains êtres exceptionnels peuvent accomplir pareils prodiges, cela ne signifie pas pour autant que tout être humain normal peut en faire autant. D'ailleurs, on pourrait penser que "si l'homme n'utilise effectivement que 4 % de ses capacités, c'est qu'il ne peut faire mieux dans les conditions actuelles de son existence" (Bibeau, p. 13). Il s'agit d'un postulat général, reposant sur la première hypothèse (en A).

C — La suggestion est la meilleure façon d'utiliser le cerveau humain

Le troisième principe de la suggestopédie est que des barrières psychologiques (émotives, éthiques, etc.) empêchent l'utilisation maximale du cerveau. Comme ces barrières sont inconscientes, il faut donc "désuggestionner" avant de "resuggestionner". De l'avis de Bibeau, pareille conception du rôle de la suggestion est "aussi hypothétique que l'existence même de ces réserves [mentales], bien que l'observation empirique ne s'oppose nullement à cette conception" (p. 14).

Dans la pratique, le Service des programmes spéciaux du Bureau des langues d'Ottawa s'est livré à une comparaison de la méthode suggestopédique et de la méthode *Dialogue-Canada* (méthode inspirée des principes de la méthode SGAV, adaptée au contexte canadien). Cette recherche a donné lieu à un volumineux ouvrage, dans lequel on reconnaît que de nombreux facteurs n'ont pu être contrôlés ou identifiés : "l'intelligence et la personnalité des étudiants, le professeur, le rythme d'apprentissage (mi-temps/plein temps), etc." (Bibeau, p. 20). On y apprend quand même que, dans le domaine de la communication orale — le but même du cours — les apprenants ayant suivi les cours à l'aide de la méthode suggestopédique ont obtenu des résultats supérieurs. Toutefois, dans les autres aspects de la langue (grammaire, écriture, etc.), les résultats n'ont pas été meilleurs.

En somme, dans la pratique, les résultats n'ont pas répondu aux attentes, très grandes, créées par les promoteurs de l'approche.

Pour certains auteurs, comme Galisson (1983), la suggestion est partout et doit être réhabilitée : toute communication est accompagnée de suggestion. Il reconnaît toutefois que la méthode renferme "trop de zones d'ombres et de questions sans réponses pour satisfaire pleinement les pédagogues" (p. 93).

Selon le témoignage de certains professeurs de langue impliqués dans la mise en pratique de la méthode, la suggestopédie crée un enthousiasme peu commun chez les apprenants, en milieu adulte en tout cas : certains verraient un changement dans leur personnalité et beaucoup développeraient le goût de communiquer entre eux et avec des locuteurs natifs dans la langue cible, ce que les tests habituels de langue seconde ne mesurent habituellement pas.

Le débat reste ouvert.

Document 34

INTRODUCTION À LA SUGGESTOPÉDIE

Un des premiers faits sur lesquels repose la théorie du Dr Lozanov est le suivant : les découvertes anatomiques et physiologiques récentes ont montré que nous n'utilisons qu'environ 4 % des capacités de notre cerveau. Les 96 % restant demeurent à l'état de réserves inutilisées... (pp. 213-214).

La suggestion, phénomène universel, s'exerce dans deux directions opposées : une direction positive, qui conduit vers un épanouissement, un développement de la personnalité et de ses capacités ; une direction négative qui, au contraire, conduit à une limitation de la personne, à une détérioration de ses capacités, et même à une destruction...

La première tâche de la suggestologie et de la suggestopédie sera donc de "désuggestionner" les personnes, de trouver le moyen d'échapper à la norme sociale pour ouvrir la voie au développement de la personnalité... (p. 216).

Il s'agit donc, en suggestopédie, de créer des conditions d'apprentissage qui, tout en déconditionnant, en désuggestionnant l'étudiant, permettent d'atteindre ses réserves, d'accroître sa mémorisation et d'activer toutes les fonctions intellectuelles de l'individu... (p. 217).

Parmi les facteurs suggestifs qui permettent de vaincre les barrières antisuggestives... le Dr Lozanov mentionne :
— Le prestige, qui donne à une méthode ou à ses utilisateurs un véritable ascendant, qui ouvre le chemin des réserves de la personne humaine... (pp. 217-218).
— La confiance...
— Le double plan... le premier plan met en jeu le code linguistique et sa signification immédiate, le deuxième plan englobe tout l'environnement, plus ou moins inconscient, de la parole : signes non verbaux, gestes, intonations, déplacements... (p. 218).
— Les arts... [entendus] au sens large... Les arts créent... un environnement spécifique, de nature émotionnelle qui stimule les capacités individuelles et accroît la réceptivité... (p. 219).

La suggestopédie a d'abord été utilisée, par les chercheurs bulgares, dans le domaine de l'enseignement des langues pour les raisons suivantes :
— parce que dans l'apprentissage d'une langue la mémorisation et l'acquisition d'automatismes ont une grande importance ;

▶

— parce que les mesures de rétention mémorielle sont assez faciles à réaliser, à partir de listes de mots par exemple ;
— parce qu'il était facile de trouver des volontaires, des "cobayes" pour les premières expériences, en raison de l'intérêt porté aux langues étrangères... (p. 219).

L'enseignement suggestopédique d'une langue se fixe pour but d'activer les réserves de l'étudiant, c'est-à-dire d'obtenir une hypermnésie accompagnée d'une hyperautomatisation, et de réaliser en même temps une maîtrise effective et productrice de la matière étudiée. On obtient ces résultats, en respectant les principes généraux énoncés plus haut, ce qui se traduit en pratique par :
— La création d'une atmosphère suggestive agréable...
— L'intégration des arts dans l'enseignement...
— Le programme volumineux *qui mobilise les réserves de l'étudiant et le suggère positivement : si le programme est volumineux c'est parce que l'étudiant a des réserves potentielles suffisantes pour l'assimiler. Le programme est donc toujours très substantiel : la première leçon contient près de 200 mots nouveaux, et au cours des dix premières leçons qui sont vues en une période totale de 66 heures, c'est plus de 2 000 unités lexicales qui sont présentées...*

Enfin et surtout, l'orientation directe du cours vers la communication... *Dès le début, c'est le contenu conceptuel du message qui est important, qui est au premier plan. La forme passe au deuxième plan. L'attention de l'étudiant se porte beaucoup plus sur ce qu'il veut que sur le comment il va le dire...* (pp. 220-221).

Le résultat... déborde largement l'apprentissage linguistique : puisque la méthode fait appel à toutes les ressources connues ou inconnues de la personne humaine, celle-ci s'en trouve elle-même épanouie. Il y a donc une certaine transformation psychologique qui peut se produire, variable selon les personnes, mais valorisante. D'où les résultats secondaires... disparition de maux de tête, de nausées, d'insomnie, d'irritabilité, etc. Ce qui fait que la suggestopédie crée vraiment un enseignement nouveau... (pp. 221-222).

(Racle, 1975, pp. 213-223,
reproduit avec la permission du ministre des Approvisionnements
et Services Canada, 1992.)

Bibliographie

BANCROFT, W. Jane
1972   "Foreign language teaching in Bulgaria", *Revue canadienne des langues vivantes* 28.

1978   "The Lozanov method and its American adaptations", *Modern Language Journal* 62/4.

BÉLANGER, Bagriana
1978   *La Suggestologie*, Paris, Retz.

BIBEAU, G.
1976   *Rapport de l'étude indépendante sur les programmes de formation linguistique de la Fonction publique du Canada,* vol. 7 : *La suggestopédie,* Ottawa, Bureau des langues, Commission de la Fonction publique.

BLAIR, R.W.
1982   (réd.) *Innovative Approaches to Language Teaching,* Rowley, Mass., Newbury House.

GALISSON, Robert
1983   *La suggestion dans l'enseignement — Histoire et enjeu d'une pratique tabou,* Paris, CLE international.

LARSEN-FREEMAN, Diane
1986   *op. cit.* (p. 151)

LERÈDE, Jean
1980   *Qu'est-ce que la suggestologie ?*, Toulouse, Privat.

1980   *Suggérer pour apprendre,* Québec, Les Presses de l'Université du Québec.

LOZANOV, Georgi
1979   *Suggestology and Outlines of Suggestopedy,* New York, Gordon and Breach Science Publishers.

RACLE, Gabriel
1975   *Une expérience d'enseignement avec la méthode suggestopédique : Rapports, études, conférences, table ronde avec le Dr Lozanov,* Ottawa, Commission de la fonction publique du Canada.

1979   "Can suggestopaedia revolutionize language teaching ?" *Foreign Language Annals* 12.

RICHARDS, Jack C. et RODGERS, Theodore S.
1986   *op. cit* (p. 17)

SAFÉRIS, Fanny
© **1978-1986** *La Suggestopédie : une révolution dans l'art d'apprendre,* Paris, Laffont.

STEVICK, Earl W.
    1980 *op. cit.* (p. 242)

YOTSUKURA, S.
    1975 *Suggestology and Language Teaching,* Washington, D.C., Mankind Research.

Chapitre 20

L'approche axée
sur la compréhension

L'approche axée sur la compréhension se caractérise par la mise au point de diverses modalités *d'enseignement* de la compréhension, de manière à assurer un délai entre la phase de compréhension de l'oral et la phase de production orale et, le cas échéant, entre la phase de compréhension de l'écrit et la phase de production écrite. Même s'il s'agit d'une approche qui n'est pas encore très répandue, nous avons quand même cru utile de nous y attarder quelque peu, compte tenu de l'intérêt que présente pour nous tout nouvel ensemble de propositions ou de principes organisés en vue de faciliter l'apprentissage d'une L2.

Les précurseurs de l'approche sont nombreux. En effet, on pourrait remonter au moins jusqu'à Harold E. Palmer qui recommande dès 1917, de s'attarder tout d'abord à la compréhension avant de faire produire les énoncés à apprendre. Il faut cependant préciser qu'il n'est question que d'une période "d'exposition" répétée aux unités linguistiques que l'apprenant aura par la suite à produire : il n'est pas fait mention d'un *enseignement* de l'écoute. Tel est également le cas de "la méthode de lecture" mise au point aux Etats-Unis, dans les années 30, suite au rapport Coleman. Un autre précurseur est le linguiste britannique bien connu John R. Firth qui s'était déjà aventuré, au cours de la Seconde Guerre mondiale, à n'enseigner le japonais que du seul point de vue de la compréhension de l'oral.

Les promoteurs contemporains les plus reconnus d'une approche axée sur la compréhension sont James Asher (qui a mis au point dès 1965 sa propre approche, "la méthode par le mouvement", voir chapitre 18), Stephen D. Krashen (qui a développé, conjointement avec Tracy Terrell, "l'approche naturelle", voir chapitre 17), Valerian Postovsky (décédé prématurément en 1977 alors qu'il continuait ses recherches entreprises au tout début des années 70 sur le sujet au Defense Language Institute de Monterey, Californie), Simon Belasco, James R. Nord, ainsi que Harris Winitz et James Reeds, ces deux derniers étant les coauteurs d'un ouvrage sur la question (1975) et Winitz étant le rédacteur d'un ouvrage collectif sur le sujet (1981). Mentionnons enfin, d'une part les contributions respectives de Byrnes (1984) et de Dunkel (1986) sur la valeur intégrative de l'écoute et, d'autre part, celle de Smith (1975-1979) sur les mécanismes psychologiques de la compréhension en lecture.

Sur le plan des applications pratiques sur une échelle relativement importante, il convient de signaler le cas de l'Université d'Ottawa qui a redéfini, il y a quelques années, les exigences de L2 pour ses étudiants en termes d'habiletés réceptives, ce qui l'amène à offrir annuellement une soixantaine de cours axés sur la compréhension. Nous aurons l'occasion de faire référence à certains aspects de ces divers cours dans les paragraphes qui suivent.

Conception de la langue

La première étape de l'apprentissage de la langue est la compréhension. L'idée sous-jacente est que l'apprentissage de la production orale va se trouver grandement facilitée si la démarche suivie va dans le sens "enseignement de la compréhension" - "expression". Une phase d'apprentissage systématique de la compréhension, suivie d'un délai avant la phase de production, est vue comme une nécessité. Autrement dit, contrairement à la croyance sous-jacente à la très grande majorité des méthodes ou approches, la phase de production ne doit pas suivre immédiatement la phase de compréhension. Il faut accorder un certain délai, variable selon les individus, entre ces deux étapes de l'apprentissage d'une L2, tout comme cela se produit en milieu naturel lorsque l'enfant apprend sa L1. La production orale est vue comme une sorte de sous-produit qui ne peut que dériver naturellement de la compréhension de l'oral. Idéalement, l'apprenant ne doit parler en classe qu'à partir du moment où il se sent prêt à le faire, et non sur commande (Courchêne et Pugh, 1986, p. 76).

Les promoteurs de l'approche axée sur la compréhension de l'oral ont observé, notamment dans les tests, les marques d'un transfert positif allant de la compréhension vers les autres habiletés, à savoir, l'expression, la lecture et l'écriture.

Dans cette perspective, une grande place est laissée à l'apprenant dans l'évaluation de son propre apprentissage. Par ailleurs, l'enseignant est invité à porter une attention particulière à toute forme pertinente de rétroaction susceptible de le renseigner sur le niveau de performance atteint par l'apprenant en compréhension : par exemple, gestes, actions physiques, réponses écrites, réponses graphiques, réponses orales, transcriptions d'un texte, résolution de problèmes, etc. (Courchêne et Pugh, p. 88).

1. Nature de la langue

La langue n'est pas vue comme un ensemble d'habitudes mais comme un moyen d'interaction sociale. Le but fondamental est de rendre l'apprenant capable de comprendre des textes oraux et écrits dans des conditions normales de communication et, ultérieurement, d'en produire en puisant dans les modèles de tous ordres qu'il aura intégrés.

C'est ce qui fait que sont privilégiées les activités de résolution de problèmes, faisant appel à la compréhension et non à l'analyse systématique.

L'accent est nettement mis sur la signification plutôt que sur les formes linguistiques proprement dites (Courchêne et Pugh, p. 76).

2. Nature de la culture

La culture est associée au mode de vie de la L2. L'approche telle que pratiquée à l'Université d'Ottawa prévoit un effort concerté vers la présentation de textes marqués culturellement de manière à ce que les étudiants apprennent à les décoder dans leur ensemble, en intégrant dans leur décodage les valeurs qui sont sous-jacentes au texte et qui le marquent.

Conception de l'apprentissage

3. Nature de l'apprentissage

D'après certaines recherches portant sur l'acquisition de L1 chez l'enfant, il semblerait que la phase de compréhension précède d'environ un an la phase de production. C'est ce genre d'observations qui ont conduit certains chercheurs et didacticiens de la L2 à l'élaboration d'une approche fondée sur les habiletés réceptives (Duquette, 1989, p. 26).

D'après d'autres recherches empiriques, portant cette fois sur les stratégies d'apprentissage d'une L2 par des enfants, tout porte à croire que chez certains d'entre eux, en tout cas (6 enfants sur 9), une "période silencieuse" précède nécessairement le recours à la L2. Quant aux données concernant l'existence d'une période silencieuse chez l'adulte apprenant une L2, elles sont plutôt rares (Compain, 1990).

L'un des postulats fondamentaux de l'approche est que l'écoute et la lecture seraient des démarche intellectuelles indépendantes de la production (orale et écrite). Un autre postulat est que les structures phonologiques, grammaticales et sémantiques ne doivent pas être présentées isolément mais dans toutes leurs interrelations.

Au-delà d'un accord sur ces postulats, ce qui varie chez les divers auteurs prônant un recours à l'approche axée sur la compréhension est la façon de vérifier la compréhension de l'oral : la réponse active non verbale chez Asher, l'écrit chez Postovsky, et les images chez Winitz (Duquette, p. 26).

L'approche trouve ses fondements, partiellement *a posteriori* toutefois, dans la psychologie cognitive (par le biais de l'analyse du traitement de l'information et la simulation par ordinateur), à laquelle est intégrée la théorie psychologique des "schèmes" surtout développée jusqu'ici dans le domaine de la lecture, où l'accent est alors mis sur l'anticipation ou la formulation d'hypothèses préalables à la lecture d'un texte (à ce sujet, voir chapitre 14, portant sur "L'approche communicative").

Qu'il suffise de rappeler que le recours à la psychologie cognitive et à la théorie des schèmes permet d'attribuer les problèmes de compréhension de l'oral, "soit à une lacune dans l'intrant (causée, par exemple, par des bruits ou un fort accent), soit à une lacune dans le système interne de l'apprenant (causée, par exemple, par les schèmes culturels), qui oblige à recourir aux procédures d'inférence pour en arriver à comprendre' (Duquette, p. 38). Ce qui revient à souligner le rôle actif de l'apprenant dans son processus d'apprentissage. Le processus de compréhension ne consisterait donc pas, comme on l'a longtemps cru, à briser de larges unités en petites unités simples, mais bien à "mettre en rapport une information nouvelle ou nouvellement perçue avec l'information déjà présente en mémoire" (Compain, p. 47). En misant d'abord et avant tout sur le développement des habiletés réceptives, il s'agit de viser à réduire en quelque sorte l'écart entre les connaissances préalables et les nouvelles connaissances.

Ainsi, apprendre une L2 ne consisterait pas simplement à apprendre à parler mais bien à construire mentalement une sorte de "carte du sens". Dans cette perspective, le fait de pouvoir parler une L2 serait le signe extérieur qu'il y a eu effectivement apprentissage, mais il se pourrait que la meilleure façon de faire cet apprentissage consiste à faire tout d'abord de l'écoute signifiante active (Nord, 1980, p. 17 ; LeBlanc, 1986).

Sur le plan neurolinguistique, l'approche est fondée sur une conception concernant le rôle des deux hémisphères cérébraux (à ce sujet, voir la "Conception de l'apprentissage" dans la méthode par le mouvement de Asher, chapitre 18).

4. Rôle de l'apprenant

Dans l'approche axée sur les habiletés réceptives, tout est mis en œuvre de manière à tenir compte, autant que faire se peut, à la fois des besoins et intérêts des apprenants et surtout de leurs stratégies d'apprentissage. En effet, l'apprenant est appelé, par l'essai conscient de plusieurs types de stratégies dans divers contextes, à identifier les stratégies qui fonctionnent pour lui et à développer de façon systématique son habileté à les utiliser dans ses propres situations de communication (Courchêne et Pugh, p. 79).

Conception de l'enseignement

5. Rôle de l'enseignant

Le rôle de l'enseignant de L2 consiste avant tout à utiliser la langue cible dans toutes les circonstances de la gestion de la classe, à créer un environnement visant à faciliter le maximum de compréhension de l'oral et de l'écrit, à susciter des occasions d'application des stratégies individuelles et à suggérer des activités de résolution de problèmes.

6. Rôle du matériel didactique

Dans l'approche axée sur la compréhension telle que mise en application à l'Université d'Ottawa, outre le programme particulier d'enseignement de la phonétique qui demeure optionnel et dont il sera question ci-dessous, le matériel didactique sert à placer l'apprenant dans des situations naturelles d'écoute et de lecture. Le matériel est choisi en fonction des principaux besoins postulés pour l'écoute et la lecture, à savoir les contextes signifiants, les dimensions culturelles et les éléments pertinents du code linguistique (Corbeil et Thérien, 1992). L'enseignant encourage l'apprenant à mettre diverses stratégies à l'essai en utilisant, par exemple, sa "connaissance du monde" pour faire des hypothèses sur le contenu ou sur la structure probable d'un texte avant de passer à l'exploitation propement dite du document en vue de combler certaines lacunes culturelles, linguistiques ou stratégiques (Duquette, 1990).

À cette même Université, le matériel sur cassettes contient des exercices de phonétique élaborés de manière à permettre une saisie graduelle des éléments sonores et prosodiques de la L2. Le matériel préparé comprend en effet une série de douze leçons enregistrées sur cassettes (intitulées *Accent on Accent*), accompagnées d'un cahier d'exercices. Dans ce programme, l'apprentissage commence par une phase d'audition de 6 leçons de 50 minutes : cette étape vise à développer l'habileté des apprenants de L2 à comprendre, indépendamment de la phase de production et antérieurement à celle-ci, les phénomènes d'ordre articulatoire (au niveau des sons de la langue) et d'ordre prosodique ou suprasegmental, c'est-à-dire au niveau du rythme et de l'intonation (Bourdages, Champagne, et Schneiderman, 1987). La deuxième phase du matériel — la phase de production — permet de mettre en pratique les traits articulatoires et prosodiques présentés dans la phase antérieure.

Conception de la relation pédagogique

7. Relation didactique

• Sélection du contenu

Dans le cadre de l'approche axée sur la compréhension telle que conçue et développée par Postovsky, le contenu langagier est choisi en fonction de sa simplicité et de sa facilité de représentation à l'aide d'images. Par ailleurs, dans le cadre de l'approche telle que développée à l'Université d'Ottawa, c'est plutôt une approche thématique qui est favorisée. C'est ainsi que, compte tenu des besoins et intérêts des apprenants ainsi que de leur mode d'apprentissage antérieur, une liste de domaines appropriés est choisie de manière à présenter les formes langagières (vocabulaire et structures grammaticales) dans un contexte signifiant pour eux (Courchêne et Pugh, pp. 79-80). De plus, au moment de choisir les textes à faire entendre ou à faire lire, il s'agit d'essayer de tenir compte des

connaissances du sujet traité que possèdent déjà les apprenants. À l'intérieur des thèmes retenus, différents concepts généraux sont présentés : par
exemple, les nombres et les relations numériques, le temps et les
séquences temporelles, les relations spatiales, et ainsi de suite.

C'est ainsi que le choix des textes, tant oraux qu'écrits, doit respecter
les trois critères suivants :
1. refléter les besoins et intérêts des groupes et des individus ;
2. être minimalement compréhensibles de manière à éviter le décou-
   ragement ;
3. être cohérents, à savoir, reposer sur l'expérience même des apprenants
   (Courchêne et Pugh, pp. 81-84).

Sur le plan phonétique, le programme repose sur un certain nombre
d'hypothèses fondées sur les recherches en linguistique appliquée montrant qu'en milieu scolaire, un délai dans l'enseignement de la production
orale ne peut que favoriser la maîtrise des habitudes articulatoires et prosodiques : une importance particulière est accordée au rythme et à l'intonation. La phonétique est considérée comme une des composantes de
base de la compréhension de l'oral et de l'expression orale mais la primauté est toujours accordée au sens (Bourdages, Champagne et Schneiderman, 1987 ; LeBlanc, 1986, p. 28).

Plus spécifiquement, tout porte à croire qu'une connaissance préalable
des traits prosodiques de la L2 (mélodie et rythme) peut aider l'apprenant
de L2 à la fois dans le repérage éventuel des unités linguistiques successives et dans la reconnaissance de leur hiérarchie informationnelle. De
plus, une sensibilisation à la compréhension auditive, au niveau des traits
articulatoires et prosodiques, semble apporter une contribution sur le plan
de l'expression orale, dans les cas où la connaissance syntaxique est élémentaire et le répertoire lexical limité (Bourdages, Champagne et Schneiderman, p. 147).

La sélection des contours intonationnels a été faite en fonction d'une
part, des caractéristiques du discours de locuteurs natifs s'adressant à des
apprenants de L2 et d'autre part, des caractéristiques du discours de
l'apprenant de L2 s'adressant à des locuteurs natifs : par exemple, intonation montante, questions précédées du morphème "est-ce que", questions
QU-, déclaratives et impératives. C'est ainsi que l'inventaire des contours
intonationnels donne 7 contours différents pour la forme interrogative
(allant, par exemple, de "Pierre est parti ?" à "On ira, n'est-ce pas ?"),
5 contours pour les formes déclaratives de longueur variée (allant de
"C'est certain" à "Selon moi, il voudra les reprendre"), 2 contours pour
les phrases exclamatives (correspondant respectivement à "Incroyable !"
et "Voyons donc !") et un contour pour les énoncés de forme impérative
(du type "Fermez la porte !").

Dans le cas des patrons rythmiques, les auteures ont eu recours aux
deux critères de sélection suivants : le nombre de syllabes, et le nombre
de groupes rythmiques par énoncé (par exemple, un groupe rythmique

pour "J'accepte", mais deux pour "J'accepte d'y aller", trois pour "J'accepte d'y aller lundi", et quatre pour "J'accepte d'y aller lundi prochain"). Pour les faits proprement articulatoires, ce sont les caractéristiques du français standard du Canada qui ont été retenues (Bourdages, Champagne et Schneiderman, 1987).

Quant au lexique, il occupe une place particulièrement importante dans l'approche axée sur la compréhension. Cela se comprend puisque la stratégie de base de la compréhension repose sur l'identification d'unités lexicales dans la chaîne verbale, identification qui permet l'élaboration d'hypothèses sur la signification globale du message dans son entier. Parallèlement à des travaux fondamentaux comme ceux de Galisson (1983), se sont développés des domaines de recherche sur des aspects du lexique susceptibles d'en faciliter le repérage dans les textes, notamment l'étude des congénères ou mots apparentés ("cognates"), comme le mot français "appartement", apparenté au mot anglais "apartment" (Browne, 1982 ; Tréville, 1990 ; LeBlanc et Séguin, 1987).

Sur le plan de la vision globale de l'organisation des messages, c'est surtout l'examen de la structure du texte qui retient l'attention. C'est que les auditeurs possèdent une représentation de ce que devrait être tel type de texte et peuvent mettre à profit cette connaissance dans le décodage d'un message. Même les tout jeunes enfants ont une perception, par exemple, de la structure du conte de fée et réagissent très négativement à toute tentative du locuteur de s'éloigner de cette norme (Roulet, 1990 ; Cornaire, 1985 ; Raymond et Cornaire, 1992).

• Organisation du contenu

Dans l'approche telle que conçue par Winitz et Reeds (1975), il s'agit de présenter les éléments de L2 à l'aide d'images, en allant du plus simple au plus complexe, suivant le procédé de "simplification syntaxique" habituellement utilisé par les mères qui s'adressent à leur enfant.

Dans le cadre de la programmation retenue à l'Université d'Ottawa, les premiers thèmes signifiants, comme la pollution et la recherche d'un logement par exemple, sont présentés concrètement — à l'aide de gestes, d'images, etc. Puis, ils sont graduellement traités de manière plus abstraite (Courchêne et Pugh, p. 80). Il s'agit avant tout de passer d'activités didactiques favorisant le simple repérage d'informations dans un texte à des tâches nécessitant l'application des connaissances à de nouvelles situations et, enfin, à des activités mettant en œuvre la réflexion critique (Courchêne et Pugh, p. 85).

Le développement d'une habileté à comprendre passe par une reconnaissance de plus en plus complète des marques lexicales, textuelles et culturelles des divers types de textes présentés. C'est ce qui fait que les contenus sont organisés de manière à ce que les éléments constitutifs pertinents dans tel type de texte donné puissent être facilement isolés et constituer des occasions d'interventions pédagogiques.

Dans le programme d'enseignement de la phonétique française, l'organisation des faits phonétiques a été faite en tenant compte d'une part, des relations entre les éléments phonétiques (par exemple, on oppose le contour d'une déclarative simple à celui d'une phrase interrogative à intonation montante) et d'autre part, de certains "prérequis" : par exemple, un exercice de sensibilisation à la représentation graphique consistant à observer les représentations graphiques des énoncés entendus, précède nécessairement l'exercice correspondant de représentation graphique proprement dite, consistant cette fois à tracer les contours intonatifs entendus.

• Présentation du contenu

Dans l'approche prônée par Asher (voir chapitre 18), les éléments de la langue sont présentés à l'aide de mouvements physiques exécutés tout d'abord par l'enseignant, qui sert alors de modèle à l'apprenant. La vérification de la compréhension est assurée au moyen de l'exécution de gestes ou de mouvements physiques de la part de l'apprenant. Dans la variante de l'approche telle que conçue par Winitz et Reeds (1975), ce sont des images, plutôt que des mouvements, qui servent de moyen de présentation et de moyen de vérification de la langue.

À l'Université d'Ottawa, l'approche axée sur la compréhension, en plus du programme portant spécifiquement sur la phonétique, recourt à une "pédagogie du processus" dont on trouve les fondements psychologiques dans la psychologie cognitive (Courchêne et Pugh, p. 85 ; Duquette, 1990). Il s'agit de susciter chez l'apprenant adulte une réflexion sur ses propres stratégies d'apprentissage : stratégies métacognitives, stratégies cognitives, et stratégies socio-affectives, suivant la distinction de O'Malley, Chamot et Walker (Duquette, 1989).

Il y a enseignement explicite de la grammaire, dans un contexte de "grammaire réceptive". Cette dernière se trouve dans les documents oraux ou écrits retenus pour enseigner la compréhension (Corbeil et Thérien, 1992). Elle est présentée à l'aide d'explications, de comparaisons et de contrastes, d'exemples, etc. (Courchêne et Pugh, p. 87).

Pour le programme d'enseignement de la phonétique qui s'adresse également à un public d'adultes, c'est une démarche du type explicatif qui a été retenue : dès le début, les objectifs sont expliqués en détail, puis rappelés à quelques reprises au cours des leçons subséquentes. De plus, afin d'orienter l'adulte dans son apprentissage ultérieur, les auteures ont opté pour une démarche d'auto-évaluation : à la fin de chaque exercice on laisse le temps à l'apprenant de vérifier ses réponses à l'aide du corrigé ; à la fin des leçons, l'apprenant évalue lui-même ses connaissances au moyen d'un exercice de récapitulation noté à l'aide de critères explicites qui lui sont fournis.

8. Relation d'apprentissage

• Rôle de L1

Il peut arriver que l'apprenant recourt à L1, par exemple, pour dire ce qu'il a compris, pour formuler des hypothèses à partir de quelques éléments de compréhension, pour poser des questions sur divers aspects des textes, ou pour interagir avec l'enseignant sur les stratégies privilégiées. Dans la pratique, chez les débutants toutes les interventions se font en L1. C'est alors à l'enseignant que revient la tâche de fournir à l'apprenant des outils lui permettant progressivement de s'exprimer au moins partiellement en L2.

• Activités pédagogiques

Dans l'approche, les exercices structuraux (chers à la méthode audio-orale) ainsi que les réponses en chœur sont évités. C'est plutôt par l'exposition répétée à divers types de textes à chacun des niveaux de compétence que l'apprenant est amené à améliorer son habileté à comprendre les textes oraux et écrits, tant par les occasions de pratique et d'application de stratégies qui lui sont ainsi fournies que par la réflexion systématique sur divers points pertinents de ces textes.

Ceci est réalisé au moyen d'une variété d'activités pédagogiques. Sur le plan du lexique, par exemple, on trouvera des exercices de comparaison d'unités lexicales en L1 et en L2, de reconnaissance du mode de formation des mots, d'utilisation du contexte pour l'établissement de la signification, etc.

La compréhension du texte (ou de portions du texte) est vérifiée en faisant exécuter divers types de tâches en vue de faire prendre progressivement conscience à l'apprenant de l'organisation des messages afin qu'il devienne un meilleur communicateur en ce qui a trait aux habiletés réceptives. Il s'agit d'activités du type suivant : choisir des mots pour compléter un énoncé, choisir le plan / l'illustration qui correspond au texte, choisir un titre pour le texte, choisir une phrase qui résume le passage, suivre des directives, compléter un formulaire à partir des renseignements contenus dans un texte, choisir le registre de langue d'un texte, déterminer les circonstances d'un échange (personnes, lieu, moment), repérer les mots / syntagmes appartenant à un champ sémantique donné, trouver les articulateurs d'un texte, mettre les articulateurs d'un texte en ordre, établir le schéma discursif d'un texte, etc. Ces tâches sont graduées en ce sens qu'elles vont de la sélection parmi les possibilités suggérées jusqu'à la reconstruction de textes en passant par des activités de repérage et d'association.

Dans le domaine de l'enseignement de la phonétique, les auteurs des exercices ont opté pour une représentation de la courbe intonationnelle beaucoup plus près de la réalité perceptible visuellement que de la réalité acoustique. Pour ce qui est du schème rythmique d'un énoncé, les auteures ont eu recours à l'usage des logatomes, c'est-à-dire des syllabes dénuées de sens (comme ta-ta-ta), en vue de faire abstraction des composantes syntaxique et sémantique de l'énoncé et de la structure phonique du mot. Six types d'exercices phonétiques gradués, s'adressant à des débutants, ont d'ailleurs été développés : sensibilisation auditive, sensibilisation à la représentation graphique, représentation graphique, discrimination auditive, prononciation, et transformation (en vue d'habituer l'apprenant à intégrer l'information à ses habiletés productives, en travaillant les oppositions prosodiques qui caractérisent la langue cible).

9. Relation d'enseignement

• Interaction enseignant-apprenants

L'enseignant, en échange constant avec l'apprenant, établit les contextes des divers textes, dirige les sessions de remue-méninges préalables à la formulation d'hypothèses, fournit des repères linguistiques utiles et, de façon générale, voit à la mise en marche des divers processus impliqués dans la compréhension et à l'évaluation du niveau d'atteinte des objectifs. L'enseignant et les apprenants sont en relation de partenariat.

L'interaction entre les apprenants occupe aussi une place importante dans la démarche employée puisque l'approche implique, par exemple, la prise en compte des "schèmes" des étudiants comme préalables à la compréhension (pour une brève présentation de la théorie psychologique des "schèmes", voir "Nature de l'apprentissage", au chapitre 14 consacré à "L'approche communicative").

• Traitement de l'erreur

Dans une approche axée sur la compréhension, l'erreur fondamentale en est toujours une d'interprétation de contenu et, à ce titre, doit être corrigée. La correction se fait à partir de la réponse de l'apprenant et c'est ce dernier qui est progressivement amené à identifier dans le texte les éléments qui lui permettront de parfaire sa compréhension. Pour ce qui est des erreurs sur la forme linguistique, elles sont traitées dans la mesure où elles ont une incidence sur l'interprétation du message. Par ailleurs, lorsque les apprenants s'expriment en L2 (et ils sont toujours encouragés à le faire), c'est la transmission du message de façon acceptable pour le groupe qui sert de critère. En ce sens, la correction de l'expression reste minimale et se fait cas par cas.

CONCLUSION

S'il a quand même paru nécessaire de consacrer un chapitre à l'approche axée sur la compréhension, en dépit de son caractère récent et de la disparité de ses sources, c'est que, comme la plupart des autres approches contemporaines, elle paraît s'être érigée surtout en réaction contre les insuffisances de la méthode audio-orale. En ce sens, il s'agit d'une intéressante alternative qui mérite d'être sérieusement prise en considération, compte tenu du bien-fondé apparent de son postulat de départ : la nécessité de respecter un certain délai entre la phase de compréhension et la phase de production dans l'apprentissage d'une L2.

Bien sûr, compte tenu de la relative nouveauté de l'approche, il est encore beaucoup trop tôt pour en connaître les véritables retombées. Toutefois, à l'usage et suite aux vérifications empiriques qui ne devraient pas tarder, il sera possible d'apprécier à sa juste valeur l'importance de l'approche axée sur la compréhension.

Document 35

L'APPROCHE AXÉE
SUR LA COMPRÉHENSION

Même si la didactique des langues s'intéresse à la compréhension depuis près de deux décennies, c'est seulement en 1986 que le premier modèle de compréhension [de l'oral] en langue non maternelle fut proposé par Nagle et Sanders. Il découle de celui de Bialystok [1978] et de la théorie de McLaughlin et al. [1983]. Pour Nagle et Sanders, apprentissage et compréhension sont deux phénomènes cognitifs interdépendants mais aussi distincts ; pour cette raison, ils ont pu ne considérer que la compréhension [de l'oral] en L2.

Ce modèle présente les trois types de mémoire (sensorielle, à court terme, à long terme) et trois modes de représentation de la connaissance situés dans la mémoire à long terme : implicite, explicite et autre connaissance. De l'intrant ["input"], l'information sélectionnée passe dans l'entreposage à court terme à l'étape du codage. Une fois comprise, l'information est emmagasinée dans l'entreposage à long terme et est devenue automatique. Toute nouvelle compréhension passe d'abord par le processus contrôlé et de connaissance explicite avant de devenir un processus automatisé ou de connaissance implicite.

Les trois modes de représentation de la connaissance viennent du modèle d'apprentissage de Bialystok [1978] :
— la connaissance explicite, niveau de l'apprentissage des règles du code ;
— la connaissance implicite, qui utilise la langue de façon intuitive par des règles non explicites, des mots, des séquences, etc. Toute information qui devient automatisée et est utilisée de façon spontanée dans les tâches langagières est représentée dans le mode de connaissance implicite ;
— l'autre connaissance... fournit une information non spécifiquement linguistique : il s'agit de la connaissance du monde qui comprend la connaissance en langue d'usage, l'information sur la culture de la langue cible et les informations non verbales concernant une situation. Ce mode de représentation qu'est l'autre connaissance est associé à la théorie des schèmes utilisée particulièrement pour la compréhension écrite.

Comme le modèle de Nagle et Sanders tente de représenter spécifiquement le phénomène de la compréhension, les trois modes de connaissance sont intégrés dans la mémoire à long terme...

(Duquette, 1989, pp. 31-32.)

Bibliographie

BIALYSTOK, Elaine
1978 "A theoretical model of second language learning", *Language Learning* 28/1.

BOURDAGES, Johannes, CHAMPAGNE, Cécile et SCHNEIDERMAN, Eta
1987 "Approche intégrée pour l'enseignement de la phonétique aux adultes", *Revue canadienne des langues vivantes* 44/1.

BROWNE, Robin L.
1982 *Aural and Visual Recognition of Cognates and Their Implications for the Teaching of Cognate Languages,* Ph.D., Cambridge, Mass., Harvard University.

BYRNES, H.
1984 "The role of listening comprehension : a theoritical base", *Foreign Language Annals* 17/4.

COMPAIN, Jean
1990 *op. cit.* (p. 216)

CORBEIL, Renée et THÉRIEN, Christiane
1992 "Une expérience d'élaboration de matériel didactique pour l'enseignement/apprentissage du français langue seconde selon une approche axée sur la compréhension", in Courchêne, R. et *al.* (réd.), *L'Enseignement des langues secondes axé sur la compréhension - Comprehension-based Language Teaching,* Ottawa, Presses de l'Université d'Ottawa.

CORNAIRE, Claudette
1985 *La lisibilité : application de la formule courte d'Henry à la langue étrangère,* Ph.D., Éducation, Université de Montréal.

COURCHÊNE, B. et PUGH, B.
1986 "A comprehension-based approach to curriculum design", *Medium* 11/2.

DUNKEL, Patricia A.
1986 "Developing listening fluency in L2 : Theoretical principles and pedagogical considerations", *Modern Language Journal* 70/2.

DUPLANTIE, M. et MASSEY, M.
1984 "Proposition pour une pédagogie de l'écoute des documents authentiques oraux en classe de langue seconde", *Études de linguistique appliquée* 56.

DUQUETTE, Lise
1990 "La compréhension, moyen d'autonomisation, *Dialogues et Cultures* 34.

1989 *op. cit.* (p. 217)

GALISSON, Robert
1983 *op. cit.* (p. 217)

LEBLANC, Raymond, DUQUETTE, Lise et COMPAIN, Jean

1992   "Cours axé sur les habiletés réceptives : fondements et applications à l'élaboration d'un programme", in Courchêne, R. et *al.* (réd.), *L'Ensei gnement des langues secondes axé sur la compréhension — Comprehen sion-based Language Teaching,* Ottawa, Presses de l'Université d'Ottawa.

LEBLANC, Raymond et SÉGUIN, Hubert

1987   "Les homographes et les parographes anglais-français dans l'enseigne ment de la langue seconde", AILA '87, Sydney.

LEBLANC, Raymond

1986   "L'écoute dans l'enseignement des langues vivantes à des débutants", *Revue canadienne des langues vivantes* 42/3.

McLAUGHLIN, B., ROSMAN, T. et McLOED, B.

1983   "Second language learning : an information processing perspective", *Language Learning* 33/2.

NAGLE, S.J. et SANDERS, S.L.

1986   "Comprehension theory and second language pedagogy", *TESOL Quarterly* 20/1.

NORD, James R.

1980   "Three steps to listening fluency : A beginning", dans Winitz (réd.). *The Comprehension Approach to Foreing Language Teaching,* Rowley Mass., Newbury House.

POSTOVSKY, Valerian

1982   "Delayed oral practice", dans R. W. Blair (réd.), *Innovative Approaches to Language Teaching,* Rowley, Mass., Newbury House.

RAYMOND, Patricia et CORNAIRE, Claudette

1992   "Teaching Text Structure", in Courchêne, R. et *al. (*réd.), *L'Enseignemen des langues secondes axé sur la compréhension — Comprehension-based Language Teaching,* Ottawa, Presses de l'Université d'Ottawa.

ROULET, Eddy

1990   "Le textuel et le conversationnel : quel modèle pour la didactique ?", Conférences de recherche, Université d'Ottawa.

SMITH, F.

© **1975-1979** *La Compréhension et l'Apprentissage,* Montréal, Holt, Rinehart & Winston.

TRÉVILLE, Marie-Claude

1990   *Rôle des congénères interlinguaux dans le développement du vocabulaire réceptif en français langue seconde,* Ph.D. Éducation, Université de Montréal.

WINITZ, Harris et REEDS, James
   1975   *Comprehension and Problem Solving as Strategies for Language Training,* The Hague, Mouton.

WINITZ, Harris
   1981   (réd.) *The Comprehension Approach to Foreign Language Teaching,* Rowley, Mass., Newbury House.

CONCLUSION GÉNÉRALE

Pour plusieurs auteurs, les méthodes ou approches en didactique des L2 se divisent en deux. Par exemple, pour Karl C. Diller, l'histoire de l'enseignement des langues se ramène à une répartition des grands courants entre deux tendances, à une histoire en quelque sorte binaire ("a dual history") : d'un côté, les empiristes (Palmer, Jespersen, Lado, etc.) et de l'autre, les rationalistes (la méthode grammaire-traduction, et les tenants de la méthode directe : Gouin, de Sauzé). De plus, précise Diller, il n'y a pas d'interaction entre ces deux grands courants, et chacun suit son propre cheminement.

Même Wilga Rivers ne résiste pas à la tentation de regrouper les grands courants entre deux grandes tendances : d'un côté les "formalistes", et de l'autre les "activistes" tels Montaigne, Locke, Comenius, les béhavioristes, etc. De son côté, Howatt n'hésite pas, dans son "Epilogue", à regrouper en deux catégories les différentes approches en didactique des L2 : les approches rationnelle et naturelle.

Toutefois, selon Stern, une distinction doit être faite entre les pôles "formel" et "fonctionnel" mais — fait important à noter — les grands courants se distribueraient, entre ces deux pôles, le long d'un *continuum*. Il s'agit là d'une vision vraisemblablement beaucoup plus intéressante et réaliste que celles de Diller ou de Rivers. Pourtant, précise Stern, les pôles formel et fonctionnel se répartissent en fait en deux grandes catégories : un cadre psycholinguistique et pédagogique, et un cadre linguistique et sociolinguistique. Le continuum se situe entre les deux pôles à l'intérieur de chacun de ces cadres.

Il s'agit là d'une vision certes intéressante, mais d'une part, les liens entre ces deux cadres conceptuels ne sont pas très explicites et, d'autre part, Stern ne répartit pas dans ce cadre les "grands courants" tels qu'ils ont été définis dans cet ouvrage. Il répartit plutôt des auteurs individuels tels que Rivers, Mackey, Paulston & Selekman, Savignon, Allwright, et quelques autres. Cette conception mériterait certainement d'être approfondie et élargie de manière à voir si l'on peut, de fait, y inclure les grands courants habituels tels que définis ici.

Dans les circonstances, il a cependant semblé préférable de partir non pas d'un schéma *a priori* comme semblent le faire la plupart des auteurs consultés, mais d'une observation des caractéristiques des grands courants étudiés au cours des chapitres précédents, afin de voir si l'on ne pourrait pas effectuer certains regroupements significatifs des méthodes ou approches contemporaines. Pour cela, nous allons partir de la grille d'analyse déjà utilisée et tenter de dégager quelques affinités entre les dix méthodes ou approches contemporaines suivantes (les approches "intégrées" mises à part, qu'il aurait été trop long et complexe de reprendre de ce point de vue) :

— la méthode audio-orale,
— la méthode SGAV,
— la méthode situationnelle,
— l'approche communicative,
— la méthode communautaire,
— la méthode par le silence,
— l'approche naturelle,
— la méthode par le mouvement,
— la méthode suggestopédique,
— l'approche axée sur la compréhension.

Conception de la langue

L'objectif fondamental de toutes les méthodes ou approches contemporaines (la méthode grammaire-traduction n'étant pas ici prise en compte) est la communication. Il arrive cependant que certaines méthodes ajoutent des objectifs généraux comme l'expression personnelle, apprendre à apprendre, et libérer le pouvoir mental de l'apprenant.

Il existe une certaine diversité concernant l'importance accordée aux quatre habiletés de base, mais on observe une certaine tendance à favoriser l'oral, notamment au plan de l'expression, à trois exceptions près : l'approche naturelle (Krashen-Terrell), la méthode par le mouvement (Asher), et l'approche axée sur la compréhension.

1. Nature de la langue

Cinq grandes conceptions de la langue paraissent se dégager de l'ensemble des méthodes ou approches analysées : formelle, pragmatique, sémantique, expressive, et interactionniste.

a) Une conception formelle

Il s'agit des méthodes ou approches centrées plus ou moins étroitement sur la langue. Dans la méthode audio-orale par exemple, ce sont les structures linguistiques (comme Sujet + Verbe + Article + Nom : "Il regarde la télévision.") qui sont privilégiées, en tant qu'éléments de base de chacune des leçons.

Dans la méthode situationnelle, ce ne sont pas seulement les structures syntaxiques mais aussi les éléments du lexique, sélectionnés à partir d'enquêtes sur la langue écrite, dans les années 30, qui servent de point de départ des leçons.

Dans la méthode européenne SGAV (structuro-globale audio-visuelle), ce sont à la fois les éléments du lexique, tirés cette fois d'enquêtes sur la langue parlée, autour des années 50, et la prononciation qui servent de fondements aux leçons.

Ce sont ces deux mêmes aspects linguistiques, le lexique, choisi de manière intuitive et non empirique toutefois, et la prononciation, qui servent de base aux leçons de la méthode suggestopédique.

En somme, on peut dire que quatre des méthodes ou approches reposent sur une conception formelle de la langue :
— situation situationnelle,
— la méthode audio-orale,
— la méthode SGAV,
— la méthode suggestopédique.

b) *Une conception pragmatique*

Avec l'approche communicative, la plus répandue des approches à l'heure actuelle (datant des années 75), ce sont les conditions d'emploi de la langue, dans diverses situations de communication, qui sont privilégiées, compte tenu des intentions de communication, appelées fonctions langagières : par exemple, demander un renseignement, accorder une permission, etc.

c) *Une conception sémantique*

Avec l'approche naturelle de Krashen et Terrell, on peut dire que c'est avant tout la signification, ou le contenu des messages à transmettre, qui est privilégiée. En effet, dans le cadre de cette approche, les apprenants doivent être exposés à un environnement linguistique riche et varié susceptible d'entraîner une compréhension significative ("comprehensible input"). Primauté est accordée à la signification des éléments linguistiques : il n'y aura acquisition de L2 que dans la mesure où les apprenants seront exposés à des messages ou à des significations à un niveau se situant légèrement au-dessus de leur niveau de compréhension actuelle (hypothèse "I + 1", c'est-à-dire un niveau d' "input" d'un degré au-dessus du niveau actuel de compréhension).

Dans la méthode par le mouvement prônée par Asher, qui s'apparente par beaucoup de côtés à la méthode naturelle de Krashen et Terrell, on peut également considérer qu'une très grande importance est accordée avant tout au contenu transmis plutôt qu'à la forme linguistique proprement dite. Il s'agit cette fois d'ordres donnés par l'enseignant, à interpréter par les apprenants sous la forme d'activités motrices : par exemple, se lever, s'asseoir, pointer du doigt, etc.

Dans l'approche axée sur la compréhension, ce sont également les significations, qui se trouvent dans les textes oraux ou écrits, qui sont privilégiées.

d) Une conception expressive

Dans la méthode par le silence de Gattegno, la langue est vue avant tou comme un moyen d'expression personnelle de l'apprenant : sentiments émotions, etc. C'est en vue de contribuer au développement de la personne, notamment l'indépendance, l'autonomie et la responsabilité, que l'enseignant s'abstient, autant que possible, de servir de modèle à imiter le silence, contrairement à la répétition par exemple, favorise la concentration et la rétention. C'est à l'apprenant qu'il revient de découvrir par lui-même, grâce à des indices surtout visuels fournis par l'enseignant, la langue à apprendre.

e) Une conception interactionniste

Dans la méthode communautaire des langues de Curran, les apprenants sont considérés avant tout comme les membres d'une communauté : ils apprennent par interactions langagières avec les autres membres de cette même communauté, c'est-à-dire de la même salle de classe. C'est ce qui fait que, contrairement à la plupart des autres méthodes ou approches, le contenu linguistique n'est pas prédéterminé par l'enseignant ou le manuel : au tout début, le contenu ne provient que des apprenants eux-mêmes. Il n'est constitué que des messages que ceux-ci désirent transmettre aux autres. Ces messages sont dits dans la L1 de l'apprenant, et c'est à l'enseignant que revient la tâche de les traduire.

Telles sont donc les cinq grandes conceptions linguistiques qui, semble-t-il, caractérisent les méthodes ou approches contemporaines retenues ici :

Conception de la langue	Méthode ou approche
— formelle : structures linguistiques structures + lexique lexique + prononciation lexique + prononciation	— audio-orale — situationnelle — SGAV — suggestopédique
— pragmatique :	— communicative
— sémantique :	— naturelle — par le mouvement — compréhension
— expressive :	— par le silence
— interactionniste :	— communautaire

2. Nature de la culture

Tous les courants conçoivent la culture comme ce qui se réalise dans le comportement quotidien des natifs de L2. Il est cependant à noter que dans la méthode suggestopédique la culture est entendue à la fois au sens de la vie quotidienne et dans le sens des beaux-arts : littérature, peinture, musique.

Conception de l'apprentissage

3. Nature de l'apprentissage

La diversité des conceptions de l'apprentissage est encore plus grande que dans le cas des conceptions de la langue. En effet, sept conceptions psychologiques peuvent être observées :

a) Psychologie béhavioriste

C'est la psychologie béhavioriste qui sert de fondement à la méthode situationnelle et à la méthode audio-orale. Dans ces deux types de méthodes, apprendre une langue est considéré d'abord et avant tout comme apprendre à former un ensemble d'habitudes, à créer des automatismes en réponse à des stimuli linguistiques, du type suivant :

> *Elle va à Montréal. / Elle y va.*
> *Elle va à Québec. / Elle y va.*
> *Elle va à Paris.   / Elle y va.*
> ...

b) Psychologie gestaltiste

Avec la méthode SGAV, une importance primordiale est accordée à la perception globale de la forme ou, à tout le moins, à une "intégration" ou réorganisation par le cerveau, dans un tout, des différents éléments perçus par les gens et filtrés par le cerveau. Selon Guberina, l'apprentissage d'une L2 passe par les sens, notamment l'oreille et l'œil, qui servent de filtres entre les stimuli extérieurs et le cerveau. Quant à la grammaire, aux clichés linguistiques, à la situation extralinguistique et au contexte linguistique, ils visent à faciliter cette intégration cérébrale des stimuli extérieurs par le cerveau.

c) Psychologie cognitive

D'après les tenants de l'approche communicative et de l'approche axée sur la compréhension, apprendre une L2 ne consiste pas, comme le croyaient les tenants de la méthode audio-orale, à former simplement un ensemble d'habitudes. Il s'agit d'un processus beaucoup plus complexe et créateur, davantage soumis à des mécanismes internes du sujet apprenant qu'à des influences externes. Les êtres humains n'apprennent pas une langue par simple imitation puisqu'ils sont amenés à produire des énoncés qu'ils n'ont jamais entendus auparavant. Apprendre une langue consiste donc à apprendre à former des règles permettant de produire de nouveaux énoncés plutôt qu'à répéter des énoncés déjà entendus dans l'environnement extérieur. Le sujet apprenant jouerait donc un rôle dans la découverte de ces règles de formation des énoncés.

d) Psychologie du "moniteur"

Les fondements psychologiques de l'approche naturelle de Krashen e Terrell ont été essentiellement formulés, à partir de 1975, par Krashen. I s'agit en fait d'une conception originale de l'apprentissage d'une L2, fondée sur la façon dont les adultes, en milieu naturel, apprennent une L2 Qu'il suffise de rappeler ici que cette approche est fondée sur la distinction entre "acquisition" et "apprentissage" : alors que l'acquisition est vue comme un processus implicite, inconscient, axé sur le sens, l'apprentissage est vu comme un processus explicite, conscient, axé sur la forme linguistique ou la grammaire. C'est la présence en chacun de nous d'un "moniteur" qui jouerait le rôle d'une sorte d' "éditeur" servant à corriger ou modifier la forme des énoncés lorsqu'ils sont émis.

L'une des originalités des vues de Krashen vient du fait que, selon ce dernier, il n'y aurait pas de passage d'un processus à l'autre : il s'agit selon lui, de deux processus indépendants, qui ne s'influencent pas, position qui fait l'objet de nombreux débats dans le domaine de la didactique des langues.

e) Psychologie neurofonctionnelle

Dans la méthode par le mouvement, Asher développe une conception de l'apprentissage reposant sur la croyance en un bioprogramme inné d'apprentissage linguistique, prenant en compte la latéralisation du cerveau. Selon Asher, une conception de l'apprentissage des langues se doit de tenir compte du fait que l'hémisphère gauche du cerveau est le siège de la langue alors que le droit est plutôt le siège des activités motrices. Une langue, précise Asher, ne peut s'acquérir que par une mise en activité de l'hémisphère droit (les activités motrices) avant même que la langue en question ne soit traitée par l'hémisphère gauche. Autrement dit, le rôle de l'hémisphère gauche consiste à observer et à apprendre lorsque l'autre hémisphère est en action : ce n'est qu'au bout d'un certain temps, alors qu'un bagage suffisant de connaissances est réalisé, que l'hémisphère gauche peut, de fait, entrer en action. C'est pourquoi Asher privilégie la fonction incitative (ordres, commandements) comme source d'activités motrices à faire exécuter par les apprenants, avant même que ces derniers produisent des énoncés.

f) Psychologie développementale

Selon Curran, promoteur de la méthode communautaire des langues, six éléments sont nécessaires pour favoriser un apprentissage détendu : la sécurité, l'affirmation de soi, l'attention (une seule tâche à la fois), la réflexion, la rétention, et la discrimination.

Apprendre une L2 implique une transformation de l'être, le développement d'une tout autre personnalité. Toute la personne est impliquée, tant dans ses aspects intellectuels que dans ses aspects émotifs et affectifs. Toute la personnalité de l'individu s'en trouve affectée.

Curran compare les étapes de l'apprentissage d'une langue seconde aux cinq étapes qui, selon lui, caractérisent le développement de la personne humaine : le stade infantile, le stade d'affirmation de soi, le stade de pré-adolescence, le stade de l'adolescence, et le stade de l'autonomie.

On trouve des vues semblables — bien que moins élaborées — chez Gattegno, auteur de la méthode par le silence : l'apprentissage d'une L2 signifie une implication de la personne au moyen d'une prise de conscience silencieuse, suivie d'un essai actif. Gattegno accorde une très grande importance à la personne en tant que personne, au respect de ses priorités, etc. En ce sens, le silence, contrairement à la répétition, favorise la concentration, l'organisation mentale et la rétention.

g) Psychologie suggestologique

Selon Lozanov, auteur de la méthode suggestopédique, ou suggestologie appliquée à la didactique d'une discipline, il existe deux types de suggestions : des suggestions directes et des suggestions indirectes. Il y a suggestion directe lorsque l'enseignant dit aux apprenants qu'ils vont réussir, qu'ils en ont la capacité, etc. Quant à la suggestion indirecte, plus puissante, elle fait plutôt appel au subconscient de l'apprenant : musique, environnement agréable et confortable, "suggérant" que l'apprentissage d'une L2 peut être une activité agréable et relaxante.

C'est pourquoi Lozanov recourt à la dramatisation et aux jeux de rôle, de manière à favoriser une "dépersonnalisation" totale et une "re-personnalisation" dans un nouveau personnage, visant à lever toute barrière psychologique associée à la personne. L'apprenant se donne une nouvelle identité, un nouveau nom, un nouvel emploi, se crée un personnage en quelque sorte.

L'idée sous-jacente est en effet qu'il serait possible d'apprendre une L2 beaucoup plus rapidement qu'on ne le fait habituellement. Pour cela, affirme Lozanov, il suffit de détruire les barrières psychologiques qui bloquent l'apprentissage. Par manque de confiance en soi, ou par crainte de ne pas réussir par exemple, l'individu échoue, ou, en tout cas, donne un rendement de beaucoup inférieur à ce qu'il pourrait obtenir s'il savait surmonter ses barrières psychologiques. Le secret consiste à exploiter toutes les capacités humaines, en général sous-exploitées. Il se pourrait, affirme Lozanov, que nous n'utilisions que 4 % environ de nos capacités mentales.

En somme, les méthodes ou approches examinées font appel à sept conceptions psychologiques, pouvant être regroupées ainsi :

Conception de la psychologie	Méthode ou approche
— béhavioriste	— audio-orale — situationnelle
— gestaltiste	— SGAV
— cognitive	— communicative — compréhension
— du moniteur	— naturelle
— neurofonctionnelle	— par le mouvement
— développementale	— par le silence — communautaire
— suggestologique	— suggestopédique

4. Rôle de l'apprenant

Les rôles de l'apprenant paraissent être très variés :

Situationnelle	L'apprenant écoute l'enseignant et répète ; n'exerce aucun contrôle sur le contenu.
Audio-orale	N'exerce aucun contrôle sur le contenu ; réagit aux directives de l'enseignant.
SGAV	N'exerce aucun contrôle sur le contenu ; se soumet aux directives de l'enseignant ; joue un rôle actif au cours des leçons.
Communicative	Rôle actif, possibilité de négociation ; interaction avec l'enseignant et avec les autres apprenants.
Par le mouvement	Écoute et réagit physiquement (réponse active non verbale) ; n'exerce aucun contrôle sur le contenu.
Par le silence	Analyse systématique ; doit devenir indépendant et autonome.
Communautaire	Membre à part entière d'un groupe social ; passe graduellement d'un état de dépendance à l'autonomie.

Naturelle	Rôle actif ; possibilités d'influence quant au contenu.
Suggestopédique	Exerce peu de contrôle sur le contenu.
Compréhension	Conscient de ses stratégies d'apprentissage.

Conception de l'enseignement

5. Rôle de l'enseignant

En règle générale, dans les méthodes examinées, l'enseignant représente l'autorité et le modèle à imiter, à quelques exceptions près : dans la méthode communautaire, l'enseignant est plutôt vu comme un conseiller et comme une personne sécurisante ; dans la méthode par le silence, l'enseignant est avant tout un conseiller ; dans la méthode communicative, les rôles de l'enseignant sont diversifiés mais, de façon générale, il n'est pas vu comme l'autorité. Dans l'approche axée sur la compréhension, il s'agit surtout pour l'enseignant de faciliter la compréhension tout en faisant prendre conscience à l'apprenant de ses stratégies d'apprentissage.

6. Rôle du matériel didactique

Il ne semble pas se dégager de tendance générale quant au rôle à accorder au matériel didactique : les rôles sont très variés.

Conception de la relation pédagogique

7. Relation didactique

• Sélection du contenu

On note une bonne dizaine de critères différents de sélection. À la limite, on pourrait presque dire qu'il y a un critère différent par méthode.

• Organisation du contenu

Là aussi il existe une assez grande variété de principes, mais le critère de la simplicité/complexité est nettement dominant.

• Présentation du contenu

Pour la présentation générale de la langue, il y a à peu près autant de diversité que dans la sélection, les deux phénomènes étant probablement liés.

Quant à la présentation de la grammaire, elle est à peu près uniforme. À quelques exceptions près, la grammaire est toujours présentée de façon explicite et repose sur un principe inductif d'apprentissage.

8. Relation d'apprentissage

• Rôle de L1

Il est intéressant de remarquer qu'une attitude de très grande tolérance vis-à-vis de l'usage de L1 coïncide avec les méthodes les plus récentes parmi les méthodes ou approches contemporaines. On note ici une très nette coupure, particulièrement avec les méthodes audio-orale et SGAV (telle que conçue initialement, en tout cas).

• Activités pédagogiques

Quant aux types d'exercices, ils sont très variés, comme la sélection et la présentation, bien que les exercices de "Question - Réponse" soient les plus fréquents. Les jeux de rôle sont un phénomène plus récent bien que cette technique ne soit pas répandue dans toutes les méthodes contemporaines.

9. Relation d'enseignant

• Interaction enseignant-apprenants

L'absence de renseignements sur ce sujet, dans bon nombre de méthodes, rend difficile la comparaison entre les méthodes ou approches.

• Traitement de l'erreur

Le phénomène observé à propos du rôle de L1 se retrouve dans l'attitude par rapport à l'erreur : une attitude de tolérance coïncide avec les méthodes les plus récentes.

À première vue, la précédente analyse semble aller dans le sens d'une distinction déjà faite par certains auteurs, suivant lesquels les méthodes d'enseignement des L2 pourraient être classées en deux grandes catégories : les méthodes centrées sur la langue, et les méthodes centrées sur l'apprentissage.

Toutefois, comme on l'a vu tout au cours des chapitres qui précèdent, les grands courants peuvent effectivement être répartis en trois grandes catégories :

A — Bon nombre de méthodes ou approches sont centrées sur la langue. Dans ces cas, l'accent est nettement mis sur la sélection et la progression des éléments linguistiques. La variété des méthodes de ce type s'explique alors par la conception de la langue, tantôt vue comme un ensemble de mots de vocabulaire, de structures grammaticales, de notions ou de fonctions, tout dépendant alors de la théorie linguistique sous-jacente. Dans tous ces cas, il y a prédétermination des éléments linguistiques à enseigner, tant dans un programme grammatical que notionnel ou fonctionnel. Tel est le cas, par exemple, de la méthode grammaire-traduction, de la méthode situationnelle, et de l'approche communicative.

B — Par ailleurs, d'autres méthodes trouvent leur fondement premier dans une théorie psychologique de l'apprentissage. Comme on l'a vu, deux cas peuvent alors être distingués. D'une part, on trouve des méthodes centrées sur les CONDITIONS d'apprentissage, comme la méthode communautaire et la méthode par le silence. D'autre part, on trouve des méthodes centrées à la fois sur les PROCESSUS d'apprentissage et sur les CONDITIONS d'apprentissage, comme la méthode naturelle de Krashen et Terrell, la méthode par le mouvement de Asher, la méthode suggestopédique de Lozanov, et l'approche axée sur la compréhension. Ces méthodes ne sont pas construites tout d'abord autour d'un contenu linguistique.

C — Mais, ce qui semble le plus intéressant, c'est que certaines méthodes ou approches tiennent à la fois de la langue et de la psychologie de l'apprentissage : processus d'apprentissage et/ou conditions d'apprentissage. C'est le cas de la méthode audio-orale, de la méthode SGAV, et des approches intégrées.

Quoi qu'il en soit, il semble donc bien, en définitive, que les schémas dualistes, à la Diller par exemple, soient quelque peu simplistes pour rendre compte de la complexité des grands courants en didactique des L2 ou étrangères.

Il convient toutefois de se rappeler que ce n'est pas parce qu'un ouvrage porte sur les méthodes ou approches que celles-ci constituent la variable la plus importante dans l'apprentissage d'une L2. Il ne faut pas perdre de vue que de très nombreuses autres variables sont susceptibles de rendre compte de l'apprentissage d'une L2. D'où l'importance d'adopter une attitude critique vis-à-vis des méthodes ou approches proposées, ainsi que vis-à-vis du matériel didactique qui en découle. Les erreurs passées, ainsi que le dogmatisme sont, de toute manière, à éviter.

C'est que, à l'heure actuelle, les recherches empiriques font état d'un écart relativement grand entre ce qui est prôné au niveau des principes, par les promoteurs des méthodes ou approches, et les réalisations pratiques au niveau de la salle de classe. C'est un fait maintenant bien établi empiriquement que toute méthode ou approche, quelle qu'elle soit, subit nécessairement bon nombre de transformations (dont on ne connaît toujours pas les règles) au moment de son implantation en milieu scolaire. L'écart entre ces deux plans pourrait provenir du fait que la majorité des enseignants de L2 fonctionnent, dans leur salle de classe, de manière éclectique. En d'autres termes, les enseignants auraient vraisemblablement tendance à puiser où bon leur semble sur le plan des principes, compte tenu de leur formation et de leur expérience, plutôt que d'appliquer scrupuleusement les principes de telle ou telle méthode ou approche. Alors que les concepteurs de méthodes ou d'approches fonctionnent à la manière d'un mouvement descendant, allant du haut vers le bas, les enseignants de L2 auraient peut-être tendance à fonctionner plutôt à la manière d'un mouvement ascendant, allant du bas vers le haut. Pas étonnant, en somme, que les deux plans ne se rejoignent pas toujours.

C'est ce qui fait que, dans les années à venir, les recherches empiriques en didactique des langues auraient peut-être intérêt, comme cela paraît se dessiner à l'heure actuelle dans certains milieux, à se préoccuper autant de la réalité de la classe de L2 que des principes organisés en vue de faciliter l'apprentissage, de manière à mieux faire voir l'articulation entre ces deux plans.

ANNEXES

Annexe A

L'IMMERSION EN FRANÇAIS AU CANADA

L'immersion se caractérise par le fait que des matières scolaires comme par exemple, les sciences, les sciences sociales, les mathématiques, etc., sont enseignées dans la L2 des élèves, en l'occurrence le français. Les classes d'immersion ont débuté en 1965 dans la banlieue sud de Montréal, à Saint-Lambert, sous la pression de parents anglophones — regroupés, en 1977, en association : la CPF, ou "Canadian Parents for French" — désireux de rendre leurs enfants bilingues [36]. Depuis, ce type de programme [37] s'est répandu à travers toute la province du l'Ontario : par exemple, en 1987-1988, 204 000 élèves anglophones se sont inscrits dans des programmes canadiens d'immersion, soit 19 000 de plus qu'en 1986-1987 [38]. Et en 1989, on dénombrait 256 370 inscrits. L'immersion a été l'objet de quantité de recherches empiriques entreprises surtout à l'OISE (Ontario Institute for Studies in Education) à Toronto (Ontario).

Il est cependant à noter que les classes d'immersion en français ne s'adressent, de fait, qu'à environ 10 % des élèves canadiens étudiant une L2 dans les écoles publiques, la très grande majorité étant soumise au régime du "français de base" (variant 20 à 50 minutes de français par jour), dont il a déjà été question dans la deuxième partie du chapitre 12, à propos du Curriculum multidimensionnel. Il faut dire que, jusqu'ici, les classes d'immersion ont surtout attiré des élèves "plus favorisés que la moyenne sur les plans intellectuels et socio-économiques" (Calvé, 1991, p 10).

Il faut également préciser qu'il y a plusieurs formes d'immersion. L'immersion *précoce* — ou immersion *longue* — s'étend en général de la maternelle ou de la première année (élèves de 5 ans ou de 6 ans) à la huitième année inclusivement (élèves de 13 ans environ) ou jusqu'à la fin du

---

36. L'origine des classes d'immersion est une question controversée : pour certains, c'est une école privée de Toronto, la Toronto French School, qui aurait été la première à instaurer un programme d'immersion pour anglophones, dès 1962 (Obadia, 1978-1987).

37. À proprement parler, l'immersion constitue davantage un "régime pédagogique" (régulier, intensif, etc.) qu'une "méthode" ou "approche" telle qu'entendue habituellement. Toutefois, rien n'interdit *a priori* de la traiter comme une "méthode" présentant de nombreuses affinités avec les récentes méthodes dites naturelles.

38. Toutefois, assez paradoxalement, alors que le nombre de personnes bilingues connaît un taux régulier de croissance (13,5 % en 1971, comparativement à 16,2 % de la population en 1986), le nombre de francophones hors Québec a connu une diminution de 5 % entre 1981 et 1986, soit 1 % environ par année.

cours secondaire. En règle générale, la proportion des cours donnés en français diminue avec les années. C'est ainsi qu'en immersion précoce le pourcentage d'enseignement dans la L2 peut s'échelonner comme suit (données fournies par l'ACPI — Association canadienne des professeurs d'immersion) :
— de la maternelle à la troisième année : de 80 % à 100 % ;
— de la quatrième à la huitième année : de 60 % à 80 % ;
— de la neuvième à la douzième année : de 50 % à   80 %.

L'immersion *moyenne* débute en quatrième ou cinquième année (élèves de 9 ou de 10 ans, respectivement) et se poursuit au moins jusqu'à la fin du cours secondaire. Le pourcentage d'enseignement dans la L2 peut alors s'échelonner ainsi :
— de la quatrième à la sixième année :   de 80 % à 100 % ;
— de la septième à la douzième année : de 50 % à   80 %.

L'immersion *tardive* — ou immersion *courte* — est celle qui commence en général en sixième ou septième année (élèves de 11 ou 12 ans respectivement), après deux ans de programme "de base" ("Core French Program") à raison de 20 à 40 minutes de français par jour, et qui se poursuit jusqu'à la fin du secondaire. Le pourcentage d'enseignement dans la L2 peut s'échelonner ainsi :
— de la sixième à la neuvième année : de 60 % à 80 % ;
— de la dixième à la douzième année : de 50 % à 80 %.

Par immersion *partielle* il faut entendre quelques matières de base seulement enseignées dans la L2, comme les sciences et les mathématiques par exemple. Le plus souvent, l'immersion partielle débute en maternelle ou en première année et se poursuit au moins jusqu'à la fin du secondaire. Le pourcentage d'enseignement dans la L2 peut s'échelonner ainsi :
— de la maternelle à la douzième année : 50 %.

À l'inverse, l'immersion *totale* désigne l'ensemble des matières scolaires (sciences, mathématiques, histoire, géographie, etc.) enseignées dans la L2.

Bien entendu, diverses combinaisons sont possibles : immersion totale tardive, immersion partielle précoce, etc. De plus, dans certaines Commissions scolaires (comme au Ottawa Roman Catholic Separate School Board), il peut arriver que le programme ou cursus d'études ("curriculum") soit réparti de façon égale entre les deux langues : par exemple, cours donnés en français le matin — sciences, sciences sociales, art et éducation physique — et en anglais l'après-midi — mathématiques, musique, religion et éducation familiale.

Il faut aussi noter que les programmes d'immersion sont surtout populaires au primaire car, au secondaire, beaucoup de parents préfèrent transférer leurs enfants au programme anglais afin que ces derniers obtiennent les meilleures notes possibles en vue de leur demande d'admission à l'université.

Il existe également quelques exemples d' "immersion double", comme dans le cas de l'immersion en hébreu et en français pour certains jeunes juifs anglophones de Montréal.

Dans un chapitre-synthèse sur la question, Merrill Swain (1984) aborde les cinq questions fondamentales suivantes :

1. le rendement académique des élèves, c'est-à-dire leurs résultats dans les matières scolaires enseignées dans la L2 ;
2. le niveau de développement de la L1 des élèves. Dans quelle mesure le fait de donner l'enseignement des matières scolaires dans la L2 affecte-t-il la qualité de la langue anglaise, qui est la L1 des élèves ?
3. le niveau de maîtrise de la L2, en l'occurrence, le français ;
4. dans quelle mesure l'immersion ne profite-t-elle qu'aux élèves faibles, c'est-à-dire ayant un quotient intellectuel sous la moyenne, et en difficultés d'apprentissage ?
5. quels sont les effets psychologiques et sociaux de l'immersion ?

Seules les quatre premières questions seront examinées ici.

1. Le rendement académique

Comment l'immersion a-t-elle affecté les résultats des élèves dans les matières scolaires enseignées dans la L2, le programme de ces matières étant le même pour les anglophones et pour les élèves inscrits dans les classes d'immersion ?

Les recherches empiriques sur la question montrent que, en règle générale, les élèves de l'immersion totale précoce ont un rendement égal aux anglophones des classes régulières, dans le domaine des sciences et des mathématiques. Par exemple, sur 38 tests en mathématiques, de la première (élèves de 6 ans) à la huitième année (élèves de 13 ans environ), les classes d'immersion ont été soit égales, soit supérieures au groupe témoin dans 35 cas. Dans les trois autres cas, le groupe témoin s'est mieux classé, mais seulement dans un ou deux des sous-tests, mais jamais au niveau de l'ensemble des tests.

Il est à remarquer que, même si ces matières ont été enseignées en français pour fins de comparaison et aussi afin de rassurer les parents, les tests n'ont été donnés qu'en langue anglaise aux deux groupes (immersion et programme régulier). Cela paraît signifier — pour reprendre l'hypothèse de Cummins (1981), que pour les domaines cognitifs, il y aurait une sorte "d'interdépendance" qui jouerait, pourvu que l'individu ait une maîtrise relativement suffisante des deux langues. Autrement dit, les connaissances reposeraient sur un même "bassin cognitif", ce qui expliquerait que l'on puisse y accéder dans l'une ou l'autre langue, à la condition de maîtriser suffisamment chaque langue. Les habiletés acquises dans une langue seraient en quelque sorte transférables dans l'autre langue.

Toutefois, lorsque les chercheurs de l'OISE ont comparé les résultats obtenus en mathématiques chez les élèves de l'immersion partielle *pré-*

coce et chez les élèves de l'immersion *tardive,* les résultats n'étaient pa[s] identiques et étaient en général en faveur de ces derniers.

2. Le niveau de développement de la langue maternelle

Au début, de nombreux parents craignaient surtout que l'apprentissage des matières scolaires en français affecte le niveau de développement de la L1 (la langue anglaise) de leurs enfants.

Les recherches empiriques sur cette question, à l'aide de très nombreux tests, montrent que ces craintes étaient non fondées. Les élèves inscrits à l'immersion précoce totale ont un rendement aussi élevé, parfois même supérieur, dans leur L1 (c'est-à-dire dans les tests de langue anglaise) que leurs camarades inscrits dans les programmes réguliers.

Toutefois, les résultats ne sont pas aussi probants pour les élèves de l'immersion précoce partielle. Il faut dire que dans ce cas, l'enseignemen[t] de la L1 s'est donné en même temps que certaines matières étaient enseignées dans le L2. Il y a donc eu apprentissage simultané des deux langues. Il semble cependant que l'apprentissage simultané de deux langues puisse effectivement engendrer certaines confusions.

À l'inverse, dans les cas d'immersion précoce totale, sans cours d'anglais, tout porte à croire qu'il y aurait transfert de l'apprentissage d'une langue (le français), lorsque cette langue est suffisamment maîtrisée, sur une autre (l'anglais), même sans un enseignement explicite ou formel de la L1. Il semble donc préférable de n'enseigner qu'une langue à la fois.

3. Le niveau de maîtrise de la langue seconde

Qu'en est-il, maintenant, de la qualité de la L2 à comparer, par exemple, à la façon dont les locuteurs natifs, en l'occurrence les francophones, utilisent leur langue ?

Il faut faire une distinction entre les habiletés de réception, ou de compréhension, et les activités de production. En effet, d'après les résultats de très nombreux tests administrés aux élèves ayant suivi le programme d'immersion précoce totale, il ressort que ceux-ci se comparent favorablement aux francophones en ce qui a trait à la compréhension de l'oral et à la compréhension de l'écrit.

Toutefois, il y a des différences sensibles en ce qui concerne la production orale et la production écrite : les élèves provenant des classes d'immersion recourent, par exemple, à des systèmes de verbes plus simplifiés et grammaticalement moins redondants que ceux utilisés par des francophones. Ils ne semblent pas aptes à recourir à des formes verbales le moindrement complexes. Même phénomène dans le cas des pronoms objets. De façon générale, cependant, ils peuvent communiquer mais avec un manque de précision sur le plan grammatical et phonétique. Dans les cas d'immersion partielle, le rendement est encore moindre : cela se comprend d'ailleurs puisqu'ils ont été exposés à la L2 beaucoup moins longtemps que les élèves de l'immersion totale.

De façon générale, il y a aussi des différences dans le rendement des élèves d'immersion en Ontario et au Québec, mais il semble que cela provienne de la disparité des programmes et, en particulier, des différences dans le nombre d'heures consacrées à l'immersion proprement dite.

De plus, les résultats tendent à montrer que l'immersion totale tardive permet d'arriver à des résultats encore supérieurs à ceux obtenus dans l'immersion totale précoce, bien que les effets à long terme de l'une ou l'autre formule ne soient pas encore connus.

4. Les élèves faibles et en difficulté d'apprentissage

L'immersion profite-t-elle davantage aux élèves dont le quotient intellectuel est sous la moyenne qu'aux autres ? Les résultats des études empiriques sur la question montrent que le quotient n'intervient pas de façon plus significative dans le programme d'immersion que dans le programme régulier. En ce sens, l'immersion se compare tout à fait au programme régulier : ceux dont le quotient intellectuel est sous la moyenne sont plus faibles, dans l'un ou l'autre programme. D'après Genesee (1991), non seulement l'immersion ne serait pas néfaste, mais elle pourrait même avoir des effets salutaires, ou valorisants, chez la plupart des élèves désavantagés.

QUELQUES REMARQUES CRITIQUES

Suite à ce trop bref tour d'horizon des classes d'immersion française au Canada, de nombreux commentaires pourraient être faits [39]. Toutefois, on se contentera des quelques remarques critiques qui suivent.

1. Tout d'abord, il semble y avoir une certaine équivoque sur le plan des objectifs linguistiques. En effet, en vue de réaliser l'unité nationale (canadienne), l'immersion en français est censée permettre l'apprentissage de la langue de l'autre culture canadienne, celle du Québec. Or, la représentation que se font de la langue française la très grande majorité des parents anglophones établit un rapport hiérarchique entre deux sortes de français : celui parlé en France — nettement valorisé — et celui parlé au Québec. À cet égard, comme le fait observer Hélène Boiziau-Waverman, "la visée

---

39. Par exemple, toute la question, cruciale, de la formation des enseignants, mériterait à elle seule un long développement : "Le problème, précise Calvé, se pose de façon particulièrement aiguë aux niveaux avancés où on ne peut faire aucun compromis entre la maîtrise de la langue exigée de l'enseignant, sa compétence dans la matière et son habileté à l'enseigner dans la langue seconde des étudiants." (Calvé, p. 18).

utilitaire ou instrumentale de ces mêmes parents laisse supposer que le français que leurs enfants utiliseront est celui du Québec. Il existe là un porte-à-faux entre la représentation du statut de la langue et la réalité linguistique du pays" (1991, p. 83).

2. De plus, même si l'immersion paraît aboutir à des résultats assez spectaculaires, il ne faudrait pas négliger le fait que sur le plan de l'expression, la qualité de la langue laisse quelque peu à désirer, tant au niveau de la prononciation que de la grammaire. C'est ainsi que les élèves des classes d'immersion en viennent selon les chercheurs à développer une sorte d'interlangue appelée "classolecte", ou dialecte propre à la classe de langue en contexte d'immersion en français : par exemple, ces élèves sont incapables de recourir aux formes de conditionnel en français (Lapkin, 1984). Comme le fait observer Bibeau : ces élèves "hésitent, ils ne finissent pas leurs phrases, ils utilisent des phrases stéréotypées ou contournent les structures difficiles dans des phrases alambiquées, ils gardent un fort accent étranger et commettent un grand nombre d'erreurs dans tous les secteurs de la grammaire et du vocabulaire" (1982, p. 123).

Parmi les erreurs attestées, signalons les quelques formes suivantes : *Je regarde pour* au lieu de *Je cherche* ; *Il marche dedans* pour *Il entre* ; *le garçon réveille* pour *Le garçon se réveille* ; *j'ai donné* le à *toi* pour *Je te l'ai donné*, etc. (Lyster, 1987). À cet égard, alors qu'on croyait, dans les débuts de l'immersion, qu'à mesure que les élèves avanceraient dans leur programme, ils finiraient par corriger leurs nombreuses erreurs, à l'expérience, il est apparu que non seulement ces erreurs ne disparaissaient pas, mais qu'elles finissaient au contraire par se "fossiliser", c'est-à-dire que les élèves n'arrivaient plus à s'en défaire avec le temps. Pareil plafonnement linguistique concerne surtout la morphologie verbale, l'emploi des pronoms, des prépositions, le genre des mots, les transferts linguistiques, les créations spontanées et la prononciation (Calvé, p. 15). Cela remet partiellement en cause l'hypothèse de Krashen (voir chapitre 17), suivant laquelle une forte exposition à la L2, centrée sur le contenu, serait une condition nécessaire et suffisante pour assurer une maîtrise acceptable de la langue cible.

Comme le fait remarquer Lyster (professeur d'immersion), un de ses anciens élèves d'immersion le rencontre un jour par hasard et lui dit : "Je sais toi" : cela signifie-t-il, demande Lyster, que pareil message risque de n'être compris que par les enseignants de l'immersion, familiers avec l'interlangue de leurs élèves (*Je sais toi* calqué sur *I know you* - pour *Je te connais*) ?

Le français des élèves d'immersion est radicalement différent de celui de leurs pairs francophones : il s'agit d'une langue artificielle, vidée de toute sa pertinence culturelle (Lalonde, 1990). Cela proviendrait en grande partie du fait que, dans la très grande majorité des cas, les élèves des classes d'immersion en français baignent dans un environnement social non français. Or, comme on sait, la culture "ne peut s'acquérir vraiment que par un contact intime et soutenu avec la communauté et le milieu où 'vit' cette langue" (Calvé, p. 14). En d'autres termes, tout le milieu socio-culturel dans lequel vivent les élèves des classes d'immersion est de langue et de culture anglaise : seule la salle de classe tente de créer un milieu ambiant qui soit de culture française, celle-ci étant représentée par l'enseignant. Dans les corridors de l'école, en cour de récréation, tout ne se déroule qu'en langue anglaise. "Il n'est donc pas surprenant, constate Calvé, de découvrir que les étudiants d'immersion, non seulement ne perdent pas leur identité socio-culturelle, mais demeurent relativement imperméables à celle du groupe francophone" (Calvé, p. 14).

De plus, ne devrait-on pas songer, comme le proposent Jocelyne Hullen et François Lentz (1991), à réconcilier, dans le cadre d'une approche intégrée et globale, les deux pôles complémentaires que constituent à la fois la L2 et la matière enseignée au moyen de cette langue ? Autrement dit, ne conviendrait-il pas de développer une véritable "pédagogie de l'immersion", dotée de caractéristiques propres ? Un premier pas en ce sens pourrait vraisemblablement consister à mettre sur pied des programmes d'immersion dans lesquels une importante place serait accordée à la qualité même de la langue enseignée. D'autres formules de compromis, comme les "programmes enrichis" ou les programmes intensifs, sont d'ailleurs appelés à voir le jour au cours de la prochaine décennie (Calvé, p. 10).

3. Ensuite, il n'est peut-être pas sans intérêt de rappeler ici que, d'après le psycholinguiste américain John B. Carroll, c'est le facteur TEMPS qui serait l'élément le plus important dans l'acquisition d'une langue seconde. Autrement dit, dans l'apprentissage d'une L2, plus on y mettrait du temps, meilleurs seraient les résultats. Or, certaines élèves des classes d'immersion ont accumulé jusqu'à 6 000 ou même 7 000 heures de français, en immersion longue, ou encore, jusqu'à 3 500 heures de français dans le cas de l'immersion courte, sans que la qualité de la langue — sur le plan de l'expression — soit pleinement satisfaisante. Pourtant, plusieurs chercheurs estiment que, normalement, 1 500 heures serait un temps suffisant d'exposition à la L2 afin d'en arriver à un niveau satisfaisant de bilinguisme fonctionnel. La situation paraît donc préoccupante (Bibeau, 1984).

Dans cette veine, il faudrait, pour apprécier l'immersion à sa juste valeur, que l'on puisse comparer son rendement avec le rendement d'un autre régime pédagogique (régulier, par exemple, ou intensif) dans lequel les élèves seraient exposés à la L2 pendant une durée totale *identique*. Malheureusement, comme on ne dispose pas encore d'études empiriques de cette nature sur la question, une certaine prudence s'impose en la matière.

4. De plus, faute de tentatives en ce sens, on ne sait toujours pas dans quelle mesure un régime d'immersion qui débuterait au niveau secondaire (avec des élèves d'environ 13 ou 14 ans), compte tenu du facteur temps, serait plus efficace, ou moins efficace, ou également efficace, qu'un régime d'immersion commençant au niveau primaire (avec des élèves de 5 ou 6 ans).

5. Enfin, on pourrait se demander pourquoi il n'existe pas de programme d'immersion pour l'apprentissage de l'anglais comme L2 au Québec Cela tient au fait que les élèves appartenant à une communauté linguis tique majoritaire, comme c'est le cas pour les anglophones des provinces canadiennes, ne peuvent que tirer avantage d'un programme d'immer sion : à cause de leur situation majoritaire, ces élèves peuvent effective ment en arriver à une forme équilibrée de bilinguisme. Autrement dit, ils peuvent acquérir une L2, en l'occurrence le français, tout en enrichissan leur connaissance de leur L1, en l'occurrence l'anglais. C'est ce que les spécialistes de la question appellent un "bilinguisme additif".

Par contre, dans le cas d'élèves en situation minoritaire, comme c'est le cas des francophones québécois en contexte nord-américain, on assisterait plutôt à une sorte de "bilinguisme soustractif", c'est-à-dire à une forme de bilin-guisme dans lequel la L2, en l'occurrence l'anglais, en viendrait peu à peu à remplacer en quelque sorte la L1. Pour en arriver à un "biliguisme additif" dans le cas d'élèves en situation minoritaire, il semble qu'il faille tout d'abord mettre l'accent sur la maîtrise assez complète de la L1. Pour une minorité linguistique, il y a donc enjeu supplémentaire : le maintien de la L1.

Pour conclure, mentionnons tout d'abord que l'immersion aura permis de montrer qu'il ne suffit pas d'enseigner une matière dans une langue pour assurer la maîtrise de cette langue. Il semble de plus en plus acquis que tout enseignement axé sur les contenus se doit de ne pas négliger la correction formelle. L'INTÉGRATION de l'enseignement des matières à celui de la langue apparaît comme une voie d'avenir prometteuse (Swain et Lapkin, 1991).

Ensuite, soulignons le fait que, malgré les nombreuses recherches empi-riques portant sur l'immersion on ne sait toujours pas très bien ce qui se passe effectivement dans les salles de classe : on connaît très peu les pro-cessus pédagogiques caractéristiques de l'immersion, les études de Tardif et de Weber, mises à part (Tardif et Weber, 1987 ; Tardif, 1991 ; Weber, 1991).

De plus, comme le souligne Bibeau, même si les enfants issus des classes d'immersion communiquent beaucoup mieux, en langue française, que ceux provenant des programmes réguliers, il reste que, quand vient le temps de quantifier ce type de comparaisons, "on se rend compte de la fragilité de certaines conclusions d'observation et de la difficulté d'expli-quer (et de prévoir) les variations de succès en fonction des contextes et des conditions de réalisation" (Bibeau, 1991).

Enfin, en dernier lieu, il paraît approprié de citer intégralement Hélène Boiziau-Waverman :

Une première génération d'évaluation de compétence des apprenants extrêmement enthousiaste a conforté et maintenu une illusion de réussite presque parfaite, d'éducation bilingue idéale, soutenue par des théories linguistiques nouvelles telles que celles de l' "input comprehensible" de Krashen. Le tableau idyllique s'est peu à peu noirci au fur et à mesure que les praticiens de l'immersion faisaient part de leur expérience pratique, et qu'ils décrivaient le français des élèves comme une interlangue fossilisée bien éloignée de l'objectif visé d'un bilinguisme équilibré" (1991, p. 104)

En d'autres termes, après vingt-cinq ans de mise à l'essai, l'immersion en français au Canada paraît bien être, à l'heure actuelle, à la croisée des chemins. Seul l'avenir dira ce qu'il pourra advenir de ce régime original d'enseignement, notamment dans le contexte sociopolitique canadien de cette fin du 20ᵉ siècle.

Document 36

QUELQUES PROBLÈMES DE L'IMMERSION

A) Du côté des parents. *L'engouement et le snobisme risquent de nuire à l'immersion en français. Bien des parents ne sont pas capables d'envisager une inscription de leurs enfants ailleurs que dans une école d'immersion française... De plus, ils ne paraissent se soucier ni des difficultés d'apprentissage ni des abandons scolaires possibles chez leurs enfants. Une autre catégorie de parents combattent l'immersion en français au nom de la protection de la culture anglo-saxonne ou au nom du respect des libertés civiques...*

Dans les milieux francophones minoritaires où il n'y a pas d'école française, certains parents de langue française choisissent d'inscrire leurs enfants dans une école d'immersion plutôt que dans une école où tout est enseigné en anglais. L'immersion en français devient ainsi un pis-aller. Elle est perçue comme un frein à l'anglicisation...

B) Du côté des structures scolaires. *Certaines commissions scolaires refusent toujours de mettre sur pied des programmes d'immersion, malgré les pressions des parents. D'autres éliminent les classes d'immersion longue au profit de l'immersion moyenne... D'autre part, on peut se demander si l'ouverture de nouvelles classes d'immersion ne se fait pas au détriment des programmes réguliers de français langue seconde...*

C) Du côté des recherches. *Il y a encore beaucoup de domaines où la recherche reste soit à compléter soit à entreprendre pour consolider ou réorienter l'immersion. Par exemple, les chercheurs sont toujours en désaccord sur la pertinence de cette approche pour tous les apprenants... L'évaluation des compétences langagières ne cesse de préoccuper... Les résultats moins favorables obtenus par les chercheurs depuis une douzaine d'années jettent un doute sur l'efficacité de l'immersion en ce qui concerne les capacités productives et les connaissances grammaticales...*

Le problème de la part que devrait faire l'enseignement immersif aux connaissances portant sur le fonctionnement de la langue par rapport à celle des matières étudiées dans cette langue n'est pas encore résolu... Enfin, on reproche aux apprenants en immersion de ne pas être suffisamment ouverts aux réalités socioculturelles des francophones canadiens...

(Rebuffot, 1988, pp. 25-26.)

Document 37

COMPARAISONS DE PROGRAMMES

Des évaluations comparatives entre différentes formules d'immersion ont abouti aux constatations suivantes :

En général, le niveau de compétence en langue seconde dépend directement de la durée des rapports avec le français qu'offre le programme : plus un programme d'immersion permet un long contact avec le français, plus élevé sera le niveau de compétence des élèves.

De surcroît, des programmes d'immersion qui encouragent une approche individualisée, basée sur l'action, ont plus de chance d'aboutir à des niveaux supérieurs de compétence en langue seconde que les programmes qui encouragent une approche de groupe, centrée sur l'enseignant.

Les programmes d'immersion précoce mènent à des niveaux supérieurs de compétence en langue seconde par rapport à des programmes d'immersion intermédiaire ou retardée d'un an. Toutefois, les programmes d'immersion retardée de deux ans ou les programmes d'immersion plus tardive peuvent aboutir à des niveaux de compétence en langue seconde comparables à ceux de l'immersion précoce, si cette dernière ne permet pas un suivi substantiel d'au moins 50 à 60 % des cours en français de la 3ᵉ à la 8ᵉ année [8-13 ans].

Les programmes d'immersion précoce sont moins sensibles que les programmes d'immersion tardive à l'influence, sur le degré de maîtrise de la langue seconde, des différences entre les niveaux intellectuels des élèves.

Finalement, le succès à long terme de n'importe quel programme d'immersion dépendra dans une large mesure de la qualité et de l'étendue du suivi. Un accroissement significatif de la compétence de l'élève en langue seconde ne continuera pas au-delà des années d'immersion (c'est-à-dire de ces années où la plus grande partie de l'enseignement se fait en langue seconde), à moins que le suivi soit substantiel (un minimum de 50 % de français semble être ce qui ressort des recherches) et soigneusement adapté aux exigences du développement linguistique. Il apparaît également, bien entendu, que plus il y aura des contacts sociaux entre les parents et les écoles pour une communication authentique avec des francophones, plus l'expérience de l'immersion sera profondément enracinée.

(Genesee, 1988, p. 30, traduit par N. Van Grunderbeeck.)

Document 38

LE LEXIQUE FRANÇAIS EN IMMERSION

Des comparaisons d'ordre quantitatif suggèrent qu'en ce qui a trait [aux] données lexicales... les élèves en immersion [ayant reçu leurs premiers enseignements entièrement en français] se rapprochent des locuteurs d'origine au fur et à mesure qu'ils progressent dans leurs études secondaires.

À part ces résultats quantitatifs qui se limitent aux verbes, il y a au moins deux lacunes frappantes dans le type de renseignements que nous possédons sur la compétence lexicale des élèves d'immersion. La première concerne la compétence réceptive : comment les élèves d'immersion comprennent-ils les items lexicaux parlés ou écrits (reconnaissance de mots isolés aussi bien qu'en contexte) ? Selon des études en évaluation, plusieurs élèves atteignent des habiletés d'écoute et de compréhension en lecture comparables à celles des locuteurs natifs lorsqu'ils parviennent en huitième année [13 ans] ; par contre, de telles affirmations s'appuient sur des mesures globales...

Ensuite, pour revenir au domaine de la production, quelles informations qualitatives possédons-nous sur le vocabulaire des élèves en immersion ? Une étude récente menée par Harley et al. (1987) a comparé le vocabulaire des verbes dans des échantillons écrits (deux compositions et trois lettres de demande par élève) d'élèves en sixième année d'immersion et de pairs francophones d'origine. [Il en est ressorti] trois découvertes importantes... :
1. les élèves d'immersion utilisaient une plus grande proportion de verbes au champ d'application très large (des verbes de type générique, i.e., des verbes véhiculant peu de dénotations spécifiques comme "faire") que les locuteurs d'origine ;
2. les élèves d'immersion utilisaient moins de verbes syntaxiquement et morphologiquement complexes (comme des types des verbes pronominaux ou des verbes dérivés) que les locuteurs d'origine ;
3. l'incongruence sémantique et syntaxique joue un rôle primordial dans les erreurs lexicales et grammaticales des élèves d'immersion de même que dans leur non-utilisation de certains verbes français...

(Lapkin et Carroll, 1988, pp. 35-36,
traduit par Zita De Koninck avec la collaboration de Lionel Jean.)

Bibliographie

BIBEAU, Gilles
1991   "L'immersion : ... de la coupe aux lèvres", *Études de linguistique appliquée* 82.

1984   "Tout ce qui brille...", *Langue et Société* 12.

1982   *L'Éducation bilingue en Amérique du Nord,* Montréal, Guérin.

BOIZIAU-WAVERMAN, Hélène
1991   *L'Immersion française au Canada à la croisée des chemins,* Mémoire de D.E.A. en didactologie des langues et des cultures, Université de la Sorbonne Nouvelle, Paris III.

BOLAND-WILLMS, Annette et al.
1988   "L'immersion française au Manitoba : quelques points de repère", *Québec français* 70.

CALVÉ, Pierre
1991   "Vingt-cinq ans d'immersion au Canada", *Études de linguistique appliquée* 82.

1988   (réd.) *Aspects of / de l'immersion,* Toronto, Ontario Educational Research Council - Conseil ontarien de recherches pédagogiques.

CARDIN, Dominique
1988   "Cinq mois d'anglais", *Québec français* 70.

CUMMINS, J.
1981   "The role of primary language development in promoting educational success for language minority students", dans *Schooling and Language Minority Students : A Theoretical Framework,* Los Angeles : Evaluation, Dissemination and Assessment Center.

GENESEE, Fred
1991   "L'immersion et l'apprenant défavorisé", *Études de linguistique appliquée* 82.

1988   "L'immersion française : une histoire à succès", *Québec français* 70.

1987   *Learning through Two Languages - Studies of Immersion and Bilingual Education,* Cambridge, Newbury House.

HAMMERLY, Hector
1987   "The immersion approach : litmus test of second language acquisition through classroom communication, *Modern Language Journal* 71/4.

325

HULLEN, Jocelyne et LENTZ, François
 1991 "Pour une rentabilisation des pratiques pédagogiques en immersion" *Études de linguistique appliquée* 82.

LAPKIN, Sharon
 1984 "How well do immersion students speak and write french ?, *La Revue canadienne des langues vivantes* 40/4.

LAPKIN, Sharon et CARROLL, Suzanne
 1988 "L'apprentissage du lexique français en classe d'immersion", *Québec français* 70.

LEBRUN, Monique
 1988 "L'immersion, une formule pédagogique à repréciser", *Québec français* 70

LYSTER, Roy
 1987 "Speaking immersion", *La Revue canadienne des langues vivantes* 43/4.

MASSÉ, Carole
 1992 *Analyse de l'évolution des difficultés linguistiques rencontrées chez des élèves anglophones d'immersion participant à un échange interlinguistique en milieu québécois,* mémoire M. Éd., Université McGill.

OBADIA, André A.
 © **1978-1987** "Programme d'immersion : croissance phénoménale et pénible", dans A. Mollica (réd.), 1987, *French Immersion : Selected Readings in Theory and Practice,* Welland, Ont., *La Revue canadienne des langues vivantes.*

OUELLET, Micheline
 1990 *Synthèse historique de l'immersion française au Canada, suivie d'une bibliographie sélective et analytique,* Québec, Centre international de recherche sur l'aménagement linguistique.

PELLERIN, Micheline et HAMMERLY, Hector
 1986 "L'expression orale après treize ans d'immersion française", *La Revue canadienne des langues vivantes* 42/3.

REBUFFOT, Jacques
 1992 *Le Point sur l'immersion française au Canada,* Montréal, Centre éducatif et culturel.

 1988 "L'immersion en français : l'heure du bilan", *Québec français* 70.

SWAIN, Merrill et LAPKIN, Sharon
 1991 "Programmes d'immersion au Canada et enseignement des langues aux adultes. Existe-t-il un lien ?", *Études de linguistique appliquée* 82.

SWAIN, Merrill
 1984 "A review of immersion education in Canada : research and evaluation studies", in P. Allen et M. Swain, *Language Issues and Education Policies,* Toronto, Pergamon Press.

TARDIF, Claudette
1991   "Quelques traits distinctifs de la pédagogie d'immersion", *Études de linguistique appliquée* 82.

TARDIF, Claudette et WEBER, Sandra
1987   "French immersion research : a call for new perspectives", *La Revue canadienne des langues vivantes* 44/1.

VAN GRUNDERBEECK, Nicole
1988   "L'immersion à la Commission scolaire Lakeshore", *Québec français* 70.

WEBER, Sandra
1991   "L'immersion française : comment plonger sans se noyer", *Études de linguistique appliquée* 82.

Annexe B

LES CLASSES D'ACCUEIL AU QUÉBEC

Les premières classes d'accueil [40] voient jour au Québec en 1969, dans une école de la CÉCM (Commission des écoles catholiques de Montréal). C'est que cette année-là, la Loi 63 vient d'être promulguée : désormais les parents ont le choix de la langue d'enseignement de leurs enfants. Il faut dire qu'à cette époque, 85 % environ des enfants d'immigrants fréquentent le réseau des écoles anglaises.

Quatre ans plus tard, le MEQ (ministère de l'Éducation du Québec) institue son plan DEL (plan de développement de l'enseignement des langues), visant à l'amélioration de l'enseignement du français, langue maternelle, ainsi que du français et de l'anglais, langues secondes. Pour inciter les immigrants à inscrire leurs enfants à l'école française, le plan DEL vise à rendre les maternelles plus accueillantes et plus accessibles : il autorise la création des maternelles d'accueil pour enfants de 4 ans et de 5 ans. Différentes autres décisions administratives sont prises pour mettre en œuvre des mesures d'accueil : au-delà de 80 % des enfants des immigrants se retrouvent dans les classes d'accueil mais 75 % des élèves poursuivent leurs études en français, suite à leur séjour dans les classes d'accueil.

Avec la Loi 22, promulguée en 1974, l'accès à l'école anglaise est limité aux seuls enfants qui ont une maîtrise suffisante de la langue anglaise. C'est ainsi que, en principe, les enfants dont la L1 n'est pas l'anglais doivent s'inscrire au réseau français. Dans la pratique, cependant, la loi a peu d'effets puisqu'elle est boycottée systématiquement.

En 1977, avec la Charte de la langue française au Québec (la loi 101), seuls les enfants dont un parent a fréquenté l'école primaire anglaise au Québec peuvent accéder à l'école anglaise [41]. De plus, même ceux dont la langue maternelle est l'anglais peuvent désormais fréquenter les classes d'accueil. C'est que, à cette date, une classe d'accueil se compose "de tout enfant qui fréquente l'école française pour la première fois et qui ne

---

40. Les classes d'accueil s'adressent aux enfants des immigrants du Québec. Les COFI (Centres d'orientation et de formation des immigrants) s'adressent aux adultes immigrants.

41. Depuis 1963, la "clause Canada" étend ce droit à tous les enfants dont un des deux parents a étudié en anglais au Canada (et non plus au Québec seulement).

possède pas une connaissance suffisante de la langue française lui per mettant de poursuivre normalement ses études" (1984, *Les classe. d'accueil, les classes de francisation, l'enseignement des langues d'ori gine, 1973-1984*, p. 2). En 1979-1980, une vingtaine d'écoles de commis sions scolaires anglophones sont converties, en totalité ou en partie, ei "écoles françaises".

Toutefois, en septembre 1981, pour des raisons d'ordre budgétaire, le: maternelles d'accueil 4 ans et les activités d'échanges sont abolies. C'es le début des classes dites de francisation destinées aux élèves non franco phones vivant au Québec depuis plus de cinq ans et qui se dirigent pour la première fois vers l'école française.

Caractéristiques des classes d'accueil

1. But des classes d'accueil

Le but des classes d'accueil est "de faciliter l'insertion à l'école fran çaise et l'intégration à la collectivité québécoise d'élèves non franco phones dont le séjour au Québec n'excède pas cinq ans et qui fréquentent l'école française pour la première fois" (1987, *Accueillir un non-franco phone au secondaire*, p. 3). Autrement dit, les classes d'accueil s'adres sent avant tout aux enfants des nouveaux immigrants en terre québécoise quelle que soit leur nationalité d'origine — le français mis à part, bien entendu. L'objectif est donc double, à la fois scolaire et social : insertion à l'école française, et intégration à la collectivité française québécoise.

2. Classes d'accueil et classes de francisation

Quant aux élèves non francophones qui vivent au Québec depuis plus de cinq ans, qui se dirigent pour la première fois vers l'école française et qui ne possèdent pas une connaissance d'usage du français, ils sont orien tés vers les classes dites de FRANCISATION, dont l'objectif linguistique et culturel est le même que les classes d'accueil. Comme ces élèves sont généralement nés au Québec, ils sont déjà socialement et culturellement mieux adaptés que les élèves de l'accueil.

Par ailleurs, alors que l'inscription dans les classes d'accueil se fait tout au long de l'année scolaire, c'est-à-dire au moment de l'arrivée au Qué bec des immigrants non francophones, l'inscription dans les classes de francisation se termine au 30 septembre de chaque année.

Dans les deux types de classes le ratio maître/élèves est, en moyenne, d'un professeur pour 12 élèves au primaire (6 à 11 ans) et d'un professeur pour 10 élèves au secondaire (12 à 16 ans). Il est à noter qu'il s'agit de moyennes : cela signifie donc que dans une classe réelle, on puisse trou ver parfois plus d'élèves ou moins d'élèves. La durée de séjour d'un élève dans une classe d'accueil est approximativement de 10 mois, tout dépen dant du rythme d'apprentissage de chacun. Dans les faits, il arrive en effet que des élèves doivent séjourner quelques mois de plus dans une classe d'accueil, voire une année de plus dans les cas d'analphabétisme et de retard scolaire.

Conformément à l'objectif linguistique et culturel des classes d'accueil, l'élève qui, au bout d'une dizaine de mois, a une maîtrise suffisante de la langue française, est intégré dans une classe francophone régulière. À partir de ce moment, il doit donc suivre le programme régulier de français, langue maternelle, au primaire (6 à 11 ans) ou au secondaire (12 à 16 ans) selon son âge.

En 1984, les tiers environ de la population totale du secteur de l'accueil est constitué de classes de francisation (1984, *Les Classes d'accueil, les classes de francisation, l'enseignement des langues d'origine, 1973-1984*, p. 10).

3. Les mesures spéciales d'accueil

Toutefois, il peut arriver que, dans une école, le nombre d'élèves non francophones ne soit pas suffisant pour permettre l'ouverture d'une classe d'accueil. En pareil cas, les quelques élèves concernés sont intégrés directement dans les classes régulières francophones, mais ils bénéficient alors de mesures spéciales d'accueil (ou de francisation, le cas échéant). Cela signifie qu'à certaines périodes déterminées de la journée scolaire, les élèves en question sont retirés de la classe régulière pour bénéficier d'un enseignement intensif du français, sous la direction d'enseignants spécialisés dans le domaine du français L2. Généralement, la durée de la mesure est de dix mois (pouvant cependant chevaucher sur deux années scolaires, tout dépendant de la date d'arrivée de l'élève). Les "mesures spéciales d'accueil" se retrouvent surtout en milieu à faible concentration ethnique. Il faut cependant préciser que les classes d'accueil sont un phénomène surtout montréalais puisque près de 75 % des élèves des classes d'accueil se trouvent dans la région de Montréal.

En juin 1984, 136 commissions scolaires se prévalaient de 507 mesures spéciales d'accueil, alors que 82 commissions scolaires se prévalaient de 348 mesures spéciales de francisation (1984, *Les Classes d'accueil, les classes de francisation, l'enseignement des langues d'origine, 1973-1984*, p. 10).

4. Le projet d'enseignement des langues d'origine (PELO)

Afin de doubler l'intégration scolaire d'une intégration sociale des immigrants, le ministère de l'Éducation met sur pied, en 1977, le PELO. Il s'agit pour le gouvernement de "reconnaître l'apport des communautés culturelles dans l'édification d'une société québécoise", en offrant des cours donnés dans la langue d'origine des immigrants : "Le PELO favorise le maintien d'un bilinguisme équilibré chez l'individu et d'un pluralisme culturel dans la société" (1984, *Les Classes d'accueil, les classes de francisation, l'enseignement des langues d'origine, 1973-1984*, p. 11).

Après des débuts assez lents, le PELO touche 2 600 élèves en 1983 1984. À l'italien, au portugais, à l'espagnol et au grec, s'ajoutent quatre nouvelles langues d'origine asiatique : le chinois, le cambodgien, le viet namien et le laotien.

En général, il s'agit de cours facultatifs, donnés à raison de trente minutes par jour (avant les heures de classe, sur l'heure du midi, ou après les heures de classe), en suivant cependant les programmes obligatoires émanant du ministère de l'Éducation.

Les élèves allophones [42]

Ce qui caractérise avant tout les classes d'accueil est leur grande hété rogénéité, à plusieurs points de vue.

Dans une même classe peuvent être regroupés des enfants parlant arabe chinois, espagnol, créole haïtien, italien, vietnamien, etc. Chacune de ces langues d'origine possède ses caractéristiques particulières. Par exemple la langue de l'enfant cambodgien compte 33 consonnes, 6 voyelles auto nomes et 12 voyelles pouvant se combiner aux consonnes ; il n'y a pas de sons comme [j], [ch] et [g] ; le genre et le nombre sont marqués par un déterminatif, et le temps des verbes se forme en ajoutant des adverbes e des participes. Quant à la prononciation de l'enfant arabe, elle est guttu rale ; les voyelles sont rares (trois voyelles longues seulement, mais les voyelles courtes ne s'écrivent pas), et l'alphabet est non seulement diffé rent mais l'écriture se fait de droite à gauche (Pinsonneault, 1985, p. 7) Dans le cas de certaines écritures, il n'y a pas de distinction entre les majuscules et les minuscules, les lettres ou les syllabes ne sont pas liées ou les mots d'une même phrase ne sont pas séparés (1987, *Accueillir un non-francophone au secondaire,* p. 9).

C'est ainsi que chacun aborde la langue française à partir de son propre système linguistique : "les notions de nom, d'adjectif, d'article, de verbe de pronom, de préposition, d'adverbe peuvent être perçues différemment d'une langue à l'autre et ainsi amener les élèves à questionner comme à employer ces notions de telle façon qu'on ne puisse saisir à partir de notre système linguistique comment ils ont pu y arriver" (1987, *Accueillir un non-francophone au secondaire,* p. 8). À ce sujet, d'ailleurs, certains documents d'information (comme *Communautés culturelles du Québec*) ont déjà été rédigés par les instances gouvernementales concernées, et mis à la disposition des enseignants.

De plus, chaque nationalité comporte la plupart du temps son propre sys tème de valeurs et de croyances. C'est ainsi que la conception de l'appren-

---

42. "Par élève allophones, on entend les élèves dont la langue maternelle n'est ni le français ni l'anglais" (Beauchesne et Hensler, 1987, p. 10, note 1).

tissage est loin d'être la même pour tous les élèves d'une même classe d'accueil. Dans certaines sociétés, par exemple, une très grande place est donnée à la mémoire ; dans d'autres, c'est un très grand respect qui est accordé à l'écrit, au détriment de l'oral ; ailleurs, seul le maître est vu comme le détenteur du savoir, de sorte que le rôle de l'interaction entre élèves est négligé. Bref, "lorsqu'il se retrouve dans notre système scolaire, [l'enfant ou] l'adolescent qui a déjà un vécu scolaire de son pays d'origine peut parfois hésiter ou du moins s'interroger devant les tâches qui lui sont assignées" (1987, *Accueillir un non-francophone au secondaire*, p. 10).

À cela s'ajoutent les croyances religieuses propres à chaque culture ou société, ainsi que les systèmes de valeurs reliés à la famille. L'enfant cambodgien, par exemple, obéit à un code de politesse complexe : il doit baisser les yeux quand il s'adresse à quelqu'un ; pour l'enfant indien, la famille forme un tout, de sorte que la notion d'autonomie personnelle n'est pas une valeur courante ; pour l'enfant libanais, la discipline est très stricte, l'apprentissage se fait de façon théorique, etc. ; pour l'enfant portugais, l'autorité du père est très grande, et ainsi de suite avec chacune des ethnies des classes d'accueil (Pinsonneault, p. 9).

Bien sûr, cela n'empêche pas certaines affinités avec la culture québécoise : par exemple, certaines fêtes pour l'enfant haïtien (Noël, Nouvel An, fête des mères, Carnaval, etc.), certaines pratiques religieuses pour l'enfant polonais (importance du jour de sa première communion), certains sports comme le ballon-volant, pratiqué par l'enfant indien, etc. (Pinsonneault, pp. 11-12).

Les immigrants du Québec proviennent de toutes les parties du monde [43]. Par exemple, pour l'année 1984, le plus grand nombre "d'immigrants reçus", au Québec, provient du Viêtnam (11,43 %), pays suivi de Haïti (9,26 %), puis du Salvador (5,12 %), de la France (4,86 %) et des États-Unis (4,04 %). Globalement, pour cette même année, les immigrants reçus se répartissent ainsi (1987, *Accueillir un non-francophone au secondaire*, Annexe, p. 2) :

Asie	28,82 %
Amérique centrale et Caraïbes	16,54 %
Europe	9,83 %
États-Unis	4,04 %

Pourcentage des immigrants selon leur provenance (1984)

---

43. Selon le recensement de 1981, 6,6 % de la population du Québec a une langue maternelle autre que le français ou l'anglais.

Parmi ces élèves, certains sont scolarisés, d'autres non (même si parfois ils sont à un âge qui correspond à l'ordre d'enseignement secondaire). L'hétérogénéité se manifeste également par l'âge des élèves : pour des raisons pratiques il peut arriver que des élèves de 15 ou 16 ans soient mis dans la même classe que des immigrants de 12 ou 13 ans, ce qui ne va pas sans créer certains tiraillements. À ce niveau, l'une des difficultés souvent mentionnées par les enseignants de l'accueil est le fait que, en dehors de la salle de classe, beaucoup de ces enfants d'immigrants ne communiquent entre eux qu'en recourant à la langue anglaise. Le français devient ainsi la langue réservée à la salle de classe...

Les enseignants

En septembre 1987, le Service des études de la CÉCM a entrepris un sondage auprès des enseignants de ses classes d'accueil du secondaire (78 pour l'année scolaire 1987-1988). Il en ressort surtout que 22 % du personnel enseignant dans ces classes est né à l'étranger, et parle au moins deux langues (70 %), ce qui constitue un avantage non négligeable. De plus, le questionnaire révèle que "le personnel de l'accueil a une expérience de 17,9 ans dans l'enseignement dont 6,2 ans à l'accueil au secondaire" (Proulx, 1988, p. 30). Mais les difficultés continuent. En dépit des nombreux efforts des autorités scolaires concernées pour offrir des modalités de perfectionnement aux enseignants de l'accueil, il reste que "à l'heure actuelle, on signale à l'accueil une population grandissante d'élèves présentant des problèmes de retard scolaire" (Proulx, p. 30). Les défis à relever sont donc nombreux pour les enseignants qui se destinent à l'accueil.

Les programmes d'étude

Deux programmes d'étude, émis par le ministère de l'Éducation du Québec, concernent les classes d'accueil et de francisation : un programme pour l'ordre d'enseignement primaire (1985), et un programme pour l'ordre d'enseignement secondaire (1986). Ces programmes sont accompagnés, chacun, d'un guide pédagogique visant à en faciliter la mise en application.

Les programmes en question s'adressent spécifiquement aux élèves des classes d'accueil et de francisation. En d'autres termes, les programmes sont distincts à la fois du programme de français, langue seconde, et du programme de français, langue maternelle, pour chacun des ordres d'enseignement. Contrairement à ce qui se passe dans le cas de la L2 et de la L1, le programme des classes d'accueil du primaire est autonome par rapport à celui du secondaire : celui du secondaire ne fait pas suite à celui du primaire, compte tenu du fait que les élèves concernés ne passent pas d'un niveau à l'autre en restant dans les classes d'accueil, puisque après leur séjour d'une dizaine de mois en classe d'accueil, ils intègrent les classes régulières de leur niveau.

Comme on l'a vu, l'objectif premier des classes d'accueil est de favoriser l'intégration de l'élève au secteur régulier du système scolaire québécois. Le programme vise :

"— *à faire acquérir à l'élève des habiletés langagières minimales correspondant à son âge, à ses besoins et à ses intérêts ;*

— *à développer une attitude positive de l'élève à l'égard de la communauté francophone ;*

— *à faire acquérir à l'élève le langage spécialisé propre aux diverses matières d'enseignement inscrites au programme d'un élève québécois du même niveau de scolarisation"* (1984, *Les Classes d'accueil, les classes de francisation, l'enseignement des langues d'origine, 1973-1984,* p. 7).

Le programme des classes d'accueil et de francisation repose sur l'approche communicative : "La langue étant envisagée prioritairement comme moyen de communication, l'accent est mis sur la compréhension et la production par l'élève de messages signifiants dans différentes situations de communication" (*Programme du secondaire,* 1986, p. 15). Toutefois, en vue de faciliter l'intégration des élèves dans les classes régulières de français, le programme fait également référence à la terminologie du programme de français, langue maternelle, fondée sur les différents "types de discours" : informatif, incitatif, expressif, et poétique/ludique (dans le cas de l'ordre d'enseignement primaire, soit les élèves de 6 à 11 ans).

Dans les programmes des classes d'accueil, la démarche prônée est la pédagogie du projet. Dans ce type de démarche, l'enseignant se doit d'organiser son enseignement de manière à susciter l'implication et l'intérêt des élèves. Des situations, centrées sur ses besoins, goûts et intérêts, sont proposées aux élèves. Par exemple, dans la vidéo *"Fraîchement débarqué... j'embarque"* (1983), l'enseignante fait repérer sur une carte du monde le pays d'origine des élèves et crée une mise en situation qui amène une interaction entre eux : ils préparent le jeu "Qui est-ce ?", en s'entraidant pour le réaliser.

De plus, des objectifs d'initiation à la vie québécoise sont prévus, tant pour l'ordre du primaire que pour l'ordre du secondaire. Certains ensembles pédagogiques, comme *Intermède,* ont d'ailleurs été conçus pour répondre aux besoins spécifiques des classes d'accueil de l'ordre de l'enseignement secondaire (Joli et Hardy, 1990 ; Hardy, 1992).

Pour conclure, qu'il suffise de reproduire intégralement ici l'une des conclusions qui se dégagent de l'importante étude conduite récemment au Collectif de recherches interculturelles de l'Université de Sherbrooke, intitulée : *L'École française à clientèle pluriethnique de l'île de Montréal* (Beauchesne et Hensler, 1987). Comme bilan positif de l'étude, on remarque ce qui suit : "esprit d'ouverture et de collaboration des parents,

éventail de mesures destinées à l'apprentissage du français, préoccupa
tions évidentes des intervenants en rapport avec le développement du
français et l'intégration socio-scolaire des élèves" (pp. XXX-XXXI).

Mais des zones d'ombre subsistent : "faible maîtrise du français
absence d'orientations normatives claires au sujet de l'usage et du déve
loppement de la langue, manque de concertation entre intervenants, vision
réductionniste de la problématique de l'apprentissage de la langue et de
l'intégration" (p. XXXI).

Suite à ce bilan, quatre axes de développement sont proposés : "la for
mulation d'une politique globale et claire de l'éducation en milieu
pluriethnique qui lie étroitement la question du développement du fran
çais à celle de l'intégration socio-scolaire des élèves ; la formation et le
perfectionnement des intervenants scolaires ; l'accent à mettre sur des
mesures plus pédagogiques que purement institutionnelles ; une meilleure
exploitation des ressources non scolaires, comme les pairs et les parents"
(p. XXXI). Les défis à relever sont donc nombreux...

Document 39

DIFFICULTÉS D'INTÉGRATION DES ALLOPHONES

Le défi majeur, celui auquel doivent se colleter quotidiennement les enseignants, réside dans la poursuite de l'objectif suivant : faire en sorte que leurs élèves réussissent, sans trop de heurts, à s'adapter et à s'intégrer à la culture québécoise tout en conservant leurs racines ethnoculturelles ainsi que leur fierté de petits Vietnamiens, de petits Haïtiens, etc. De sérieux handicaps d'ordre psycho-pédagogique ou socio-économique viennent parfois entraver ce processus d'intégration. Il y a tout d'abord, bien sûr, la question linguistique. Les problèmes de langue qui sont le lot de ces élèves sont souvent reliés au fait que, pour eux, l'apprentissage du français est celui d'une seconde langue et parfois d'une troisième et même d'une quatrième langue. Mais le français, c'est aussi la langue de l'apprentissage scolaire ; ils doivent donc l'utiliser comme s'il s'agissait de leur langue maternelle.

Par ailleurs, les enfants de certaines minorités ethniques sont très timides ; ils sont très peu habitués à converser et surtout à discuter avec les adultes, vu que, dans leur communauté d'origine, les parents entretiennent avec eux des rapports verticaux, des relations d'autorité. Pressés qu'ils sont parfois dans la salle de classe de faire part de leurs opinions, ils se sentent très gênés quand ils entrent brusquement en possession de cette liberté d'expression qui leur est offerte et avec laquelle, de prime abord, ils ne savent que faire. Il peut donc s'écouler un certain temps avant que la dynamique de la communication réussisse à se mettre effectivement en branle.

Existent également des problèmes d'identité chez certains écoliers ; ils n'arrivent pas à se définir, par exemple, comme des Laotiens ou comme des Québécois, à cause sans doute de leur très jeune âge. Mais ils sont également ignorants des cultures et des coutumes de leurs camarades.

Il y a enfin les difficultés d'ordre économique : certains enfants sont mal nourris, d'autres se présentent à l'école littéralement affamés. Il n'est point étonnant qu'ils ne parviennent que très péniblement à se concentrer sur leurs matières scolaires.

(Jean, 1988, p. 22.)

Document 40

L'ENSEIGNEMENT AUX HAÏTIENS

Le programme de français du Québec en focalisant les activités d'apprentissage sur la production et la compréhension de certains types de discours (expressif, informatif, incitatif, poétique/ludique) a le mérite de privilégier une pédagogie de la communication qui interpelle l'apprenant dans sa dimension culturelle et à travers les éléments de sa connaissance du monde. Dès lors, l'élaboration d'une didactique de l'enseignement du français aux enfants haïtiens, en tant que ressortissants d'une culture où l'essentiel se transmet oralement et gestuellement, doit tout d'abord privilégier les instructions verbales, la démonstration directe, le recours aux gestes, aux mimiques, aux objets réels. En outre, il faudrait utiliser le maximum de matériel disponible dans l'environnement immédiat et éviter toute décontextualisation. Il faudrait aussi initier les élèves au code de l'image en les aidant à découvrir la suite logique des faits et l'ordre chronologique des événements.

Par ailleurs, dans la culture de l'enfant haïtien, la parole est inégalement distribuée suivant les contextes, les rôles et les statuts. Celui-ci aura donc peu ou presque pas expérimenté d'échanges verticaux avec l'adulte, ce qui amenuise ses chances d'intervenir dans des situations "socio-contextuelles" diversifiées. Il faudait donc multiplier pour lui des situations d'échanges verticaux, libérer en lui la parole baillonnée, lui permettre de réaliser certaines opérations langagières dans lesquelles il doit décrire, s'expliquer, se renseigner, classifier, distinguer aussi précisément que l'exigent les situations ou le matériel utilisé.

Sur le plan des acquisitions de connaissances, bon nombre d'enfants haïtiens, notamment les unilingues créolophones qui doivent faire un apprentissage tardif du français, ont besoin d'exercices de phonétique corrective... Quant au plan morpho-syntaxique, le passage par une analyse d'erreurs nous semble un relai indispensable. Par exemple, dans l'apprentissage des prépositions des verbes, des possessifs, etc., une telle analyse peut s'avérer fructueuse...

(Laguerre, 1988, p. 33.)

Document 41

L'ACCUEIL AU COLLÉGIAL
ET CHEZ LES ADULTES

Mais qu'elles que soient l'approche et la méthode choisies par le professeur pour l'enseignement du français, langue seconde, les étudiants, comme les enseignants, auront à faire face à d'énormes difficultés causées par la diversité des origines, des cultures et des langues maternelles mises en présence à l'intérieur du même groupe. Ces problèmes viennent s'ajouter aux difficultés langagières habituelles.

En effet, très souvent, les classes sont tout à fait hétérogènes. À l'éducation des adultes, on retrouve, dans le même groupe, des gens de tous les âges, venus de divers pays, issus de milieux socioculturels différents, voire antagonistes sur le plan politique ; pour certains, l'apprentissage de la langue seconde passera par un processus d'alphabétisation, alors que d'autres possèdent déjà un bon bagage scolaire. Leurs langues, leurs religions, leurs façons de se nourrir, bref, leurs cultures sont différentes.

Pour les adolescents du niveau collégial, les problèmes sont identiques bien que les écarts d'âge soient moins importants. Les niveaux d'instruction sont loin d'être homogènes, même si l'on n'observe pas de différences aussi marquées que chez les adultes. Les problèmes politiques sont, la plupart du temps, moins aigus et moins sensibles que chez leurs aînés.

Pout tous, adultes comme adolescents, le choc culturel subi en arrivant a été énorme...

Outre les difficultés d'ordre socioculturel auxquelles ils sont continuellement confrontés, les allophones doivent aussi faire face à leurs problèmes linguistiques...

(Garet, 1988, p. 41.)

Bibliographie

1983 *Fraîchement débarqué... j'embarque,* vidéo, Québec, ministère de l'Édu cation, Direction générale des régions, Services éducatifs aux communau tés culturelles.

1984 Dossier "Accueillir les allophones", *Québec français* 53.

1984 *Les Classes d'accueil, les classes de francisation, l'enseignement de langues d'origine, 1973-1984,* Québec, ministère de l'Éducation, Direction générale des réseaux, Services éducatifs aux communautés culturelles.

1985 *Programme d'études, primaire, français, classes d'accueil, classes de francisation,* Québec, ministère de l'Éducation, Direction générale du développement pédagogique.

1985 *Rapport du comité sur l'école québécoise et les communautés culturelles* Québec, ministère de l'Éducation, Direction des communications.

1985 *Guide pédagogique primaire, français, classes d'accueil, classes de fran cisation,* Québec, ministère de l'Éducation, Direction générale du déve loppement pédagogique.

1986 *Programme d'études, secondaire, français, classes d'accueil, classes de francisation,* Québec, ministère de l'Éducation, Direction générale du développement pédagogique.

1987 *Accueillir un non-francophone au secondaire,* Québec, ministère de l'Éducation, Direction générale des régions, Services éducatifs aux com munautés culturelles.

1988 *L'École québécoise dit oui à l'éducation interculturelle,* actes du Col loque organisé par l'Association pour l'éducation interculturelle du Québec (APEIQ), Montréal, APEIQ.

BEAUCHESNE, André et HENSLER, Hélène
1987 *L'École française à clientèle pluriethnique de l'île de Montréal,* Québec, Éditeur officiel du Québec.

BENOÎT, Jocelyne et al.
1988 "L'enseignement du français à l'école Démosthène", *Québec français* 71.

BOULET, Antoni
1988 "Une autre approche d'enseignement du français aux Asiatiques : celle du collège de Rosemont", *Québec français* 71.

FRÉMONT Michèle
1988 "L'apprentissage du français écrit chez les Asiatiques", *Québec fran çais* 71.

GARET, Nicole

    1988   "L'enseignement du français aux allophones du collégial : tout un défi", *Québec français* 71.

HARDY, Marguerite

    1992   *Intermède. Cahier d'activités,* niveau intermédiaire / avancé, Laval, Éditions FM.

JEAN, Lionel

    1988   "Un chantier d'intégration interethnique — L'École Enfant-Soleil", *Québec français* 71.

JOLI, Maria et HARDY, Marguerite

    1990   *Intermède,* niveau débutant et niveau intermédiaire / avancé, Laval, Éditions FM.

LAGUERRE, Pierre-Michel

    1988   "Les enfants haïtiens et l'apprentissage du français", *Québec français* 71.

PINSONNEAULT, Lise

    1985   *Accueillir un allophone,* Québec, ministère de l'Éducation, Direction générale des régions, Services éducatifs aux communautés culturelles.

PROULX, Lucie

    1988   *Profil des enseignants et enseignantes, accueil, secondaire, 1987-1988,* Montréal, C.É.C.M., Service des études.

Annexe C

GRILLE D'ANALYSE
DES MÉTHODES OU APPROCHES

INTRODUCTION

Conception de la langue

1. Nature de la langue

2. Nature de la culture

Conception de l'apprentissage

3. Nature de l'apprentissage

4. Rôle de l'apprenant

Conception de l'enseignement

5. Rôle de l'enseignant

6. Rôle du matériel didactique

Conception de la relation pédagogique

7. Relation didactique

- Sélection du contenu
- Organisation du contenu
- Présentation du contenu

8. Relation d'apprentissage

- Rôle de L1
- Activités pédagogiques

9. Relation d'enseignement

- Interaction enseignant-apprenants
- Traitement de l'erreur

CONCLUSION

Annexe D

and setteth him on	incitatque
with a *Switch*, 13.	*Virgula*, 13.
and holdeth him in	& coërcet
with a *Musrol*, 14.	*Postomide*, 14.
The *Holsters*, 15.	*Bulgæ*, 15.
hang down from the *Pum-*	pendent ex *Apice*
mel of the *Saddle*, 16.	*Ephippii*, 16.
in which the *Pistols*, 17.	quibus *Sclopi*, 17.
are put.	inseruntur.
The Rider is clad in a	Ipse Eques induitur
short *Coat*, 18.	*Chlamyde*, 18.
his *Cloak* being tyed be-	*Lacernâ* revinctâ, 19.
hind him, 19.	à tergo.
A *Post*, 20.	*Veredarius*, 20.
is carried on Horseback	fertur Equo
at full Gallop.	cursim.

Carriages.	LXXXV	Vehicula.

We are carried on a *Sled*,	Vehimur *Trahâ*, 1.
1. over Snow and Ice.	super Nivibus & Glacie.
A Carriage with one	Vehiculum unirotum,
Wheel, is called a *Wheel-*	dicitur *Pabo*, 2.
barrow, 2.	

The ORBIS PICTUS, de Comenius.
(Voir figure 5 – "Les Chariots", p. 90.)

(3)

	Cornix cornicatur, à à The *Crow* crieth.	A a
	Agnus balat, b è è è The *Lamb* blaiteth.	B b
	Cicàda stridet, cì cì The *Grasshopper* chirpeth.	C c
	Upupa dicit, du du The *Whooppoo* saith.	D d
	Infans ejulat, è è è The *Infant* crieth.	E e
	Ventus flat, fi fi The *Wind* bloweth.	F f
	Anser gingrit, ga ga The *Goose* gagleth.	G g
	Os halat, hà'h hà'h The *Mouth* breatheth out.	H h
	Mus mintrit, î î î The *Mouse* chirpeth.	I i
	Anas tetrinnit, kha, kha The *Duck* quaketh.	K k
	Lupus ululat, lu ulu The *Wolf* howleth.	L
	[mum *Ursus* murmurat, mum- The *Bear* grumbleth.	M m

The ORBIS PICTUS, de Comenius.
(Voir figure 6 – La prononciation du latin, p. 91.)

TABLE DES DOCUMENTS

TABLE DES MATIÈRES

Pages

Le courant PSYCHOLOGIQUE
Méthodes centrées sur l'apprentissage
A — Méthodes centrées sur les conditions d'apprentissage

Couverture : GRAPHIR.
Édition : Michèle GRANDMANGIN, Hélène GONIN.
Composition, mise en pages, gravure : Société KD, Montreuil.

Achevé d'imprimer en janvier 2015
par la Société TIRAGE - 91941 COURTABŒUF
N° de projet : 10212927
Dépôt légal : septembre 2008

Imprimé en France